교양인은 무엇을 공부하는가

교양인은 무엇을 공부하는가

2019년 3월 15일 초판 1쇄 펴냄
2021년 9월 15일 초판 3쇄 펴냄

펴낸곳 도서출판 **삼인**

지은이 연지원
펴낸이 신길순

등록 1996.9.16 제25100-2012-000046호
주소 03716 서울시 서대문구 연희로 5길 82(연희동 2층)

전화 (02) 322-1845
팩스 (02) 322-1846
전자우편 saminbooks@naver.com

디자인 디자인 지폴리
인쇄 수이북스
제책 은정제책

ⓒ2019, 연지원
ISBN 978-89-6436-157-3 03100

값 13,800원

교양인은
무엇을
공부하는가

연지원 지음

삼인

하버드를 넘어선 최고의 교양 수업

1.

"고전만 읽게 했을 뿐인데 삼류 대학이 노벨상 왕국이 됐다."는 이야기를 들어보셨나요? 인문학 열풍에 일조했던 이지성 작가의 『리딩으로 리드하라』에 나오는 말입니다. 사실일까요? 혹시 교육열이 뜨거운 한국에서 와전되거나 성미 급한 이들이 사실 여부를 따지지 않고 확대 재생산시킨 말은 아닐까요? 우선 작가가 전하는 이야기부터 들어보시죠. '삼류였던 시카고대학이 노벨상 왕국이 된 사연'입니다.

"시카고대학은 미국의 대부호였던 존 데이비슨 록펠러가 설립한 대학이다. 이 대학은 설립 연도인 1890년부터 1929년까지 둔재들만 가던 소문난 삼류 학교였다고 한다. 그런데 1929년을 기점으로 놀랍게 변화하기 시작했다. 노벨상 수상자들이 하나둘 나타나기 시작하더니, '싹쓸이'라는 표현이 어울릴 정도로 노벨상 수상자가 폭증한 것이다. 1929년부터 2000년까지만 봐도 시카고대학이 배출한 노벨상 수상자는 무려 예순여덟 명에 달한다. 1929년은 인문 고전 독서 교육의 광신도라고 할 수 있는 로버트 허친스Robert M. Hutchins가 시카고대학교 제5대 총장에 취임한 해다. 또한 세계의 위대한 고전 100권을 달달 외울 정도로 읽지 않은 학생은 졸업시키지 않는다는, 대학 4년 교육과정의 대부분이 인문 고전 독서에 할애된 '시카고 플랜'이 시작된 해다. 만일 '시카고 플랜'을 시행하지 않았다면 시카고대학은 과연 지금과 같은 노벨상 왕국이 될 수 있었을까? 여기에 대한 답은 스스로 생각해보기 바란다."[1]

좋은 스토리는 마음을 움직입니다. 저 역시 글을 읽고서 '고전 읽기에 한번 도전해볼까.' 하는 생각이 들었습니다. 저뿐만이 아닙니다. 인터넷 서핑을 했더니 결심에 그치지 않고 실행하고 있는 사람들이 한둘이 아니더군요. 스토리텔링이 인문학에 무관심했던 독자들의 마음을 사로잡은 겁니다. 스토리텔링의 힘을 절감하는 한편 얼마간의 아쉬움도 느꼈습니다. 작가가 전한 '시카고 플랜' 스토리에는 잘못 기술된 대목이 적지 않기 때문입니다. 부정확한 정보는 잘못된 결론으로 이끕니다. 스토리대로 실천하려는 분들에게 시행착오를 안기기도 하죠. 몇 가지의 오류를 살펴볼 수밖에 없습니다.

첫째, 작가는 시카고대학을 삼류 대학이라 소개했지만 실상은 이렇습니다. 시카고대학은 1890년 설립 당시부터 풍족한 재정으로 시작한 학교입니다. 당대 최고의 거부였던 록펠러의 기부 덕분이었죠. 설립 후 127년 동안(1890~2017) 시카고대학 출

---

1   이지성, 『리딩으로 리드하라』, 문학동네, 2010, pp.79~80.

신의 노벨상 수상자는 90명입니다.[2] 3년에 두 명씩 배출한 셈입니다. 이는 세계 모든 대학 중 네 번째로 많은 수상자입니다.[3] (상위 1위부터 7위까지 소개하면 하버드, 컬럼비아, 캠브리지, 시카고, MIT, 버클리, 옥스퍼드 대학입니다.) 이 훌륭한 학교는 작가가 전환점의 해로 언급한 1929까지 이미 노벨상 수상자를 다섯 명이나 배출했습니다.[4] 노벨 물리학상 수상자가 네 명, 노벨 의학상 수상자가 한 명이었죠. 노벨상 수상자가 다섯 명이라는 이유만으로 명문 대학이라 칭할 순 없다고 해도 이런 학교를 삼류 대학이라 부르기엔 멋쩍습니다.

둘째, '시카고 플랜'이라는 명칭도 사실과는 다릅니다. 로버트 허친스 총장이 학부 개혁의 하나로 시작한 고전 100권 읽기 프로그램은 훗날 시카고 플랜이 아닌 '허친스 플랜'으로 불렸습니다.(이름이 와전된 이유는 추측건대, '허친스 플랜'을 처음 소개한 저자나 출판사의 실수이거나, 그게 아니면 기억하기 쉬운 이름을 찾다가 '시카고 플랜'으로 부른 게 아닌가 싶습니다. 허친스 플랜은 허친스 총장이 대학을 떠났던 1951년 이후로 명칭과 커리큘럼이 변화되어 왔습니다.)

셋째, 로버트 허친스 총장을 '인문 고전 독서 교육의 광신도'라고 표현했지만 그는 인문 고전보다는 교양 교육에 힘쓴 학자입니다.[5] 동료 학자인 모티머 애들러Mortimer Adler와 함께 20세기

---

2   en.wikipedia.org/wiki/List_of_Nobel_laureates_affiliated_with_the_University_of_
      Chicago.

3   en.wikipedia.org/wiki/List_of_Nobel_laureates_by_university_affiliation.

4   물리학상 네 명, 의학상 한 명을 배출했습니다. http://www.uchicago.edu/about/
      accolades/22/

5   위키피디아는 로버트 허친스의 교육 이념을 '교양 교육'으로 설명합니다. 위키피디아
      'Robert Maynard Hutchins' 페이지에서 허친스의 교육 이론(educational theory)을

교양 교육의 전파를 위해 대학 개혁에 앞장 선 인물입니다. 독서 교육보다는 고등교육의 개혁가에 가깝습니다. 교육개혁의 일환으로 추진한 고전 읽기 프로그램이 '허친스 플랜'입니다. 두 사람을 주축으로 시행된 이 프로그램은 후일 '위대한 고전(Great Books)'라는 전집 출간으로 이어졌죠. 교양 교육의 이념으로 엄선한 고전 목록입니다. '교양'은 인문학뿐만 아니라 사회과학과 자연과학까지 아우르는 개념입니다. 『위대한 고전』이 인문 고전만을 엮은 전집이 아니라는 뜻입니다. 실제 이 전집에는 사회학의 창시자 중 한 명인 막스 베버의 저서뿐만 아니라 아인슈타인, 닐스 보어, 막스 플랑크, 하이젠베르크 등 과학자들의 저술도 있습니다.

넷째, "세계의 위대한 고전 100권을 달달 외울 정도로 읽지 않은 학생은 졸업시키지 않는다."는 말도 사실과는 다릅니다. 학생들은 고전을 달달 외울 필요가 없었습니다. 허친스 플랜의 목표가 텍스트 암기가 아니라 '사고력 향상'이었으니까요. 그랬기에 읽기만큼이나 다른 학생들과의 토론을 중시했습니다. 1930년대 당시 시카고대학에는 100권을 읽지 못하면 졸업을 금지한다는 학칙은 존재하지 않았습니다. 허친스 플랜의 이념은 시카고대학, 컬럼비아대학, 세인트존스대학 등이 이어가고 있는데이들 프로그램 역시 암기를 강조하지 않습니다. 인류의 고전들을 거칠게나마 개괄해서 지성사에 대한 안목과 얼개를 갖추는

살펴보면, Great Books를 다음과 같이 설명합니다. "Don't Just Do Something. Great Books [are] the most promising avenue to liberal education if only because they are teacher-proof."

것이 목적이었죠. 달달 외운다는 말은 본래의 취지, 다시 말해 교양 교육의 이념을 오해한 발언입니다.

다섯째, 허친스 플랜은 교양필수과목과 같아서 반드시 이수해야 했지만 이것이 대학의 유일한 교육이거나 정규 수업은 아니었습니다. 전공 수업이 별도로 존재했기에 "대학 4년 교육과정의 대부분이 인문 고전 독서에 할애"되었다는 말은 와전된 얘기입니다. 지금도 시카고대학을 비롯한 미국의 몇몇 대학들은 '핵심과정(core curriculum)'이라는 이름으로 허친스 플랜의 정신을 이어받은 교양 교육을 시행하고 있습니다. 이 역시 모든 학부생들이 필수로 들어야 하지만 정규 수업은 아닙니다. 일주일에 두 번 정도 진행되는 꽤나 비중 있는 세미나로 이해하면 될 겁니다.(경희대학교의 '후마니타스칼리지'와 같은 형태가 허친스 플랜에 가깝습니다.)

짧은 스토리 속에 이처럼 적잖은 오류가 있습니다. 명칭이 틀렸거나 노벨상 수상 명단이 맞지 않는 등의 세부적인 오류라면 크게 문제될 게 없습니다. 디테일에 대한 오류는 지성인들도 피할 수가 없기 때문입니다. 작가 역시 시카고 플랜 스토리를 다른 책에서 인용했을 뿐이고요. 모든 오류가 사소하다는 말은 아닙니다. 본질과 핵심에 대한 오류라면 바로잡을 필요가 있습니다. 위 사례는 허친스 플랜의 핵심 이념인 교양 교육을 이해하지 못해서 생긴 오류입니다. 허친스 플랜은 '인문 고전 독서'가 아니라 '리버럴 아츠Liberal Arts의 이념'을 구현하기 위해 시행된 교육입니다. 리버럴 아츠를 이해하지 못하면 허친스 플랜의 효과가 미미해질 수 있다는 뜻입니다. 리버럴 아츠를 오해하는 사례는 많습니다. 가장 널리 알려진 사례는 스티브 잡스의 발언일 겁니다. 2011년 3월, 스티브 잡스는 애플의 철학을 다음과 같이 표현했습니다. "애플은 리버럴 아츠와 테크놀로지의 교차점(at the intersection of the liberal arts and technology)에 존재합니다." 이 말은 우리에게 이렇게 전해졌습니다. "애플은 인문학과 기술의 교차점에 존재합니다." 리버럴 아츠와 인문학(humanities)은 다른 개념입니다. 스티브 잡스가 '리버럴 아츠 칼리지' 출신이기도 하죠.(와전된 덕분에 우리나라 기업계와 출판계에 한동안 인문학 열풍이 불었으니 애석할 일만은 아니라 생각합니다.) 스티브 잡스의 발언과 '시카고 플랜' 스토리는 모두 리버럴 아츠에 대한 오해로 인해 벌어진 해프닝입니다.

다시 허친스 플랜 얘기로 돌아가죠. 누군가를 벤치마킹할 때에는 그의 '행동'뿐만 아니라 그렇게 행동하게 만드는 '철학'이나 '이념'에 초점을 맞추면 더 큰 결실을 얻습니다. 제도를 벤치마킹할 때도 마찬가지입니다. 눈에 보이는 '시스템'과 함께 그 시스템의 기반이 되는 '마인드'도 좇아야 하겠지요. 시카고 플랜 스토리에 문제를 제기한 이유는 몇 가지 지엽적인 오류를 지적하려는 게 아닙니다. 시카고대학의 고전 교육(허친스 플랜)을 떠받드는 이념을 소개하기 위함입니다. 흔히 '교양'이라 번역되는 '리버럴 아츠'가 허친스 플랜의 이념입니다. 리버럴 아츠를 이해하면 고전 읽기의 효과가 극대화됩니다. 리버럴 아츠를 실천할수록 평생 학습의 질이 달라집니다. '스토리에서 동기부여만 받으면 그만이지 오류 확인이 그렇게 중요하냐?'고 물으실 수도 있겠지만 생각보다 중요합니다. 시카고대학이 줄곧 추구해온 가치가 '인문 고전 독서'가 아니라 '리버럴 아츠의 구현'이고, 리버럴 아츠는 인문 고전 독서 교육과는 다른 개념이니까요. 정확한 이해는 우리의 실천을 더욱 유익하게 만듭니다.

2.

경제 전문지 『포브스Forbes』가 선정한 미국의 2015년 최고 대학 순위에서 예일과 하버드는 나란히 5, 6위를 차지했습니다. 1위는 포모나칼리지, 2위는 윌리엄스칼리지입니다. 최상위권에 오른 두 학교가 낯설게 느껴지실 겁니다. 두 대학 모두 종합대학(University)이 아닌 교양 대학(Liberal Arts College)입니다. 교양 대학, 어색하지요? 그래서 대개 원어대로 발음해서 '리버럴 아츠 칼리지'라고 부릅니다. 리버럴 아츠 칼리지란 인문학·사회과학·자연과학·어학 등 전반적인 교양 교육에 중점을 둔 학부 중심의 4년제 대학입니다. 다른 사람들의 말과 텍스트를 제대로 이해하고, 합리적이고 비판적으로 생각할 줄 알며, 자신의 생각을 효과적으로 표현하는 법을 함양시키는 것이 교양 교육의 목표입니다.

　미국에선 오래 전부터 리버럴 아츠 칼리지 졸업생들의 활약이 두드러졌습니다.(잠시 확률 수치를 나열할 겁니다. '나는 숫자에 약한데…' 하시는 분들도 건너뛰지 말고 집중하여 읽어보시면 좋겠습니다. 인문학도가 숫자에, 자연과학도가 문학에 익숙해지는 과정도 교양 교육에 입문하는 길이니까요.) 리버럴 아츠 칼리지 졸업생들은 미국 전체 대학생의 3퍼센트에 불과하지만 사회의 다양한 분야로 진출하여 큰 영향력을 발휘하고 있습니다. 많은 CEO, 과학자, 작가와 학자들이 리버럴 아츠 칼리지 출신입니다. 미국의 리버럴 아츠 칼리지 연합 '아나폴리스 그룹'의 보고서에 따르면, 리버럴 아츠 칼리지 졸업생들은 아래와 같은 비율을 차지합니다. 내셔널아카데미오브사이언스National Academy of Sciences에 선발된 과학자의 20퍼센트, 가장 부유한 CEO의 8퍼센트, 퓰리처상 수상자 중 연극 부문의 23퍼센트, 시 부문의 18퍼센트, 자서전 부문에 8퍼센트, 소설 부문에 6퍼센트, 미국 대통령의 19퍼센트가 리버럴 아츠 칼리지 출신입니다. 하버드 출신의 저명한 언론인이자 『포린 어페어스Foreign Affairs』의 최연소 편집장을 지냈던 파리드 자카리아Fareed Zakaria는 2008년도의 한 연구를 근거로 리버럴 아츠 칼리지를 옹호했습니다. "리버럴 아츠 칼리지를 졸업한 학생들이 다른 계열의 고등교육기관을 졸업한 학생들보다 과학 분야에서 박사 학위를 취득하는 경우가 많다. 그 이유는 리버럴 아츠 칼리지를 졸업한 학생들이 대체로 호기심과 학문적 모험심이 더 크기 때문이라 추정된다."[6]

우리나라에도 리버럴 아츠 칼리지가 자주 소개되고 있습니다. 2016년에 출간된 『세인트존스의 고전 100권 공부법』은 '리버럴 아츠 칼리지'인 세이트존스대학을 다니는 학생들이 어떻게 공부하는지 소개한 책입니다. KOTRA(대한무역투자진흥공사)는 85개국 125개의 무역관에 수백 명의 주재원을 두어 세계의 트렌드를 파악하는 공기업입니다. 코트라에서 출간한 『2016년 한

---

6 파리드 자카리아, 『하버드 학생들은 더 이상 인문학을 공부하지 않는다』, 사회평론, p.108.

국이 열광할 12가지 트렌드』는 '리버럴 아츠'를 하나의 트렌드로 선정했습니다. 교양에 대한 목마름이 세계의 트렌드 중 하나라고 생각해도 좋겠습니다. 과장할 생각은 없습니다. '하나의 트렌드'라고 표현했지만 신자유주의의 거대한 물결에 비하면 리버럴 아츠는 해변가에서 찰싹거리는 파도에 불과할 테니까요. 그래서 힘이 나기도 합니다. 교양 교육의 재건과 전파야말로 우리나라 고등교육 발전에 생명력을 더할 거라고 믿으니까요.

교양 교육은 현대의 발명품이 아닙니다. 고대 그리스로부터 중세를 거쳐 이어져온 유서 깊은 교육입니다. 교양 교육을 열렬히 지지하는 학자와 사상가들 덕분에 현재까지 지적인 전통이 이어져오고 있습니다. 19세기의 뉴먼 추기경에서부터 20세기 교양 교육의 주요 계승자인 모티머 애들러(우리나라에서는 독서법의 전문가로 알려진 인물입니다.) 그리고 마사 누스바움Martha Nussbaum 같은 세계적인 사상가들이 교양 교육을 옹호하는 글을 써 왔습니다. 리버럴 아츠는 인류의 지성사를 관통해온 하나의 중요한 흐름이고, 이 흐름을 이해할수록 좀 더 품격 있는 지적 생활을 누릴 것입니다.

3.

'리버럴 아츠의 시대가 오고 있다.'고 단정할 생각은 없습니다. 누구나 리버럴 아츠를 공부해야 한다고 선동하지도 않을 테고요. 교양 교육만을 강조하진 않을 겁니다. 교양이 의식주를 해결해 주지는 못하기에(교양 교육의 반대 개념인) 직업교육의 필요성도 언급할 겁니다. 삶에서 가장 중요한 것은 생존과 안전을 보장

받는 일이니까요. 안전한 삶을 영위하는 것은 기본적이고 필수적인 요소지만 이것이 좋은 삶을 이루는 충분한 조건은 아닙니다. 삶의 질을 위해서는 우정과 사랑을 비롯한 관계의 친밀함도 필요하고 정신적인 건강도 중요합니다. 교양은 생존과 안전을 제외한 삶의 거의 모든 문제, 이를테면 성장·학습·선택·관계·여가·대화·사유·행복의 영역에서 우리를 돕습니다. 직업적인 전문성만으로는 풍요롭고 자유로운 삶을 누리기가 쉽지 않다고 생각하는 분들에게는 리버럴 아츠(교양)의 가치와 이념을 알아두기를 권하고 싶습니다. 공부를 좋아하고 지혜를 사랑하는 분이라면, 또는 지적인 교양인으로 살고 싶은 분들이라면 리버럴 아츠 공부가 도움될 겁니다.

1부는 리버럴 아츠의 개념과 역사를 살핍니다. 교양 교육이 왜 중요하고 유익이 무엇인지 다뤘습니다. 교양 공부가 부담스러운 숙제가 아니라 효과적인 지적 생활이라는 사실도 짚었습니다. 이론적인 얘기지만 교양의 개념을 익히는 중요한 챕터입니다.

2부에서는 교양인의 특징을 담았습니다. 교양인들이 어떤 사람인지 일곱 개의 키워드로 정리했습니다. '교양인은 무엇을 공부하는가.'라는 질문에 답하기에 앞서 '교양인'이라는 주체를 들여다보고 싶었습니다. 교양인이 왜 매혹적일 수밖에 없는지에 관한 내용입니다.

3부는 중세의 교양 교육이 어떻게 이뤄졌는지 고찰하며 '학습의 원리'를 제안합니다. 중세의 교육 커리큘럼들이 낯설게 느껴지겠지만 학습의 기본기를 다진다는 느낌으로 읽으시면 어떨까 싶습니다. 앵무새-당돌이-시인으로 이어지는 인식의 성장

단계도 확인하시고요.

4부에서는 '21세기의 리버럴 아츠'를 탐색합니다. 현대의 교양과목에 대한 고민의 결실입니다. 전통적인 교양 개념뿐만 아니라 21세기에 필요한 교양과 지구촌 시대에 필요한 교양을 소개합니다. '무엇을 공부할 것인가.'에 대한 답을 4부에서 발견하실 겁니다.

5부는 교양을 쌓으려면 어떻게 공부해야 하는지에 대한 방법론을 담았습니다. 교양 공부의 기반이 될 '근본 개념'을 소개하고 지적 얼개를 구축하는 법과 책 읽기의 노하우를 제안합니다. 교양인의 태도와 교양의 궁극적인 결실도 5부에서 확인하실 수 있습니다.

각 부가 일곱 개의 장으로 이뤄져 있기에 이 책을 '공부하는 이들을 위한 7가지 제안'으로 간주하고 읽으셔도 좋습니다. 어떤 부가 될지는 모르겠지만 여러분께 도움이 되는 일곱 가지 제안을 만나시길 바라는 마음입니다. 책의 앞 장부터 순서대로 읽기를 바라지만 이론적인 내용이 지루하다면 1부와 3부를 건너뛰어도 괜찮습니다. 교양인이 어떤 사람들인지 이해하고서(2부) 곧장 21세기의 리버럴 아츠를 살펴보는 거죠.(4부) 거기에 교양인의 공부법을 익히면(5부) 제가 제안하고자 하는 주요 골자를 이해하실 겁니다. 2부, 4부, 5부를 읽고 난 후 이론적인 내용이 궁금하면 1부와 3부를 읽으면 될 테죠. 이렇게 말씀드리긴 하나 순서대로 즐기는 독서가 가장 유익하리라 생각합니다. 글쓴이도 논리와 맥락을 고려하며 챕터를 배치하니까요.

저는 고등교육을 연구하는 학자나 전문가가 아닙니다. 리버럴 아츠에 관한 학위를 가진 것도 아닙니다. 저는 교양 교육의 지지자요, 아마추어 학습자입니다. 교양인이 되기를 열망하며 20년 동안 리버럴 아츠를 공부해온 글쟁이입니다. 공부를 시작할 때부터 '교양'이라는 뚜렷한 목표를 가졌던 것도 아닙니다. 뚜렷한 목표나 계획 없이 중요하다 싶은 공부를 흠뻑 즐겼습니다. 읽고 싶은 책들에 마음껏 빠져들었습니다. 십수 년의 세월이 지나 공부한 시절을 되짚어보니 '교양(리버럴 아츠)'이라는 개념이 제 공부를 관통하고 있음을 느꼈습니다. '박식'이 아니라 '지성'과 '교양'에 다가서기 위해 공부해왔음을 깨달았습니다.

'아마추어'야말로 교양인을 추구하는 적합한 자격인지도 모릅니다. 아마추어들은 돈을 받지 않고도 행하는 자들입니다. 요즘의 뉘앙스로는 '아마추어'가 전문성이 낮은 사람들을 일컫는 말이지만 본래의 어원적 의미는 '무언가를 사랑하여 열렬히 몰입하는 사람'을 뜻합니다. 아마추어들은 어떠한 자격을 갖출 필요가 없기에 그들끼리의 실력 차가 크긴 하죠. 이 말은 곧 그들을 하나의 잣대로 가늠하기가 힘들다는 의미이기도 합니다. 시시한 실력의 아마추어가 있는가 하면 대단한 열정과 지식을 소유한 아마추어도 있습니다. 공공의 문제에 적극적으로 참여하여 시대가 필요로 하는 목소리를 내는 아마추어 지식인들도 있죠.[7] 일급의 아마추어들은 자신의 순수한 열정을 좇아 프로보다 높은 경지에 올라서기도 합니다. 열정과 전문성이 가득한 사람들입니

---

7 "오늘날 지식인은 아마추어가 되어야 합니다." 에드워드 사이드가 '전문가와 아마추어'라는 글에서 했던 말입니다. (에드워드 사이드, 『지식인의 표상』, 마티, 2012, p.97.)

다. 저는 '열정적인 아마추어'와 '일급의 아마추어' 사이 어딘가에서 열심히 달려가는 중일 테고요.

여러분이 대학교수나 연구원 또는 학자가 아니라면 제가 생각한 독자 분입니다. 성장을 열망하고 평생 학습에 관심을 가진 열정적인 아마추어들을 염두에 두고 글을 썼습니다. 교양 교육의 본질과 가치를 다루면서도 현대적인 결론과 실천적인 제안을 담으려고 노력했습니다. 개념을 정확하게 소개하려고 애쓰는 동시에 구체적인 방향을 담으려는 욕심도 부렸습니다. 교양인이 된다는 것은 고된 훈련의 길을 의미하지 않습니다. 즐거움과 유익을 모두 맛보는 동시에 삶의 격을 높여가는 여정입니다. 기꺼이 대가를 치를 마음만 있다면 누구나 교양인이 될 수 있습니다. '책'이라고 불리는 이 긴 글이 실용적인 것들을 '뽑아'내려는 독자들이 아니라 지성을 '음미'하고 '향유'하려는 독자를 만나면 좋겠습니다. 지적 성장을 꿈꾸는 아마추어 학습자 분께 도움이 되길 바랍니다. '교양'이라는 파랑새는 순수하고 열정적인 아마추어 정신을 가진 사람에게 화답할 겁니다. 파랑새는 존재합니다. 지적으로 읽고 지혜롭게 사유하는 삶이 곧 교양이니까요. 이 책을 다 읽어 마지막 장을 덮을 즈음, 여러분의 일상 곳곳에 깃들어 있는 파랑새를 발견하시기를!

차례

I

왜 리버럴 아츠인가

"교양이란 사람이 자신을 위해 행하는 어떤 것을 말합니다. 교양은 스스로 만들어가는 것입니다. 교육은 타인이 나에게 해줄 수 있지만 교양은 혼자 힘으로 쌓아야 합니다."

철학자 페터 비에리

1. 교양은 언제 어떻게 탄생했을까
- 자유를 실현하는 교양 교육

교양이란 무엇일까요? 리버럴 아츠를 어떻게 이해해야 할까요? 교양을 설명하기 위해 시나리오 하나를 들겠습니다. 여러분이 십 대 자녀를 둔 부모라고 상상해보시기 바랍니다. 어떤 공동체의 리더라고 해도 좋습니다. 자녀와 구성원들을 위한 교육이 절실한데 마땅한 선생이 없는 상황입니다. 여러분이 직접 교육을 책임져야 한다면 무엇을 어떻게 교육하겠습니까? 학교교육에서 배웠던 교과목 중에서 포함시키고 싶은 과목이나 제외하고 싶은 과목을 생각해보셔도 좋고, 여러분만의 창의적인 커리큘럼으로 구성해도 괜찮습니다. 리버럴 아츠 수업에서 이 질문을 드렸더니 다양한 답변이 오고 갔습니다. 물리학이나 화학을 제외시키는가 하면, 작문 수업의 포함을 두고 고민하는 분도 계셨습니다. 수학이나 지리와 같은 몇몇 교과목에 대해서는 끝내 합의점을 찾지 못했죠.

무엇을 어떻게 교육할 것인가라는 질문에 제대로 답변하려면 교육의 목적과 수단을 생각해야 합니다. 무엇을 위한 교육인가?(목적) 교육 방식과 교과목을 어떻게 선정할까?(수단) 자녀의 재능과 성향을 고려하면서 교육의 목적부터 살펴야겠지요. 리더가 되기 위한 교육, 학자가 되기 위한 교육, 예술가가 되기 위한 교육은 저마다 다른 커리큘럼이 필요하니까요. 교육의 목적이 결정되면 과목 선택이 용이해지겠죠.

현대인들만 교육의 중요성을 깨우친 건 아닙니다. 고대 그리스인들도 자유로운 삶을 위해서는 교육이 필요함을 인식했습니다. 그들의 교육 목적은 노예가 아닌 자유 시민으로서의 지혜와 역량을 키우기 위함이었습니다. 사상가와 철학자 그리고 소피스트라 불린 일단의 교사들은 자유 시민에게 필요한 커리큘럼을 고민했고 자신의 사상을 좇아 교육을 실행했습니다.(당대의 유명 인사인 소크라테스와 그의 후예는 철학적 진리를 추구했고, 저명한 수사학자였던 이소크라테스와 후예들은 실용적인 기술을 중시했습니다.) 고대 그리스인들은 어린 학생들에게 읽기·쓰기·글쓰기와 같은 기본적인 교육과 함께 음악·체조·철학·수사학·역사·기하학 등을 가르쳤습니다.[8] 이러한 과목들이 자유 시민으로서의 삶을 돕는다고 생각했겠지요. 그리스인들은 시민들에게 필요한 일반적인 교육을 '엔키클리오스 파이데이아EnkyKlios Paideia'[9]라고 불렀습니다. 엔

---

8 손승남, 『인문교양 교육의 원형과 변용』, 교육과학사, 2011, p.41.

9 "파이데이아는 교육과 도야를 의미하는 용어로 고대 문화를 이해하는 핵심 개념이다. 좁은 의미에서는 아이들을 위한 교육을 지칭하지만 인간을 인간답게 만들어 탁월성(arete)

키클리오스는 '일상적인 것'과 '일반적인 것'을 동시에 표현하는 개념입니다. 파이데이아는 '교육' 또는 '양육'이란 뜻이죠. 두 단어가 합쳐져 백과사전(encyclopedia)을 뜻하는 말이 되었고요.

자유 시민이 되기 위한 교과목들을 오늘날엔 '리버럴 아츠Liberal Arts'라 부릅니다. Liberal에 해당되는 라틴어의 본뜻은 '자유인의, 자유인에 관련된'이라는 의미죠. 아트art는 흔히 예술로 번역되나 학예, 교과, 기술이라는 뜻도 있고요.(에리히 프롬의 『사랑의 기술(The Art of Love)』를 떠올리시면 되겠군요.) 리버럴 아츠를 직역하면 '자유학예' 또는 '자유교과'가 되지만 현대적 의미로는 '교양'을 뜻합니다. 학생과 시민에게 리버럴 아츠를 가르치는 교육은 교양교육(Liberal Education)이라 부르고요. 리버럴 에듀케이션도 '자유교육'보다는 '교양교육'이라는 말이 더욱 많이 쓰입니다.

고대 그리스와 로마의 노예제도를 감안하면 고대인들이 왜 자유 교육(Liberal Education), 자유 교과(Liberal Arts)라 불렀는지 이해되실 겁니다. 세네카의 서신은 리버럴 아츠가 '자유로운 삶을 위한 교과목'임을 보여줍니다. "너는 자유 교과가 왜 그렇게 불리게 되었는지 알게 될 것이다. 왜냐하면 자유 교과는 자유로운 인간에 적합하기 때문이다."[10] 고대 그리스인들에게 교육이란 곧 자유를 실현하기 위한 커리큘럼이었죠. 이것이 오늘날 '리버럴 아츠'라 불리는 개념이 탄생한 배경입니다.

으로 인도하는 가치로운 과업이기도 하다." - 같은 책, p.39.

10 손승남, 『인문교양교육의 원형과 변용』, 교육과학사, 2011, p.96.

2. 리버럴 아츠란 무엇인가
- 교양 교육을 위한 기초 학문

　　　　　　　　　　리버럴 에듀케이션Liberal Education은 일반적으로 '교양 교육'으로 번역하지만 '자유 교육'을 옹호하는 학자도 있습니다. 이를테면 한국교양기초교육원장 손동현 교수는 '교양 교육의 이념'이라는 강연에서, 좀 생소하더라도 본뜻을 살려 '자유 교육'이라 부르는 게 합당하다고 말했지요. 일각에서는 '자유 교양 교육'이라고 번역하자는 의견도 있더군요. 저는 가장 널리 번역되는 '교양 교육'이란 말을 쓰겠습니다. 전달의 명료성을 위해 간혹 '자유 교육'이라 말할 때가 있을지도 모르겠군요.

　리버럴 아츠는 무엇으로 번역해야 할까요? '교양'이 가장 무난한 번역이지만 오해의 소지도 있습니다. '지성과 사회에 관한 폭넓은 지식'이라는 본래 뜻과는 다르게 '사교를 위한 품위' 정도로 사용되기도 하니까요. 간혹 '남보다 우월함을 과시하기 위해 축적한 난해한 지식'으로 오용되는 경우도 있고요. 이웃 나라 사정도 비슷해 보입니다. 일본의 한 대학교수는 이렇게 말했습니다. "교양에 대해서는 '외래의 새로운 학문이나 사상' 또는 '권위를 높이기 위한 장식물'이라는 인식이 있습니다." 교수는 어느 학생의 사례도 소개합니다. 교양을 지적인 사치품 정도로 이해하는 사람들이 있음을 보여주는 말입니다. "저는 교양이라고 일컫는 지식을 얻기보다는 만화나 애니메이션을 보고 싶습니다. 정신을 풍요롭게 하기 위해 꼭 교양이 필요한 것도 아니고, 오히려 남한테 없는 지식이 생겼다는 마음에 자기만족이나 자만심에 빠질 위험이 있지 않을까요? 어려운 책보다 만화 대사 한 줄에서 더 깊은 인상을 받을 수 있고 다른 책에서처럼 만화에서도 똑같은 걸 배울 수 있다고 생각해요."[11] 리버럴 아츠는 고리타분하거나 판에 박힌 지식이 아니고 자기 과시용 지식은 더더욱 아니지만 이러한 오해는 이 학생만의 얘긴 아닐 겁니다.

오해가 만연하다고 해서 리버럴 아츠를 '교양'으로 번역해온 전통을 폐기하긴 힘들겠지요. 대안이 없는 문제 제기는 자칫 소모적인 대화로 이어지기 십상이고요. 교양 교육의 본질을 염두에 두면서 원어 그대로 'Liberal Arts'를 사용하자는 의견도 있지만, 개념의 폭넓은 전파를 위해서는 본뜻에 가장 가까운 우리말을 찾는 노력이 중요합니다. 저는 리버럴 아츠를 '교양'이라 번역하고 '기초 학문'으로 이해하기를 권합니다. 쓰기는 '교양'이라 쓰되 머릿속으로의 이해는 '기초 학문'이라고 받아들이는 겁니다. 기초 학문은 '교양인을 위한 필수과목'을 뜻하고요. 교양교육이란 지적인 능력과 인간다운 소양을 갖추기 위해 기초 학문을 폭넓게 공부하는 과정으로 이해하면 되겠습니다. 정리하면아래와 같습니다.

Liberal Education = 교양 교육(직역으로는 자유 교육)

Liberal Arts = 교양(기초 학문으로 이해, 직역하면 자유 교과)

11 세기 히로시, 『나를 위한 교양 수업』, 시공사, 2015, p.21.

아직은 리버럴 아츠에 대한 우리의 사회적 인식이 부족한가 봅니다. 리버럴 아츠를 '인문학'으로 옮기는 현실을 두고 하는 말입니다. 교양(리버럴 아츠)에 관한 영어권 저술들이 우리나라에 출간될 때에는 '리버럴 아츠'를 '인문학'으로 번역하는 경우가 많더군요. 아래 책들은 그러한 사례들입니다.

한국어 제목	원제 or 부제
『인문학 이펙트』	Why the Liberal Arts Will Rule the Digital World
『현명한 투자자의 인문학』	Investing: The Last Liberal Arts
『하버드 대학생은 더 이상 인문학을 공부하지 않는다』	In Defense of Liberal Arts

리버럴 아츠와 인문학을 동의어로 생각하기는 어렵습니다. 고대로부터 이어져온 교양 교육의 전통은 '실용'과 '인문학'을 모두 추구해왔으니까요. 요즘의 학문 체계로 말하자면, 교양 교육의 중심에는 항상 인문학뿐만 아니라 자연과학이 존재했습니다. 리버럴 아츠는 인문학만이 아니라 사회과학, 자연과학, 예술과 기술 개념까지 아우르는 개념입니다. 리버럴 아츠 칼리지에서 제안하는 고전 목록에도 사회과학, 자연과학, 예술 분야의 명저들이 포함되어 있죠. '리버럴 아츠=인문학'이라는 생각은 리버럴 아츠에 대한 이해를 가로막습니다.[12]

---

[12] 인문학과 인문주의는 미세한 의미 차이가 있습니다. '인문학'이 자연과학과 대비되는 문학, 역사, 철학, 어학, 종교 등의 학문을 통칭하는 개념으로 쓰이면 '리버럴 아츠'와 동의어가 되기 힘듭니다. 반면 '인문주의'는 보다 포괄적인 개념입니다. 인문주의(인문학적 탐

『인문학 이펙트』의 원제는 『The Fuzzy and The Techie』
입니다. '퍼지fuzzy'는 원래 모호하다는 뜻이지만 저자는 '인문쟁
이'의 뜻으로 사용했습니다. '테키techie'는 기술쟁이라는 뜻이고
요.(각각 스탠퍼드대학교에서 인문학을 공부하는 학생과 자연과학을 공부
하는 학생을 일컫는 말입니다.) 우리말로 직역하면 『인문쟁이와 기
술쟁이』가 되는 겁니다. 이 책의 부제는 '왜 리버럴 아츠가 디지
털 세계를 지배하는가(Why the Liberal Arts Will Rule the Digital
World)'입니다. 원서의 제목과 부제가 교양 교육의 본질을 제대
로 포착하여 저자의 센스에 감탄했던 책입니다. '인문'과 '기술'
을 통합하면 '리버럴 아츠'가 되니까요. '인문학 이펙트'라는 한
국어 제목에서는 '인문학'의 유익이나 효과를 다룬 책이라는 생
각이 들 뿐이지만 실제 책의 내용은 리버럴 아츠의 본질과 저력
을 보여주는 책입니다. 책의 결론은 인문학과 기술, 이 두 문화
를 융합하라는 것입니다. 인문쟁이에게는 기술을, 기술쟁이에게
는 인문학을 결합시켜야 한다는 겁니다. 교양 교육의 본질을 꿰
뚫는 책 속 한 구절을 소개할게요.

"우리는 아이들에게 그토록 중요한 창의적 자신감과 학습에
대한 모험심, 다양한 호기심 같은 소프트 스킬을 어떻게 키워줘
야 하는 걸까? 동시에 어떻게 과학, 기술, 공학, 수학 과목뿐만

구 정신)는 종합적이고 비판적인 탐구 정신을 뜻합니다. 인문주의의 탐구 대상에는 자연
과학도 포함됩니다. 인문주의는 '과학의 오만을 어떻게 경계할 수 있는가.'와 같은 질문을
꾸밀 수 있으니까요. 일례로 과학을 예찬하는 수석 『마션』은 문학이 자연과학을 대상으
로 삼은 경우입니다. 역사와 철학 또한 자연과학을 탐구합니다. 물리학의 역사, 시간의 역
사와 같은 탐구 주제가 가능하고, 과학의 가치와 한계를 고찰하는 '과학철학'이란 분야가
있으니까요. 요컨대 인문학과 교양을 동일시할 순 없지만, '인문주의적 탐구와 교양' 그리
고 '인문주의자와 교양인'은 비슷한 개념으로 볼 수 있다는 말입니다.

아니라 필요한 기술 지식까지 알려줄 수 있을까? 학생들에게 어떻게 올바른 능력, 이를테면 성격, 리더십, 자신감 같은 자질을 심어줄 수 있을까? 아이들에게 가장 큰 성공의 기회를 제공하는 인문학과 기술의 균형을 교육에서 어떻게 달성할 수 있을까?"[13]

3. 직업교육과는 어떻게 다른가
- 교양과 직업이 모두 필요하다

교양 교육을 이해하는 지름길은 직업교육과 대조하는 겁니다. 교양 교육이 기초 학문을 폭넓게 공부하는 과정이라면, 직업교육은 하나의 전문 분야를 파고들어 전문성을 키우는 과정입니다. 인간다운 삶을 위한 교육이 중요한가요, 아니면 직업을 갖기 위한 교육이 중요한가요? 우문입니다. 둘 다 중요하니까요. 양자택일이 되어서는 안 됩니다. 『인문학 이펙트』의 요지를 다르게 표현하면 '교양과 직업의 균형'이라 말해도 무방하지 않을까요? 학생들을 위한 교육 커리큘럼은 교양 교육과 직업교육 모두를 포괄해야 합니다. 학생들에게 일반적인 교양 교육의 기회를 제공하여 자신의 길을 발견하도록 돕고, 경제적 생활을 영위하도록 전문적인 직업교육도 제공해야 합니다. 우리에게는 교양과 직업이 모두 필요하니까요. 제 생각은 그렇습니다만 균형 감각을 잃은 사람들이 있기 마련

---

13 스콧 하틀리, 『인문학 이펙트』, 마일스톤, 2017, pp.211~212.

입니다. 진실은 양쪽에 걸쳐 존재하지만 한쪽만 강조하는 편협한 극단주의는 어디에나 존재합니다. 교양 교육과 직업교육이 대립해온 역사를 잠깐 살펴보시죠.

두 가지 교육을 모두 추구해야 함에도 불구하고, 때론 교육계마저 어리석은 관점으로 내달립니다. 실용적인 관점에 치우쳐 교양 교육과 직업교육의 이원화에 동조하는 겁니다. 1906년 미국의 매사추세츠 주 교육위원회는 고등학교 교육을 두 가지로 분리하여 시행했습니다. "일부 학생들은 산업 발전에 필요한 직업교육을, 다른 학생들은 대학 진학을 준비하며 폭넓은 교육을 받는 제도"[14]를 추진했죠. 근시안이고 일차원적인 접근입니다만 교양 교육의 중요성을 모르는 분들은 '뭐가 문제지?' 하고 의아해하거나 이 제도가 합리적으로 느껴지기도 하실 테죠. 당대 최고의 철학자 존 듀이의 생각은 달랐습니다.

존 듀이(John Dewey, 1859~1952)는 교양 교육과 직업교육의 중요성을 모두 이해한 사상가입니다. 이 걸출한 철학자는 각 개인의 역할과 전문성의 필요성을 간과하지 않으면서 보편적인 교육의 중요성도 짚었습니다. "우리가 사는 세상은 거의 모든 이가 무언가 일을 하고 직업을 갖는 세상이다. 어떤 이는 관리자가, 어떤 이는 부하 직원이 된다. 하지만 모든 사람은 각자 자기 일에서 크고 인간적인 의미를 발견하도록 도와주는 교육을 받을 필요가 있다." 100여 년 전 시대 상황을 두고 일갈한 말이 지금도 여전히 유효합니다. 교양 교육과 직업교육을 이원화하려는 우

---

14 마이클 로스, 『대학의 배신』, 지식프레임, 2016, p.185.

직임이 21세기에 다시 일어났기에 하는 말입니다.

균형을 잃은 견해는 혼란과 퇴보를 야기합니다. '직업교육'이라는 이데올로기가 현대 교육계를 뒤흔들고 있습니다. 명문 리버럴 아츠 칼리지인 웨슬리언대학의 16대 총장인 마이클 로스는 "대학을 실용적으로 개혁하겠다는 도구주의로의 흐름"(p.7)이 가속화되는 현실에 저항하기 위해 『대학의 배신』이라는 책을 썼습니다. 저자의 생각은 서문에서 분명히 드러납니다. "대학이란 특정 전문 기술만을 배우는 곳이 아니라 우리가 살아가고 일하는 세계 안에서 개인적, 사회적 삶을 탐색할 기회라는 점을 잊지 말아야 한다." 마이클 로스 역시 교양 교육만을 옹호하는 건 아닙니다. 직업교육이 중요하듯이 교양 교육'도' 진지하게 다뤄져야 한다는 주장입니다.

미국의 텍사스와 플로리다, 노스캐롤라이나와 위스콘신의 주지사들은 주립 대학교의 교양 학문에는 보조금을 지원하지 않겠다고 발표했고, 오바마 대통령은 "장담하지만, 예술사 학위를 가진 사람보다 뭔가를 만들어내는 능력을 갖추거나 경영을 배운 사람이 훨씬 더 많은 것을 이루어낸다."는 망언도 했더군요.[15] 우리나라도 비슷한 상황입니다. 2015년 12월, 정부는 균형을 잃은 관점으로 대학 운영에 개입했습니다. 학과 정원을 취업률 중심으로 조정하는 대학들에게 3년간 6천억 원을 지원하겠다고 발표한 겁니다.[16] '선취업 후진학'이라는 정책도 실용주의에 치우

---

15 파리드 자카리아, 『하버드 학생들은 더 이상 인문학을 공부하지 않는다』, 사회평론, 2015, pp.15~16.

16 산업연계 교육활성화 선도대학(프라임) 사업을 말함인데, 기사는 "정부가 '대학 자율 조

친 처사는 아닌지 세부 내용을 신중하게 살펴야겠죠. 성찰하지 않은 역사는 반복될 테니까요. 신자유주의의 영향이 크겠지만, 극단적인 관점이 우리 시대의 문제만은 아닙니다. 앞서 살폈듯이 존 듀이의 시대도, 그 이전에도 마찬가지였으니까요. 파리드 자카리아Fareed Zakaria는 "인류의 역사에서 교육은 거의 언제나 직업 훈련"이었다고 말했고요.

현대 국가의 정부들은 직업교육 지원 정책을 앞세우며 교양 교육의 무용론을 부추깁니다. 교양 교육이 직업교육의 뒷전으로 밀려나는 현실입니다. 교양과 전문성의 필요를 모두 이해하는 분이라면 한쪽으로 치우치는 상황을 직시하고 균형 회복을 위해 고민하겠지요. 요즘엔 직업교육이 중시되고 있으니 다른 한쪽을 들여다볼 필요가 있습니다. 희망적인 사실은 직업교육의 위세 속에서도 교양 교육이 면면히 이어져왔다는 점입니다.

4. 교양은 무엇을 추구하는가
- 교양 교육의 두 가지 목표

교양인이 되기 위한 교과목, 다시 말해 리버럴 아츠는 변화를 거듭해왔습니다. 중세의 교양 교육은 일곱 개 교과목으로 이뤄졌습니다. 문법·수사학·논리·

정'을 내세우긴 했지만, 지원을 받으려면 이공계 중심으로 학과를 통폐합할 수밖에 없기에 인문학 위축 우려는 갈수록 커지고 있다."고 보고했습니다. - CBS 노컷뉴스, 2015년 12월 29일자 기사, 「'취업 중심' 대학 구조조정 본격화」.

음악·기하학·천문·산수가 당시의 리버럴 아츠였습니다. 일곱 개의 리버럴 아츠라 하여 자유칠과自由七科(Seven Liberal Arts)라 부르죠. 21세기인 지금은 고대나 중세와는 시대 상황뿐만 아니라 학문의 구분도 달라졌습니다. 근대를 거치면서 자연과학이 놀랍도록 발전했고 심리학, 사회학, 지리학 등이 체계적인 학문이 되었습니다. 중세의 자유칠과를 그대로 현대의 교양으로 삼을 순 없다는 의미입니다. 리버럴 아츠는 시대마다 새롭게 정의해야 합니다.(4부에서 21세기의 리버럴 아츠를 탐구하는 까닭입니다.)

교과목의 구성은 변화되어왔지만 리버럴 아츠의 이념은 고대로부터 유유히 계승되어왔습니다. 어느 시대에나 리버럴 아츠 정신을 수호하려는 훌륭한 사상가들이 존재했기 때문입니다. 최고의 지성인들은 '인간다운 삶을 살려면 무엇을 배우고 익혀야 하는가.'에 대한 물음을 탐구했습니다. 리버럴 아츠는 그에 대한 해답입니다. 물음이 아름답고 답변을 향한 추구가 원대합니다. 그런 점에서 교양 교육은 이상적이고 가치 지향적입니다. 뜬구름 잡는 공허한 말을 일삼거나 현실 세계에 대한 이해가 부족한 관념론자를 양성한다는 뜻은 아닙니다. 자신이 알던 세계를 벗어나 다른 분야를 탐구하고 좀 더 나은 인간이 되기를 추구한다는 의미입니다. 교양인은 지적인 열정과 향상심의 소유자니까요.

이상은 늘 현실과 대립하기 마련입니다. 최고 수준의 지성들만이 이상과 현실을 버무린 사상을 내어놓습니다. 대개는 이상과 현실 중 어느 한쪽으로 치우치기 십상이죠. 이상주의자들은 현실적인 문제와 대안을 간과한 채 최선책만 주장하느라 이상의 실현에 실패합니다. 현실주의자들은 눈앞의 문제에 눈이 멀어 내일의 가능성을 모색하지 못합니다. "저도 최선이 무엇인지 알지만 불가능하잖아요."라고 말하며 차선책에 머물고 마는 겁니다. 이같은 이상과 현실의 대립은 교양 교육과 직업교육의 관계를 이해하는 키워드입니다. 교양 교육이 간과되었던 시대는 늘 현실적이고 실용적인 관점이 등장했다는 뜻입니다.

19세기 초, 미국에는 실용적인 기술을 강조하는 학풍이 일기 시작했습니다. 이러한 분위기는 교양 교육의 위기를 불렀습니다. 당장의 실효성보다는 평생의 지적 기반을 닦는 교양 교육이 실용적으로 보일 리가 없으니까요. 이때 교양 교육의 수호자가 등장합니다. 1828년 당시 예일대학교 총장이었던 제러마이아 데이Jeremiah Day는 전통적인 교과목의 가치를 옹호하는 글을 썼습니다. 교양 교육의 가치와 의미를 되새겨 리버럴 아츠 이념을 수호하려는 목적이었죠. 이것이 미국의 고등교육 역사에 커다란 영향을 미친 「예일 보고서(Yale Report)」입니다.[17] 보고서는 교양 교육의 목표를 두 가지로 제시했습니다.

"지적 교육에서 목표로 삼아야 할 두 가지 요점은 생각하는 힘을 키우는 정신 훈련과 정신을 채우는 내용물, 즉 지식이다. 다시 말하면 정신의 힘을 확대하는 동시에 머릿속에 지식을 심어주어야 한다. 전자가 후자보다 중요하다. 따라서 대학 강의의 주된 목표는 학생들의 사고력을 매일 강건하게 훈련시키는 것이

---

17 「The Collegiate Way」 http://collegiateway.org/reading/yale-report-1828.

어야 한다."**18** - 「예일 보고서」中

"The two great points to be gained in intellectual culture, are the discipline and the furniture of the mind; expanding its powers, and storing it with knowledge. The former of these is, perhaps, the more important of the two. A commanding object, therefore, in a collegiate course, should be, to call into daily and vigorous exercise the faculties of the student."

교양 교육의 두 가지 목표를 키워드로 정리하면 사고력과 지식입니다.

-사고력 (Discipline of the mind : The Ability to think)
-지식 (Furniture of the mind : Knowledge)

바다 건너 영국에서도 교양 교육 발전에 힘쓴 인물이 있습니다. 존 헨리 뉴먼(John Henry Newman, 1801~1890) 추기경입니다. 뉴먼 추기경은 위대한 산문 작가로 손꼽혔고 시인이자 비평가였던 새뮤얼 콜리지의 영적 영향력을 일찌감치 발견했을 만큼 혜안을 가진 교양인입니다. 그는 1851년 더블린가톨릭대학교의 총장으로 임명되어 교육행정가로 활동하면서 고등교육에 관한 통찰을 갖게 되었습니다.**19** 뉴먼은 1852년 발표한 글에서 교

---

18 파리드 자카리아, 『하버드 학생들은 더 이상 인문학을 공부하지 않는다』, 사회평론, 2015, p.58.
19 제임스 리빙스턴, 『현대 기독교사상사』, 한국장로교출판사, 2000, p.421.

양 교육이 실용성을 채워주지는 못한다는 사실을 인정하면서도 "우리가 교양 교육을 받는 이유는 장사를 하거나 일자리를 구하는 데 필요한 재주를 배우기 위해서가 아니라 순전히 '지식의 위대한 뼈대를 파악'하기 위한 것"[20]이라고 말했습니다. 이러한 견해들은 훗날 『대학의 이념(Idea of a University)』(1873)으로 출간되었죠.[21] 고등교육을 다룬 위대한 서적 중 하나로 꼽히는 책입니다.

20세기 내내 교양 교육의 수호에 앞장섰던 모티머 애들러의 주장도 예일 보고서나 뉴먼 추기경의 견해와 일치합니다. 애들러는 서문에서 언급했던 허친스 플랜을 기획하고 주도한 인물입니다. 대중적인 철학서와 인문 교양서를 출간하고 만년에는 방송 활동을 통해 교양 교육의 확산에 크게 기여했죠. 애들러 역시 리버럴 아츠의 전통을 좇아 교양 교육의 본질을 두 가지로 정리했습니다. 그의 표현으로는 '학습의 원리를 익히는 것'과 평생 이해하려고 노력해야 할 '개념들을 접하는 것'입니다. 이처럼 '리버럴 아츠'라는 개념에는 우리말 '교양'이나 '기초 학문'에선 유추하기 힘든 지적인 역사가 깃들어 있습니다. 교양 교육을 수호

---

20 같은 책, p.82. (뉴먼의 주된 주장에 해당되는 원문은 다음과 같습니다. "He apprehends the great outlines of knowledge, the principles on which it rests, the scale of its parts, its lights and its shades, its great points and its little, as he otherwise cannot apprehend them." "As far as this contrast may be considered as a guide into the meaning of the word, liberal education and liberal pursuits are exercises of mind, of reason, of reflection.")

21 우리말로는 아직 번역되지 않은 책입니다. 저는 사전을 뒤적이면서 『대학의 이념』한 챕터를 읽었는데 뉴먼 추기경의 교양 교육을 향한 확신과 열정에 감동했던 소중한 독서 추억입니다. 21번 각주의 전문全文이자 제가 읽은 챕터는 인터넷에서도 확인할 수 있습니다. www.newmanreader.org/works/idea/discourse5.html

하려 애썼던 각국의 사상가들이 말한 교양 교육의 목표는 두 가지였습니다. 1) 사고력과 학습의 원리를 익힌 후에 2) 필수 교과목을 공부하여 핵심 지식을 쌓을 것! 이것이 교양인의 학습 목표입니다. 두 가지 원리는 학교에서만 필요한 게 아니겠죠. 평생 학습의 기반이기도 하니까요. 애들러는 이렇게 말했습니다. "성년기의 교양 교육은 학교에서 배운 학습의 원리를 활용하여 배움의 과정을 계속하고 평생 동안 이해와 통찰과 지혜를 추구하는 것이다."[22]

현대 국가 수뇌부의 주장과는 다른 견해들입니다. 「예일 보고서」의 주장과 현대 국가의 정책 중 어느 쪽이 더 합리적인 교육일까요? 이것은 현명한 질문이 아닙니다. 어느 한쪽을 편들기보다는 어떻게 하면 균형을 이룰 것인가가 관건이니까요. 이상과 현실의 조화, 교양 교육과 직업교육의 균형 말입니다. 여러 지성인들이 교양 교육을 강조한 이유도 리버럴 아츠 '만' 중요해서가 아니라 리버럴 아츠가 지나치게 간과되었기 때문입니다. 「예일 보고서」 역시 교양 교육을 "어떤 직업 하나에 관련된 것만 가르치는 게 아니라 어떤 직업에나 공통된 기초를 놓는 일"이라 말했습니다. 모든 직업을 위한 '공통의 기초'는 무엇을 뜻하는 걸까요?

---

22 모티머 애들러, 『개념어 해석(How to think about the great ideas)』, 모티브, 2007, p.415.

5. 교양 교육은 무엇에 유익한가
– 쓰고 말하고 공부하는 법

파리드 자카리아는 국제정치 분야의 특급 전문가입니다. 그는 교양 교육의 가치와 의미를 고찰한 저서 『하버드 학생들은 더 이상 인문학을 공부하지 않는다』에서 교양 교육의 유익으로 세 가지를 꼽았습니다.(이 책의 원제가 『교양 교육을 수호하며(In Defence of Liberal Education)』라는 점은 앞서 언급했고요.) 교양 교육의 유익으로는 생각하는 힘에 관해 많이 언급합니다. 자카리아는 이에 동의하면서도 글의 초점은 교양이 글 쓰는 힘을 키워준다는 사실에 맞춰져 있습니다. 이어서 말하는 법과 학습하는 법에 대해 설명합니다. 그의 주장에 고개를 끄덕입니다. 교양 교육의 주된 진행 방식이 텍스트를 읽고 글을 쓰고 서로 토론하는 것이니까요.

자카리아에 따르면 "교양 교육의 가장 핵심적인 장점은 글 쓰는 방법을 가르쳐준다"는 점입니다. 기실 글쓰기와 사고력은 뗄 수 없는 관계입니다. 월터 리프먼(1889~1974)이라는 미국의 유명한 정치평론가가 있습니다. '냉전'이라는 용어를 국제정치의 유행어로 자리 잡게 했던 인물입니다.[23] 리프먼은 만 17세에 하버드대학교에 입학하여 3년 만에 졸업했고, 20대 중반에 『정치학 서문(Preface to Politics)』과 『표류와 지배(Drift and Mastery)』를 펴내 시어도어 루스벨트 대통령으로부터 '미국에서 가장

---

23 월터 리프먼은 1947년에 국제 관계의 정세를 다룬 『냉전(The Cold War)』을 출간했습니다.

망한 청년'이란 찬사를 들었습니다. 리프먼은 어떤 사건에 대해 개인적 의견을 요청받은 적이 있는데, 다음과 같은 말을 남겼습니다. "어떻게 생각해야 할지 모르겠습니다. 아직 그 사건에 대해 글을 쓴 적이 없으니까요." 글쓰기가 정교한 사유를 돕는다는 점을 보여주는 일화입니다. 물론 글쓰기의 초점을 '자기감정의 분출'이 아니라 '성찰과 생각하기'에 두긴 해야겠지요. 자카리아는 자신의 글쓰기 경험을 소개합니다.

"글을 쓰기 시작하는 단계에서 내 '생각'은 일반적으로 불분명한 관념들이 서로 연결된 채 뒤죽박죽 뒤섞인 상태이며, 곳곳에 메워야 할 커다란 구멍들이 있다. 나는 글을 쓰는 과정에서 구멍을 메우고 뒤죽박죽인 상태를 정리한다. 칼럼이나 시론의 경우, 초고는 현재 자신이 알고 있는 것의 표현이다. 따라서 자신의 견해에 논리적인 일관성이 있든 없든 간에, 또 확인된 사실로부터 결론이 자연스레 도출되든 않든 간에 초고 덕분에 어떤 주제에 대해 자신이 어떤 생각을 하고 있는지 알게 된다."[24]

'뒤죽박죽'이란 단어와 메워야 할 '커다란 구멍'이라는 표현에 제가 얼마나 공감했는지 모릅니다. 초고를 읽는 마음은 복잡합니다. 쓰레기통에 버릴 수도 없고 고치자니 엉망진창인 글이니까요. 그나마 다행스러운 일은 나의 지적 수준을 인식하게 된다는 점입니다. 생각이 '글'이라는 형태로 표현되지 않고 머릿속에만 있었더라면 그럴듯한 논리라고 착각했을 게 분명합니다. 초

---

24 파리드 자카리아, 『하버드 학생들은 더 이상 인문학을 공부하지 않는다』, 사회평론, 2015, p.89.

고에 정교한 논리가 있을 리가 없죠. 초고란 머릿속에 있는 생각들을 모조리 받아낸 글에 불과합니다. 한 작가는 내려 적었다는 뜻을 살려 초고를 다운 드래프트Down Draft라고 부르더군요. 절묘한 표현입니다. 글을 고치는 작업은 사유를 훈련하는 과정입니다. 모든 문단이 주제를 향하여 흐르는지, 문장과 문장이 논리로 단단히 결속되어 있는지, 단어들이 생각을 적확하게 표현하는지를 살피는 거죠. 글을 판단하고 고치는 힘(논리력·비판적 사고력·배치 감각·적확한 표현력)은 어디에서 비롯된 걸까요? 직업적 전문성이 아닌 교양이 좋은 글을 창조합니다. 고개를 갸웃거릴 수도 있으리라 생각합니다. 머릿속에 글을 잘 쓰는 학자나 전문가들이 떠오를 수 있으니까요. 대부분 전문성과 교양을 함께 갖춘 분들일 겁니다. 그들은 소수입니다. 세상에는 글을 잘 쓰지 못하는 전문가들이 훨씬 더 많습니다. 최고의 엔지니어, 건축가, CEO 들이 모두 글쓰기에 능한 것은 아니죠. 놀랍게도 필력이 부족한 인문학자도 있고요.

교양 교육의 "두 번째 장점은 우리에게 말하는 방법을 가르쳐 준다."는 점입니다. 자카리아는 예일대학교의 총장이었던 알프레드 그리즈월즈(1906~1963)의 견해를 소개합니다. "대화는 인류 역사에서 가장 오래된 교육 방식이다. 대화는 인간이 감정을 이성으로 승화하고, 문명을 만들어가기 위한 내밀한 생각과 이상을 주변 사람들과 공유하는 창의적인 예술이다."[25] 말하기의 중요성은 고대인들도 잘 인식했습니다. 대중을 설득하고 효과

---

25 같은 책, p.94.

적으로 말하는 법을 가르치는 수사학은 고대와 중세의 핵심적인 리버럴 아츠였으니까요. 교양 교육이 말하는 힘을 키워준다는 점은 진지하게 생각해야 합니다. 유교 문화권에 속한 우리나라에서는 말을 잘하는 사람을 종종 폄하하곤 하니까요. 20세기의 프랑스 철학자를 전공한 한 교수에게서 이런 말을 들었습니다. "유학 생활을 하면서 받은 충격인데요, 프랑스 친구들과 대화할 때 저는 주로 얘길 듣는 쪽이었습니다. 언어가 안 되기도 했지만 언어에 좀 익숙해지고 나서도 마찬가지였어요. 알고 있는 내용이라도 누가 물어보면 그제야 대답하는 게 겸손이라 생각했으니까요. 그런데 아무도 제게 물어보질 않는 거예요. 나중에 한 친구가 제게 말하더군요. 너는 아는 게 그리도 없냐고." 저도 웃으며 들은 얘기지만 웃고만 넘길 일은 아니라고 생각했습니다. 저 또한 그런 일이 잦으니까요. 우리 나라에서의 수사학의 위상을 감안하면서 고대 로마사 권위자인 허승일 교수님의 주장을 들어보시죠. 서울대 명예교수와 한국키케로학회 회장 역임한 선생은 키케로의 『수사학』 출간에 부쳐 이런 글을 썼습니다. "이 책을 통해 말하기 연마의 중요성이 부각되기를 바라는 마음 간절하다. 서양인들은 어릴 때부터 수사학의 기초 교육을 받아왔기 때문에 그들이 쓴 학술 논문들은 말할 것도 없고, 일반 회사에서 쓰는 실무 보고서도 형식과 내용에 체계가 잡혀 있고 알차다. 대학 입시를 앞두고 학원에서 마련한 논술 문제를 암기하는 수준의 우리와는 차원이 다르다. 오죽하면 서울대 공과대학에서는 신입생들에게 글쓰기 공부를 따로 시키겠는가!"**26**

교양 교육의 세 번째 유익은 "우리에게 학습하는 방법을 가르쳐준다."는 점입니다. 이는 리버럴 아츠가 융합적이고 창의적인 접근을 하기 때문입니다. 교양 교육이 어떻게 학습 능력을 고취시키는 걸까요? 노벨 화학상 수상자인 토머스 체크는 이렇게 말했습니다. "운동선수들이 교차 훈련을 통해 자신의 주 종목과 무관한 운동으로 몸을 단련하듯이, 학생들도 집중적으로 연구하는 학문 이외의 분야들을 공부해야 한다."

체크의 말을 좀 더 들어보시죠. "주 종목 이외에 다른 종목도 함께 훈련하면, 같은 시간 동안 주 종목만을 훈련하는 경우보다 핵심 근육을 더 효과적으로 단련할 수 있다. 따라서 교양 교육은 과학자들에게 인문학이나 예술을 병행해서 학습하게 함으로써 그들이 경쟁력을 향상시키는 데 도움을 줄 수 있다. 이러한 학문적 교차 훈련은 학생들이 자료와 의견을 수집해서 정리하고 분석해서 가치를 평가하는 능력은 물론이고 자신의 주장을 명확히 표현하는 능력까지 향상시킨다."

하버드대학의 심리학과 교수이자 다중지능 이론과 학습 과정을 연구하여 교육계에 큰 영향을 미친 하워드 가드너도 교양 교육의 힘을 뒷받침하는 주장을 했습니다. "모든 사람을 위한 가장 좋은 교육을 생각하려면 최근의 심리학·신경학·생물학·인류학에 대한 최신의 통찰을 기반으로 삼아야 합니다. 그리고 과학에서 발견한 이런 것들을 우리가 책임진 아이들을 교육하기 위해

---

26 키케로, 안재원 편역, 『수사학』, 도서출판길, 2006, p.13.

유서 깊은 민간 지식과 통합하는 방법을 찾아야 합니다."[27] 가드너에 따르면, "여러 문화가 서로 접촉하며 다양한 의견과 분야와 학문이 충돌하는 환경에서 최적의 생각법이 탄생"합니다. 자카리드도 이 유명한 심리학자의 이론을 접했겠지요. 자신의 책에 "가드너라면 학생들에게 관찰·분석·미학·팀워크 등을 중시하며 다양하게 생각하는 방법을 가르쳐주는 리버럴 아츠 칼리지와 같은 커리큘럼을 옹호할 것"이라고 썼으니까요.

영향력 있는 지성인들의 '의견'은 강렬한 동기를 제공하지만 결정적인 '증거'도 필요하리라 생각합니다. 연구 결과 하나를 소개합니다. 리버럴 아츠 칼리지를 졸업한 학생들의 능력에 관한 미국의 국립과학재단의 논문입니다. 「바칼로레아 출신의 과학과 공학 박사 학위 수여자」에 관한 이 연구[28]는 과학과 공학 박사 학위 수여자를 가장 많이 배출한 미국의 상위 50개 대학을 소개합니다. 연구 결과에 따르면, 상위 10위 중 공과대학이 두 곳이고(캘리포니아공과대학, 매사추세츠공과대학), 종합대학이 두 곳(라이스대학, 프린스턴대학)이더군요. 하버드대학교는 11위를 기록했고요. 10위권에서 나머지 여섯 곳은 리버럴 아츠 칼리지입니다. 학부생 시절에 사고력을 훈련하고 다양한 기초 학식을 쌓은 학생들이 창의적이고 깊이 있는 학습 능력을 갖추었던 겁니다.

말하고 글을 쓰는 힘, 그리고 배울 줄 아는 능력이 직업 세계에서 발생하는 갖가지 과업을 효과적으로 수행하게 만들지 않을

---

27 하워드 가드너, 『인간은 어떻게 배우는가』, 사회평론, 2015, p.172.

28 「Baccalaureate Origins of S&E Doctorate Recipients」 연구 결과의 전문을 확인할 수도 있습니다. http://www.nsf.gov/statistics/infbrief/nsf08311/#fn1

까요? 그렇다면 교양은 우리의 직업적 역량에도 영향을 미치는 셈입니다. 좀 더 강조하여 말하고 싶네요. 의사소통 능력과 필력, 그리고 학습력은 모든 직업인들의 성장을 돕는 '공통의 기초'입니다.

6. 무엇이 21세기의 시대정신일까
- 융합은 새로운 발명품이 아니다

자녀가 삶을 잘 살아가기를 바라는 부모라면 자녀 교육을 한 분야에 치우친 교과목만으로 구성하지 않겠죠. 자녀들이 자신의 재능과 삶의 가치를 발견할 수 있도록 창의적이고 융합적인 교과목으로 구성하리라 생각합니다. 교양 교육은 멀리 있지 않습니다. 다양한 학문을 '융합'하여 가르치는 것이 곧 교양 교육의 이념입니다. 융합融合은 기막히게 멋진 단어입니다. 통합과 융합은 비슷하게 보이지만 다른 개념이죠. 통합은 모아서 합친다는 뜻이지만 융합은 그 이상을 뜻합니다. 서로 녹아 구별이 없어질 정도로 합해지거나 또는 둘 이상이 합쳐져 하나의 통일된 감각을 일으키는 것이 융합입니다. 융합이라고 할 때의 한자어 '융融'은 화和하다는 뜻입니다. 화和는 서로 뜻이 맞아 사이좋은 상태가 됨을 일컫고요. 여러 가지를 대충 모아둔다고 융합이 되지는 않습니다. 서로 맞는 부분들이 어우러져야 융합이 일어납니다.

한자어까지 풀이하면서 융합을 들먹인 이유는 4차 산업혁명을 이끌 사람들이 바로 융합형 인재이기 때문입니다. 광주과학기술원(GIST)은 리버럴 아츠의 정신으로 세워진 학교입니다. 문승현 광주과학기술원 총장은 "4차 산업혁명의 솔루션은 두 개 이상의 학문 영역에서 협업에 의한 결과물"이 중요하다면서 "기술 간, 학문 간 연계성에 대한 정확한 시각을 가진 융합 인재가 필요하다."[29]고 강조했습니다. 교육부에서 주최한 글로벌 인재포럼 2017에서도 네 개의 트랙track 중 하나가 '창의 융합 인재와 교육 혁신'이라는 주제였고요.(융합을 위해서는 창의적 사고가 필요해서인지 요즘엔 '창의 융합 인재'라는 표현이 많이 사용되더군요. 예전에 유행했던 '통섭형 인재'라는 말은 최근 사용 빈도가 현저히 줄어든 느낌입니다.)

21세기 사회가 융합형 인재를 필요로 한다는 주장을 자세하게 나열할 생각은 없습니다. 융합을 강조하는 사회 지도자들의 목소리나 여러 나라의 국가정책은 어디에서나 들을 수 있으니까요. 제가 강조하고 싶은 것은 '융합'이 21세기의 발명품이 아니라는 사실입니다. 고대에서부터 이미 융합의 필요성이 강조되었습니다. 고대 그리스인도 이론적인 것과 실용적인 것이 모두 필요함을 깨달았습니다. 시민으로서의 온전한 삶을 영위하기 위해 필요한 교과목들을 모아 융합 교육을 시도했지요. 요즘 용어로 치면 인문학·사회과학·자연과학 그리고 예술을 모두 조화시켜야 인간다운 사회를 건설할 수 있다고 생각했습니다. 인류는 2,500년 전에 이미 융합의 중요성을 깨우쳤던 겁니다. '리버럴

---

29 「연구·교육·창업 일체화…선순환 시스템 만들 것」, 『매일경제신문』, 2017년 4월 20일.

아츠'는 그러한 융합 정신의 발명품입니다. 융합이 교양 교육의 본질입니다. 학제 간 연구의 본질도 '융합'에 있습니다.

4차 산업혁명에서 다시금 강조되는 융합적 탐구는 과거로부터 현재를 거쳐 미래로 이어질 학습의 본질입니다. '오래된 미래'로 표현해도 좋겠습니다. "오늘날 학문적 조류의 대세는 융합입니다. 융합을 바탕으로 창의력 있는 인재를 양성하는 것이 우리나라가 선진국으로 도약할 수 있는 지름길이며 이를 위해서는 과학기술의 기본원리를 이해하고 비판적 사고 능력을 겸비한 인재를 키워야 합니다." 앞서 언급한 광주과학기술원의 기초교양학부 홈페이지의 인사말입니다. 일개 학교의 비전이나 선언에 머물 얘긴 아닙니다. 융합적인 접근은 산업 현장, 학교 캠퍼스, 국가 발전 등 어디에든 필요하니까요.

융합은 음식에서도 절대적인 역할을 합니다. 단품 음식만 먹으며 살 수는 없죠. 그렇다고 해서 서로 녹아들지 않는 재료를 아무렇게나 뒤섞으면 맛이 없을 겁니다. 질문 하나를 드립니다. "요리 경연 대회를 개최한다면 참가자들의 요리를 어떤 기준으로 심사해야 할까요?" 인터넷 검색으로 살펴보았더니 어느 요리 대회든지 공통적인 평가 기준이 있었습니다. 신선한 식재료·음식의 맛·창의성 이렇게 세 가지 요소가 중요하더군요. 세계적으로 유명한 미쉐린 가이드[30]의 평가 기준도 이 세 가지를 포함하고 있습니다.[31] 갑자기 요리 얘길 꺼낸 이유는 식재료·맛·창

---

30 해외에서는 '미슐랭 가이드'라고도 불리지만 한국어 정식 명칭은 미쉐린 가이드입니다. 미쉐린 코리아라는 법인명을 고려하여 결정했거든요.
31 미쉐린 가이드의 다섯 가지 평가 기준은 다음과 같습니다. 요리 재료의 수준·요리법과 맛

의성이라는 세 요소가 교양의 본질인 융합을 잘 보여주기 때문입니다. 각 학문마다의 핵심 '지식'들은 '식재료'에 비할 수 있습니다. '창의성'은 서로 다른 학문을 연결시키는 '융합적 탐구 태도'라 하겠고요. 융합으로 창조된 새로운 지식의 '가치'는 음식의 '맛'에 비견될 테고요.

식재료 = 각 분야의 지식
창의성 = 융합적 탐구
맛 = 창조된 지식의 가치

요리의 창의성은 융합에서 탄생합니다. 이질적인 식재료를 사용하되 조화로운 맛을 이끌어내거나 서로 다른 문화권의 요리법들을 연결함으로 새로운 레시피를 창조하죠. 지식의 창의성 역시 서로 다른 분야의 지식들을 융합함으로 이뤄집니다. 자연과학·인문학·사회과학·예술 등 여러 분야의 지식을 갖추고(식재료), 서로 다른 분야의 지식을 융합하여(창의성), 새로운 가치들(맛)을 창조할 것! 이러한 융합적 탐구야말로 교양인의 특징이자 저력입니다. 융합이 가치를 창조합니다. 새로운 방식과 전통적인 방식의 융합, 서로 이질적인 것들의 융합이 시대의 문제를 해결합니다. 실력 있는 셰프가 행복을 선사하고 교양인의 존재가 세상을 아름답게 만듭니다.

의 완벽성·개성과 창의성·가격에 합당한 가치·메뉴의 통일성과 언제 방문해도 변함없는 일관성.

7. 교양 공부가 왜 부담스러운가
- 명소를 찾아다니는 짜릿한 여행

"하나의 학문에 정통하기도 어려운데 융합적으로 탐구하라니요? 제겐 너무 어려워 보입니다." 일반 직장인들을 대상으로 리버럴 아츠 수업을 진행하다가 듣게 된 하소연입니다. 교양 교육이 자칫 방대한 공부를 해야 한다는 압박감을 줄 수 있기에 충분히 이해되는 말입니다. 다른 어려움을 느끼는 분들도 계시더군요. 공부에 관심 없는 분들에겐 리버럴 아츠라는 주제가 모호하게 들리는 겁니다. 모호하면 괜히 어렵게 느껴지기도 하죠. 걱정하지 않으셔도 됩니다. 부담감과 모호함 모두 리버럴 아츠에 대한 오해니까요. 먼저 교양 공부에 대한 오해를 걷어낸 후 공부를 바라보는 개인적 관점도 살펴보겠습니다. 압박감의 원인에는 개인의 성향도 적잖은 비중을 차지하기 때문입니다.

모든 지식을 게걸스럽게 파고드는 건 교양 교육이 아닙니다. 여러 학문의 기초를 두루 쌓는 것이 교양 교육이지만 교양인들이 개별 학문의 모든 지식을 습득해야 한다는 의미는 결단코 아닙니다. 그럴 필요가 없고 그럴 수도 없죠. 자신에게 필요한 지식을 파악하여 그것을 정확하게 이해해가는 사람이 교양인입니다. 이해한다는 것이 무엇을 의미하는지 파악하여, 필요한 지식만을 구별해내어 습득하고, 전체에 대한 감각을 키우는 것이 교양 공부입니다. 하나의 학문으로 설명하자면, 그 학문의 탐구 방식을 이해하고 주요한 지식을 익혀 그 학문의 본질과 밑그림을 이해하는 것이 교양 공부입니다. 위대한 지성들은 교양을 갖춘다는 것이 무엇을 의미하는지 간파했습니다. 독일의 석학 페터 비에리Peter Bieri에 따르면, 교양이란 비율적 관계에 대한 감각을 키워가고 안다는 것이 무엇인지 이해하는 지적인 힘입니다.

"알아야 할 것, 이해해야 할 것의 양은 방대하기 짝이 없으며 심지어 매일 늘어만 갑니다. 배운다는 의미는 이런 것들의 뒤꽁무니를 따라가느라 정신없이 허덕이는 것을 뜻하지 않습니다. 올바른 해결 방법은 무엇일까요? 알아야 할 것과 이해해야 할 것의 대략적인 지도를 그리고 나서 그 중 어느 지역을 더 깊게 배울 것인지 알아가는 것이라고 말씀드리고 싶습니다. 이 과정에서 똑같이 중요한 두 가지가 있습니다. 첫 번째는 비율적 관계를 이해하는 겁니다. 교양을 갖추기 위해서 지구에 몇 개의 언어가 쓰이고 있는지 그 수를 정확하게 알 필요는 없습니다. 그렇지만 40개는 아닐 테고 4,000개에 가깝겠지 하는 정도로는 알아야 할 겁니다. 중국은 전 세계에서 인구가 가장 많은 국가지만 면적이 가장 넓은 국가는 아니라는 것, 화학원소의 수가 몇백 개까지는 되지 않는다는 것, 빛의 속도를 말할 때 초속 십 킬로미터도 아니지만 백만 킬로미터도 아니라는 것, 중세가 시작된 시기는 예수의 탄생이 아니고 근대의 시작점도 지금으로부터 백 년 전은 아니라는 것, 예를 들자면 이런 것들을 말합니다. 비율적 관계에 대한 감각에는 인간과 그의 업적, 그 업적이 불러온 결과에 대한 의미와 무게를 부여하는 일도 포함됩니다. 루이 파스퇴르Louis Pasteur는 축구선수 펠레보다 인류 역사에 더 묵직한 영향을 끼쳤고 활자, 전구, 컴퓨터의 발명은 우산, 전기면도

기, 립스틱의 발명보다 더 중요했습니다. 두 번째는 정확함에 대한 의식입니다. 무언가를 정확하게 알고 이해하는 것이 과연 어떤 것인지를 이해하는 걸 말합니다. 많은 것들을 전부 정확히 아는 사람은 존재하지 않습니다. 교양이라는 개념 역시 그런 것은 바라지 않습니다만 교양이 있는 사람은 정확함의 뜻을 알고, 정확함이 학문의 여러 분야에서 서로 다른 의미로 쓰일 수 있음을 이해하는 사람입니다."[32]

우리의 관점을 좀 더 현실적이고 긴 안목으로 바꾸자는 제안도 드리고 싶네요. 리버럴 아츠를 방대한 공부로 생각하거나 좋은 책을 여러 권 소개받으면 '이걸 언제 다 읽지?' 하고 부담을 느끼는 분들이 계십니다. 그럴 때 저는 헤세의 말을 전하곤 합니다. "우리에게 중요한 것은 많이 읽고 많이 아는 게 아니라, 명작들을 자유롭게 선정하여 일과 후 그것에 몰입함으로써 인간이 생각하고 추구한 것들의 너비와 깊이를 깨닫고 인류의 삶과 심장의 소리에까지 이르는 것입니다." 읽기보다 이해하고 느끼고 깨닫는 게 중요하다는 의미겠습니다. 헤세의 말에서 '일과 후 책에 몰입함으로써'라는 구절을 강조하고 싶습니다. 대다수 사람들에겐 교양보다 생업이 긴급하고 중요함을 되새기고 싶거든요. 독서에 24시간을 할애할 수 있는 사람은 없습니다. 중요한 것은 우선순위와 집중력입니다. 일과가 끝난 후의 여가 시간을 낭비하지 않고 '집중'하여 책을 읽는다면 그것으로도 상당한 교양을 쌓을 수 있습니다. 때론 TV 리모컨과 휴식 시간은 줄어야 할 때

32 페터 비에리, 문항심 옮김, 『교양 수업』, 은행나무, 2018, p.11~13.

도 있겠지만 독서가 주는 결실이나 기쁨이 TV와 휴식 못지않을 테고요. 윌 듀랜트Will Durant는 이렇게 말하기도 했죠. "하루에 한 시간을 할애할 수 있는가?(…)내게 일주일에 일곱 시간을 준다면 여러분을 학자와 철학자로 만들어주겠다. 4년 후면 여러분은 이제 갓 철학 박사 학위를 받을 사람들 못지않은 학식을 갖추게 될 것이다."[33] 듀랜트는 겸손하고 사려 깊은 문체를 쓰는데 이리 단언하니 생경하게 느껴지더군요. 한 시간의 힘과 꾸준한 독서 그리고 실천의 중요성을 강조하고 싶었나봅니다.

질문 하나로 1부를 맺겠습니다. 여러분이 환상적인 유럽 여행을 꿈꾸고 있다고 상상해봅시다. 기간은 한 달입니다. 어디로 가야 짜릿한 여행이 될까요? 잠시 책 읽기를 멈추고 여러분의 여행을 행복하게 만드는 장소가 어디일지 생각해보시기 바랍니다. 모든 도시를 방문할 수도 없고 그럴 필요도 없습니다. 자신의 목적을 실현해줄 장소를 찾아야겠죠. 세월의 검증을 거친 명소라면 더욱 좋을 테고요. 제가 말하는 명소란, 자신의 여행 목적과 취향에 어울리는 장소들 중에서도 충분히 검증된 곳을 말합니다. 무엇보다 여행의 목적을 정하고 자기 취향을 고려해야 합니다. 모든 사람이 반드시 방문해야 하는 명소나 모든 이를 만족시키는 장소는 없으니까요. 괴테를 만나러 간다면 독일의 프랑크푸르트와 바이마르를 중심으로 예나, 드레스덴, 라이프치히 등을 방문해야겠죠. 관심사가 많고 시간과 예산이 넉넉하지 않는 이상 '트리어'를 방문하지는 않을 겁니다.(어떤 사람에겐 특별한

---

33 윌 듀랜트, 김승욱 옮김, 『위대한 사상들』, 민음사, 2018, p.119.

방문지겠지요. 트리어는 마르크스의 고향이니까요.) 에게해나 아드리아 해를 만끽하고 싶다면 그리스와 크로아티아의 섬 중에서 자신이 반할 가능성이 높은 명소를 찾으면 될 테고요.

비유컨대 리버럴 아츠 공부는 현명하고 실속있으면서도 행복한 여행입니다. 교양을 공부한다는 것은 고되고 힘든 노동에 참여하는 게 아니라 세월이 검증한 지적 명소를 방문하는 즐거운 여행입니다. 자신을 황홀하게 만드는 명소를 찾아낼수록 여행이 풍요로워지고 시간이 절약됩니다. 마찬가지로 교양을 쌓아갈수록 지적 생활을 황홀하게 만들 공부의 방향과 공부거리를 알게됩니다. 리버럴 아츠 공부는 무모하고 부담스러운 숙제가 아닙니다. 지적 세계의 명소를 찾아다니는 짜릿한 여행입니다.

II

교양인은
어떤 사람들인가

"사람들은 사랑을 하면서, 책과 예술을
가까이하면서, 음식과 여행을 즐기면
서, 도시와 국가를 가꾸면서 교양인이
된다."
서양사학자 이광주

1. [인식] 교양인은 차이를 구별한다
- 시야를 넓히고 관점을 높여라

건강에 관심을 갖기 시작했던 삼십 대 초반의 일입니다. 건강한 식생활을 하고 싶었지만 그에 대한 지식은 없던 때였죠. 어느 날 대형 마트에 갔습니다. 이런저런 물건을 구입한 후 건강한 간식을 고르기 위해 매장을 둘러보았습니다. 여러 먹을거리들이 눈앞을 스쳐갔지만 선택하기가 힘들었습니다. 어떤 음식이 몸에 유익한지 알지 못했거든요. 그날 장바구니에 담긴 간식은 천하장사 소시지였습니다. 그날 제가 의지한 건 광고 문구였어요. 겉포장에 이렇게 적혀 있었거든요. "대한민국 국민 간식!" 지금 생각하니 웃음이 나는데 건강식에 대한 교양이 없어서 빚어진 일입니다.

독일의 저명한 철학자 페터 비에리는 교양을 상징하는 말로 "아는 것이 힘이다."를 꼽았습니다. '지식'이라는 힘으로 다른 이들을 제압하거나 지배할 수 있다는 뜻이 아닙니다. "지식은 희생자가 되는 것을 막아줍니다. 뭔가를 알고 있는 사람은 불빛이 반짝거리는 곳으로 무작정 홀릴 위험이 적고, 다른 사람들이 그를 이익 추구의 도구로 이용하려고 할 때 자신을 지킬 수 있습니다. 정치나 상업광고 안에서 유혹은 빈번하게 일어나죠."**34** 제가 건강식에 대한 지식을 갖추었더라면 광고 문구에 홀리지 않았을 겁니다. 소시지보다 건강한 음식을 선택했을 테고요.('나는 이 음식만큼은 먹지 않는다.'는 주제로 의사 100명을 설문한 결과, 1위는 탄산음료이고 2위가 햄과 소시지 등의 육가공 식품이었습니다. 곱창과 막창이 3위를 차지했고 나머지는 라면과 마가린입니다.)

교양인은 구별의 능력을 가진 사람입니다. 교양은 구별할 줄 아는 안목이고요. 교양을 쌓는다는 것은 자신의 길에 대한 방향감각을 갖는 일이죠. 비전에 대한 이야기가 아닙니다. 이상을 품거나 미래를 상상해도 삶의 방향을 그릴 수 있지만 지적인 인식이 주는 결실로도 걸어야 할 길을 구별합니다. 확신을 더하거나 의문을 걷어내는 힘이 교양에 있으니까요. 논리적이고 비판적인 지성을 연마하거나 다양한 분야의 식견을 가질수록 어떻게 살 것인가에 대한 방향을 알게 됩니다. 비전이 앞에서 끌어주는 힘이라면 교양은 곁에서 조언하는 힘입니다. 비전이 가야 할 길에 대한 감각이라면 교양은 현혹되지 말아야 할 것들에 대한 인식입니다. 교양은 우리로 하여금 참과 거짓, 광고와 진실, 궤변과 논리를 구별하게 만듭니다. 교양인은 궤변의 언어와 논리의 언어를 구별하고,

---

34 페터 비에리, 문항심 옮김, 『교양수업』, 은행나무, 2018 p.14.

시시하고 기만적이고 외양만 그럴듯한 것을 알아차립니다. 자기 선전과 꾸며내기에 능한 달변가와 합리적인 사고의 소유자도 구별합니다. 그리하여 선동이나 광고에 현혹되지 않습니다. 삼류 교사나 선동가에게 휩쓸리지도 않고 교육자와 리더를 알아봅니다.

구별은 차이를 인지하는 능력입니다. 교양이 쌓일수록 비슷해 보이는 두 가지가 어떻게 다르고 무슨 차이가 있는지 알아차립니다. 차이를 구별하면 물건을 구입하거나 무언가를 배울 때에도 현명한 선택을 할 수 있죠. 성질이 다르고 수준 차이가 엄연한데도 구별하지 못하면 시간과 에너지를 낭비하기 십상입니다. 누구에게나 구별 능력이 필요합니다. 자기 이해란 결국 자신과 타인의 차이를 이해하는 일이죠. 누군가를 이해한다는 것도 그와 타인의 차이를 구별하는 능력에 달렸습니다. 자기 이해야말로 자신을 치유하고 구원하는 일입니다. 누군가에 대한 이해가 곧 그와의 친밀함이고요. 구별하는 능력은 이렇듯 자신과의 관계, 타인과의 관계에서도 중요한 역할을 합니다. 인생에 후회를 남긴 선택도 결국 더 유익한 쪽을 구별하지 못해서 벌어진 경우가 많죠.

차이를 구별하는가? 여기에서 교양의 수준이 결정됩니다. 교양이 없으면 크고 작은 차이를 구별하지 못하거나 구별을 귀찮게 여깁니다. "왜 이렇게 복잡해? 결국 다 똑같은 거 아냐?"라는 투정 섞인 말을 들어본 적이 있을 겁니다. 새로운 기기를 들여놓은 사람의 짜증 섞인 말일 수도 있고, 남녀 사이의 진지한 대화에서 나온 말일 수도 있습니다. 새로운 기술이 주는 편의를 이전 기술과 구별하지 못하면 고성능은 귀찮고 복잡한 부가 장치에 불과합니다. 한 비평가의 말처럼 사랑이란 상대를 정확하게 이해하려는 노력입니다. 상대에 대한 이해와 오해를 구별하려는 노력이 귀찮거나 무가치하게 보일 때 사랑의 결실도 요원해질 겁니다. 분명 예전과는 다른 기기이고 상대가 똑같은 말을 하는 게 아닌데도 구별하지 못하는 사람들이 많습니다. 교양인은 차이 식별이 쉽지 않을 때에도 절망하지 않고 구별하기 위해 노력하는 사람입니다. 차이를 무시하거나 간과하는 일은 교양이 아닙니다. 불교에서도 구별하지 못하면 괴로워진다고 보았습니다. 부처는 일체의 번뇌가 탐진치貪瞋癡라는 세 가지 해악(三毒)으로부터 발생한다고 말했더군요. 탐욕·진에·우치가 그것입니다. 탐욕 말고는 낯선 단어들인데, '진에'는 자기 뜻이 어그러질 때의 노여움을 말합니다. '우치'는 구별하지 못하는 어리석음이고요. 구별하지 못해 괴로워지고 구별하는 능력이 번뇌를 잠재웁니다.

교양인은 표면과 외양만으로 판단하지 않고 내면과 배후까지 헤아리는 사람입니다. "눈에 보이는 것이 전부가 아니다."라는 말은 멋진 표현이지만 자칫 우리가 전부는 아니지만 '상당 부분은 보고 있다.'라는 착각을 부르기도 합니다. 우리는 '상당 부분'이 아니라 '극히 일부분'을 보며 삽니다. 다차원적인 세상을 일차원적으로 해석하기도 하죠. 책상 위에 크기가 비슷하지만 서로 다른 세 개의 동전이 놓여 있다고 칩시다. 책상보다 높은 위치에서 동전을 내려다본다면 동전을 쉽게 구별할 수 있을 겁니다. 시선이 동전과 같은 높이가 되어 동전 옆면만 보인다면 구별하기가 어려워지죠.[35] 높은 관점에선 차이를 인식했지만 관점이 낮아지니

---

35 동전 구별하기는 닉 수재니스의 『언플래트닝』(책세상, 2016)에서 가져온 아이디어입니다.

차이가 보이지 않는 겁니다. 낮은 관점, 일차원적 시각을 가진 사람에게는 세상이 단조롭고 일차원적으로 보입니다.

　잠시 히말라야산맥 앞에 섰다고 상상해보시죠. 8,000미터 급 봉우리들이 섰지만 지상의 우리 눈엔 보이지 않습니다. 구름에 가렸고 시야에서 머니까요. 4,000~5,000미터 봉우리들도 즐비하지만 보이지 않기로는 8,000미터나 4,000미터나 매한가지입니다. 지상에서는 산맥의 높이를 구별하기 어렵습니다. 보이지 않는다는 이유로 "다 비슷비슷한 봉우리 아닐까."라고 예단하진 말아야겠죠. 구름 너머의 높이를 알 수 없으니까요. 높이를 구별하려면 관점을 높여야 합니다. 해발 5,000미터의 베이스캠프에 올랐다면 그보다 낮은 봉우리들이 내려다보입니다. 관점이 높아질수록 봉우리들의 높이차를 인식하게 됩니다. 산맥의 최고봉은 지상에서는 가늠조차 못했던 모든 봉우리들의 높이를 헤아립니다. 한 분야의 정상에 선 사람들은 다른 사람들이 얼마만큼 올랐는지 가늠합니다. 높은 관점을 취할수록 구별이 쉬워지니까요. 구별이 곧 교양입니다.

2. 교양인은 인생살이의 다양성을 이해한다
- 호기심과 애정으로 사람을 관찰하라

　　　　　　　저의 첫 해외 경험은 1997년 우즈베키스탄으로 떠난 여행이었습니다. 여행 팀의 운전기사는 러시아인이었습니다. 그는 항상 지름 20~25센티미터 정도 되는

원 모양의 빵을 하얀 비닐봉지에 넣어 다녔습니다. 아무런 속을 넣지 않고 그저 밀가루를 늘여 만든 빵입니다. 간식용인가 싶더니 종종 주식으로도 둔갑했죠. 고려족이 사는 마을에서 육개장을 먹던 때의 일입니다. 기사에게는 육개장이 수프로 보였나 봅니다. 빵을 손으로 벅벅 찢더니 육개장에 말아서 먹더군요. 하얀색 빵이 벌건 국물에 적셔지는 장면은 충격이었지만 그는 천연덕스러울 정도로 맛있게 먹었습니다. 호기심이 발동한 저는 그처럼 빵을 찢어 육개장에 말았습니다. 예상과는 달리 괜찮은 맛이더군요. '아, 빵을 육개장에 넣어 먹을 수도 있구나!' 놀랍고 신선한 인식이었습니다. 빵을 즐기는 방식이 다양하게 존재함을 깨닫는 순간이었습니다. 빵 한 조각 먹는 일이 이럴진대 우리네 인생살이야 얼마나 다양한 방식이 있겠습니까. 인구 비율로 따지면 우리나라는 해외여행을 가장 많이 가는 나라입니다. 그래서인지 요즘엔 해외여행을 처음 떠나는 분을 만나기가 어렵더군요. 예전엔 해외여행을 처음 다녀온 이들을 만나면 소감을 묻곤 했습니다. "삶을 살아가는 다양한 방식이 있다는 걸 알게 됐어요." 가장 자주 듣는 답변이고 들을 때마다 감동하는 말입니다. 여행은 낯선 문화와 새로운 풍광으로 우리의 편견과 선입관을 뒤흔듭니다. 때론 깊이 각성시킵니다. 낯선 음식, 이질적인 사회제도, 그들만의 관습이 우리에게 혼란과 깨우침을 주니까요. 삶의 방식 하나를 이해한다는 것은 교양이 쌓여간다는 의미입니다. 교양은 멀리 있지 않습니다. 일상 곳곳에 깃들어 있습니다. 다양한 인생살이에 대한 깨우침이 일어나는 곳에 교양이 존재합니다.

이란의 청년 사이야흐는 스물세 살 때 세계 여행을 떠났습니다. 18년 동안 유럽 대부분과 러시아, 일본, 중국, 인도, 이집트까지 다녀왔습니다. 사이야흐보다 많은 여행을 한 사람도 있겠지만 그처럼 현지 언어를 배워 통역으로 숙식을 해결하면서 여행한 사람은 드물 겁니다. 이 비범한 여행자는 로마교황, 러시아의 차르, 비스마르크 그리고 미국의 대통령을 만났습니다. 이란인으로는 최초로 미국 시민권을 받기도 했죠. 가는 도시마다 박물관, 학교, 도서관, 교회, 감옥, 극장 등을 둘러보았습니다. 지칠 줄 모르는 호기심 덕분이었고 내면에 자리한 신념의 힘도 컸습니다. 사이야흐는 평범한 사람들에게서 비범함을 발견하는 걸 좋아했습니다. 한번은 이렇게 말했습니다. "내가 왕이었다면 세상을 제대로 보지 못했을지 모른다. 왕은 가난한 사람들과 섞여 살 수 없지 않은가." 사람들은 사이야흐를 반기고 좋아했습니다. 집으로 그를 초대했고 함께 좋은 곳으로 소풍도 갔습니다. "세상에 무지보다 더 큰 장애는 없다." 사이야흐가 여행하던 중 일기장에 쓴 이 문장은 학문적 몰이해보다는 다른 사람들의 인생에 대한 몰지각을 의미했을 겁니다. 그의 여행은 세상의 다양한 사람들과 그들의 수만큼이나 다채로운 인생을 만나기 위한 여행이었으니까요.

교양인은 나와 다른 사람들을 이해해가는 사람들입니다. 그리하여 인생을 살아가는 방식이 매우 다양하다는 것을 이해하는 사람입니다. 교양인은 세상 속의 다양한 인생을 만나기 위해 여러 가지 시도를 하죠. 교양인들이 '여행'을 떠난다면 휴식을 취하거나 멋진 풍광을 감상하려는 목적도 있겠지만 낯선 사람들을 조우함으로 인생을 살아가는 또 하나의 방식을 배우기 위함입니다. 여행만이 다른 인생을 만나는 유일한 길은 아닙니다. 여행을 떠나지 못할 상황이라면 다른 문화권에서 쓰인 '소설'을 읽기도 하죠. 소설은 다양한 인간 군상들이 모여 대화를 나누는 광장이요, 세상 소식을 듣는 시장이니까요.(시장이라고 말할 때마다 고대 아테네가 떠오릅니다. 여인들의 바깥 활동을 제약했던 고대 아테네에서는 남자들이 장을 보았고 시장에서 만난 남정네들은 폴리스의 여러 문제들에 대해 토론을 나눴죠. '아고라'는 광장이자 시장, 그리고 사교와 토론의 장이었습니다.)

작품성이 빼어난 영화를 감상하거나 인간 이해가 깊은 작가들의 소설 읽기는 다양한 인생살이를 이해하도록 돕습니다. 제가 읽은 선에서 뛰어난 인간 이해를 보여주는 작가 몇 명을 소개하자면, 단편으로는 안톤 체호프와 앨리스 먼로가 먼저 떠오르네요. 톨스토이, 카잔차키스, 나쓰메 소세키도 인간 이해의 최고 경지에 이른 작가들입니다. 위대한 작가는 인간을 개별적으로 이해합니다. 이들의 소설에는 서로 다른 캐릭터가 그들만의 개연성을 좇아 소설 속 인생을 살아갑니다. 다양한 인물이 등장해도 서로 비슷비슷하지 않습니다. 작가의 인간 이해 덕분이겠죠. 작가의 능력은 다양한 요소로 구별됩니다. 문장이 무척 아름답거나 서사를 구성하는 감각이 남다를 수 있겠죠. 심리묘사에 뛰어나거나 캐릭터 창조에 능할 수도 있고요. 장엄한 주제 의식을 가진 작가도 있습니다. 문장력을 제외한 요소들은 결국 인간과 인생에 대한 작가의 이해 수준에 달린 일입니다. 그러기에 소설은, 인간 이해라는 교양을 쌓는 중요한 텃밭입니다.

독자들을 다양한 인생으로 안내하는 매개로 '역사'도 빼놓을 수 없습니다. 역사 속 영웅들의 이야기는 한 개인의 인생이 얼마나 장엄할 수 있는지 보여줍니다. 인간이 얼마나 시시하고 비천할 수 있는지 또는 인생살이가 얼마나 흥미로울 수 있는지 역사를 읽으면서 깨닫습니다. 『플루타르코스 영웅전』이나 『사기열전』이 고전으로 자리하는 이유는 지적인 의미에서도 중요한 까닭이 있겠지만 수많은 인물들이 인생살이의 다양성을 보여주기 때문이기도 합니다. 그들의 삶은 때로는 반면교사가 되고 때로는 등대가 되어 삶의 푯대로서 기능합니다. 역사는 인간과 삶을 이해하는 학교입니다. "지난 역사를 활용하지 않는 사람은 하루살이 인생을 살 뿐이다." 괴테의 말입니다.

호기심과 약간의 애정 어린 관심을 갖는다면 주변에서도 인생살이의 다양성을 보여주는 사람을 만날 수 있습니다. 사회가 부과한 인생 스케줄을 따르지 않고 자신만의 방향과 속도로 살아가는 사람들은 여행과 소설 못지않은 영감을 줍니다. 비범한 사람들을 발견하려면 우리를 옭아매왔던 편견들로부터 자유로워질 필요가 있습니다. 마음의 여유와 열린 시선을 가져야 그들의 삶이 눈에 들어올 테니까요.

또한 교양인들은 다른 사람들의 말을 주의 깊게 듣습니다. 경청이 사람들을 이해하는 주요한 통로임을 알기 때문입니다. 자기 관심사에 따라 어떤 말은 듣고 어떤 말엔 무관심하다면 교양인의 태도가 아니겠죠. 교양인이 다양한 사람들과 즐거운 대화를 나누는 비결은 상대를 이해하기 위해 자신의 관점과 취향은 잠시 내려놓기 때문입니다. 자기 말을 늘어놓길 좋아하는 사람보다는 다른 사람을 이해하려는 태도에게서 교양인의 특징을 찾을 수 있습니다. 마지막으로 다른 나라 사람들이 살아가는 모습을 담은 '다큐멘터리'를 시청하거나 자기 삶과는 다르게 살아온 '친구'를 사귀는 일 역시 다른 인생을 접하는 길이겠습니다. 이처럼 교양인은 다른 사람들의 인생을 만나면서 삶의 다양성을 이해합니다.

영국의 석학 시어도어 젤딘Theodore Zeldin은 제가 존경하는 교양인입니다. 『인생의 발견』에서 보여주는 견해들은 한없이 깊고 문체도 일품입니다. 젤딘은 이 책에서 '우리 시대의 위대한 모험은 무엇일까.'라는 화두에 긴 답변을 내놓았습니다. 그에 따르면 시대마다 위대한 모험의 양상이 달라집니다. 지금이 16세기라면 위대한 모험은 "신대륙과 새로운 대양을 발견하는 것"입니다. 1세기가 흐른 뒤의 위대한 모험은 "과학"을 탐구하는 일이 되겠고요. 21세기에 해당하는 답변도 있습니다. "우리 시대의 가장 위대한 모험은 지상에 사는 사람을 발견하는 일입니다." 젤딘은 공적인 삶만 중시하는 태도에 이의를 제기해야 한다고 말하면서 일대일로 만나는 진지한 인간관계를 경험해야 한다고 강조합니다. 자신의 경험에 다른 이들의 경험을 더하면 인생을 살아가면서 무엇을 해야 하는지 또는 할 수 있는지에 대한 생각이 달라집니다. 모든 사람들이 서로 다른 존재임을 발견하고 이를 점점 더 이해한다면 우리의 삶은 그윽하고 풍성해질 겁니다. 눈앞에 있는 사람들을 발견하려면 SNS에 빠져 있거나 부질없는 고민에 우리의 주의를 빼앗기지 말아야겠지요. '내가 진정으로 원하는 것이 무엇일까.'라는 물음은 중요합니다만, 이를 고뇌하느라 눈앞에 살아있는 존재를 놓친다면 이 물음도 던져버려야 하겠죠. 답변하기 힘든 추상적 물음에 매달리기보다 살아있는 사람들의 경험을 들으려고 노력하겠다는 젤딘의 말은 사이야흐의 여행만큼이나 깊은 울림을 안깁니다.

"나는 안주할 틈새를 찾으려 하지 않고 그렇다고 나의 진정한 열정 혹은 재능이 무엇이냐는 물음으로 끊임없이 나 자신을 괴롭히지도 않을 것이다. 그저 인간에게 주어진 경험을 한 조각이라도 맛보는 데 목표를 둘 것이다. 내가 직접 경험할 수 없다면 내가 가보지 못한 곳에 가본 사람들에게 이야기를 들으며 상상하고 싶다. 내 앞에 놓인 모든 선택을 경험해보지 못한다고 좌절하지도 않고 아득히 멀리 있거나 구미에 맞지 않는 것을 무시하기보다는 다른 사람의 경험에서 흥미를 발견하는 데서 출발할 것이다."[36]

3. 교양인은 자신을 알아간다
- 자서전적 해석에서 벗어나라

K는 직설적인 발언을 잘하는 사람입니다. 하고 싶은 일이 생기면 대담하게 뛰어들어 거침없이 행동하고 실행력도 빠른 편입니다. 지인들 대부분이 그렇게 생각합니다만 K의 자기 인식은 다르더군요. 대화를 나누던 중

---

36 시어도어 젤딘, 문희경 옮김, 『인생의 발견』, 어크로스, 2016, p.25.

그가 이렇게 말했거든요. "난 소심한 사람이야." 달리 보아도 소심한 축에 들 것 같진 않았습니다. 그날 대화의 상당 부분을 독차지하기도 했죠. K가 다시 한 번 자신의 소심함을 언급하자 자리를 함께 했던 이가 답답함을 느꼈는지 농담조로 "자신을 너무 모르는 거 아냐?"라고 말했습니다. 나도 거들었고요. "소심함을 어떻게 정의하는지 궁금하네. 내겐 오히려 소심이 아니라 대범한 편으로 보여서." K는 고개를 갸웃거렸습니다. 이후에도 그의 자기 인식이 바뀐 것 같진 않더군요.

자기 이해란 드문 미덕입니다. 누구나 자신에 대해 착각하며 삽니다. 얼마간의 자기 무지는 과오도 흠도 아니지만, 자기를 이해하지 못하는 교양인을 상상하기는 힘듭니다. 자기 몰이해에 빠진 교양인! 이 말은 우스꽝스럽죠. 교양인은 자기 이해를 쌓아가는 사람이니까요. 교양인들이 자신을 잘 이해하는 까닭은 다른 사람들에게 관심을 가졌기 때문입니다. 자기 착각에서 벗어나려면 인간 이해를 높여야 합니다. 다른 사람을 이해할수록 자기를 발견하기 때문입니다. 다른 사람들이 얼마나 빨리 행동하는지를 알아야 자신의 느린 행동을 자각합니다. 선의를 경험해야 자신의 악의를 인식합니다. 그 역도 성립하고요. 타인에 대한 이해는 곧 자신을 비추는 잣대가 됩니다. 인간 이해 없이는 자기 이해도 없습니다. 자기 이해를 돕는 잣대를 설명하기 위해 잠시 제 얘길 하겠습니다.

저는 소심한 사람입니다. 사회인이 된 이후에도 여전히 소심하게 삽니다. 매사에 너무 많은 것들을 고려하고 조심스레 행동하느라 실행이 늦어집니다. '이렇게 하면 A가 불편하지 않을까,

저렇게 하면 원칙을 벗어나게 되는데…' 하며 이것저것 고려하느라 결정이 미뤄지기 일쑤입니다. 일을 그르칠 정도로 신중하고 실행이 느려 지인들에게 답답함을 안깁니다. 소심함으로 빚어진 일 중에는 가슴을 치며 후회하는 일도 많습니다. 소심하다는 사실을 자각하면서 대범하게 살고 싶었습니다. 조금 더 행동한다면, 좀 더 과감해진다면 제 인생이 달라질 게 분명하기 때문입니다. 저는 행동하는 인생을 살기로 결심했습니다. 성격을 바꾸는 일은 쉽지 않더군요. 대범한 사람처럼 사는 일은 불가능에 가까워 보였습니다. 그러니 제가 이 문제를 좀 극복했다고 해서 "저는 대범한 사람입니다."라고 말하지는 않을 겁니다. 대범한 사람들과 비교하면 여전히 소심한 축에 속하니까요. 달라졌다고 해봐야 '엄청난 소심함'에서 '조금 소심함'으로 바뀐 걸 테죠. 자기 성장과 자기 이해를 구별해야 합니다. 자신의 성장은 주관적인 영역이지만(분명 저는 조금 대범해졌습니다.) 자기 이해는 다른 사람들과 견주어야 하니까요.(그들에 비하면 소심한 사람이죠) 자기 이해는 지난날의 자기 모습이 아니라 다른 사람들과의 상대적인 비교로 이뤄집니다.

자기 머릿속의 생각이나 자신의 옛 모습을 잣대 삼아 내린 결론을 저는 '자서전적 해석'이라 부릅니다. 다른 사람들의 모습이 어떠한지에 대한 인식이 없을 때 자서전적 해석이 일어납니다. 자서전적 해석은 나름대로의 해석일 뿐입니다. '나름대로'의 이해는 오해로 나아가는 출발점이죠. 자기 나름의 판단을 내리지 않으려는 노력으로 자기 이해가 시작됩니다. 자기 이해의 길은 자기 인식을 쌓는 작업이기도 하지만 착각을 덜어내는 여정이기도 합니다. 타자와의 합리적인 비교가 자기 이해를 돕습니다. 자기만 들여다봐서는 자기 함몰에 빠지고 맙니다. 타고난 성향에 따라 회의적인 사람들은 자기 폄하로 전락할 테고 낙관적인 이들은 자기 과신으로 향하겠지요. 자신과 타인이 어떤 점에서 다른지 이해할수록 자기 이해가 이뤄집니다. 뒤집어 말해도 의미 있을 겁니다. 다른 사람들에 대한 이해가 부족할수록 자기 이해가 어려워집니다. 우리는 나와 타인의 경계에서 자신을 발견합니다. 누군가와의 경계가 곧 나의 고유함이요, 그 경계에 대한 인식이 곧 자기 이해입니다.

자서전적 해석에서 벗어나려면 어떡해야 할까요? 자신을 잣대로 삼지 말아야 합니다. 다른 사람들을 관찰하고 이해하면서 그들을 자기 이해의 기준으로 삼으면 됩니다. 자기 이해란 서로 다른 성향의 사람을 양극단으로 하는 스펙트럼에서 자신의 자리를 찾는 일입니다. 자신의 옛 모습과 지금 모습을 비교하는 게 아니라 대범함과 소심함을 양끝으로 하는 스펙트럼을 만드는 겁니다. 한쪽만 이해해서는 스펙트럼이 만들어지지 않습니다. 양쪽 모두에 대한 이해가 필요합니다. 주변 사람들을 살펴 소심한 사람의 다양한 모습을 이해하고 마찬가지로 대범한 사람의 모습도 이해하면 소심과 대범에 대한 자기 인식이 생겨납니다. 양쪽의 사람들을 잘 이해할수록 스펙트럼에서 자신을 어디에 위치시킬지 가늠하기가 쉬워집니다.

소심한 사람 ----- 대범한 사람 (자기 이해 스펙트럼)

생각 속의 나, 예전의 나 -----〉 현재의 나 (자서전적 해석)

위 도식처럼 서로 다른 성향을 양극단으로 하는 잣대를 '자기 이해 스펙트럼'이라 부릅시다. 빛을 파장에 따라 배열한 스펙트럼처럼 어떤 하나의 특성을 강도에 따라 배열한 겁니다. 양쪽 끝에는 서로 반대되는 개념이 놓이게 되죠. 대범함[37]과 소심함, 즉 흥성과 계획성처럼.(아래 정의 참조) 자기 이해 스펙트럼이 자기 평가에 객관성을 더해줍니다. 이러한 스펙트럼을 만들려면 인간 이해가 절대적으로 필요합니다. 다른 사람들에 대한 이해가 자기 이해를 돕는다는 명제를 거듭 강조하고 싶네요.

대범하다: 성격이나 태도가 사소한 것에 얽매이지 않는다.
소심하다: 대담하지 못하고 조심성이 지나치게 많다.

자기 이해가 부족한 사람들은 자신에 대해 엉뚱한 말을 합니다. 물론 제가 "저는 대범한 사람입니다."라고 말한다고 해서 심각한 문제가 발생하는 건 아닐 겁니다. 누군가가 제 착각을 그대로 믿는다고 해서 그들에게 폐를 끼치는 것도 아니죠. 문제는 저를 잘 아는 지인들이 제 발언을 답답하게 느낄 수 있다는 점입니다. 저의 발언과 지성에 대한 신뢰를 잃어갈 테고요. 중대한 문제는 따로 있습니다. 빈약한 자기 이해는 성장을 방해합니다. 경영학에서는 "측정 없이는 경영도 없다."는 말이 있습니다. 자기 이해 없이는 자기 경영도 없다, 로 환원해도 타당하지 않을까요? 자신이 얼마나 소심한지 모르는 사람들은 '행동'이 필요한 순간

---

37 사전은 대범함의 정의로 너그러움까지 포함하지만, 여기서의 대범함이란 아량이 넓은 인격의 의미보다는 담대하게 행동하는 성향을 뜻합니다.

에 '신중함'을 발휘할 가능성이 높습니다. 대범하지 못하여 놓쳐버린 일도 '지난번엔 신중하지 못해서 실패했지.'하고 생각하기 때문입니다. 남들보다 인내심이 뛰어난 이들도 같은 과오를 범합니다. 모든 실패의 원인을 '내가 거기서 포기했기 때문이야, 이번엔 끈기를 가져야지.'라고 생각하는 겁니다. 정작 누구보다도 커다란 끈기를 발휘했는데도 말이죠. 자신을 이해하지 못하면 '현명한 노력'을 기울여야 할 순간에 습관처럼 '더 참고 견뎌봐야지.'하고 결심합니다. 이들은 자신의 자제력을 의지할 게 아니라 효과적인 노하우를 배워야 합니다. 자신의 끈기에 노하우를 장착할 때 훌쩍 도약할 테니까요. 이처럼 빈약한 자기 이해로 엉뚱한 노력을 기울이는 경우는 부지기수입니다. 자기 이해 없이 시도하는 노력들은 미미한 성과를 거둘 뿐입니다.

이러한 이야기들을 K에게 들려주었습니다. 자기 이해 스펙트럼을 설명하고 여러 가지 사례를 들어 소심한 사람들이 매사에 얼마나 조심스러워 하는지 말했습니다. 설명이 어렵지는 않았습니다. 제 얘기를 했을 뿐이니까요. K가 말했습니다. "그럼 저는 소심하다고 말할 수 없겠네요. 조심성이 그 정도로 많은 사람이 있다는 게 놀랍네요." 제 속이 시원해지는 순간이었습니다. 교양인과의 대화가 즐겁고 속 시원한 이유는 그들의 자기 이해 덕분임을 새삼 절감했습니다.(교양인들의 논리적인 사유와 명쾌한 지성도 거들었겠죠.) 교양인은 자기 이해를 쌓아가는 사람입니다. 또한 교양인은 자기 이해가 얼마나 어려운지에 대해서도 인식하는 사람입니다. 그렇기에 자기 이해에 관한 지금의 지식을 회의적으로 바라봅니다. 동시에 교양인들은 자기 이해 문제로 조바심을 가질 필요가 없음을 알고 있습니다. 자기 이해는 혼자 간절히 원한다고 얻어지는 게 아니라, 삶의 체험을 통해 평생 동안 서서히 이뤄지는 과정이니까요. 누구나 다른 사람들을 경험하면서 점진적으로 자기를 알아갑니다. 저도 나를 더 많이 알고 싶습니다. 자기 이해는 변치 않을 영원한 교양이니까요.

4. 교양인은 예술적으로 표현한다
- 자기감정에 함몰되지 마라

페이스북에서 원색적인 불평을 접할 때가 있습니다. 불쾌한 감정을 한두 문장으로 표현한 다음과 같은 포스팅 말입니다. "오늘은 진짜 열받는 날이다." 어떻게 표현하든 본인의 자유지만 교양의 관점에서 생각해볼 수는 있겠지요. 페이스북은 대체로 즐겁고 좋은 일을 포스팅하는 공간이라 불평이나 한탄도 뜻밖의 관심을 받곤 한다지만, 얼마나 깊은 공감과 소통이 깃든 관심인지는 모르겠습니다. 저도 불평하면서 살기에 포스팅을 이해하면서도 더 나은 표현 방식은 없는지 생각하게 됩니다. 불평과 교양의 상관관계에 대해서도 고민하고요. 저의 결론은 이렇습니다. 교양인은 자신의 생각이나 감정을 예술적으로 표현하는 사람입니다. 그리하여 사람들의 공감과 이해를 얻으면서 자신을 고쳐 인격으로 위로합니다. 제가 말하는 '예술적인 표현'이란 자신을 가감 없이 진솔하게 표현하되 자기감정 대신 상황을 묘사하는 글쓰기를 뜻합니다.

예술적으로 표현된 글은 독자의 감정이입을 부릅니다. 예술적으로 표현되었는지 아닌지의 여부는 읽는 이가 공감했느냐에 달린 겁니다. "열받았다."라는 표현만으로 그의 감정을 공감하기가 힘듭니다. 화가 났던 상황을 묘사해서 읽는 이들이 자연스레 '아, 글쓴이가 열받았겠구나!'하는 감정을 느낀다면 예술적으로 표현된 겁니다. 이때 '열받는다, 화가 났다.'와 같은 감정을 직접적으로 표현하지 않는다면 문학적인 느낌마저 날 테고요.

교양인은 다른 사람들이 이해하도록 표현하여 이중의 배려에 성공합니다. 독자들이 이해할 수 있는 상황적 배경을 마련해서 그들을 배려하고, 독자들의 공감을 얻어 스스로를 위로하는 겁니다. 직설적이고 노골적인 표현은 일순간의 후련함을 줄 수는 있지만 불쾌함을 표현하는 데 치우쳐 다른 이들의 공감을 얻지 못할 때가 많습니다. 지나친 표현이 반감을 주기도 하죠. 예술적으로 표현된 글은 우리를 위로합니다. '잘 표현된 행복'은 우리에게 미소와 희망 그리고 기운을 안깁니다. 또한 '잘 표현된 불행'은 우리 모두가 실패하고 좌절할 수 있는 존재이며 때때로 상황이 최악으로 치닫기도 한다는 사실을 상기시켜 우리의 아픈 마음을 어루만져줍니다. 대만의 지성 탕누어의 '잘 표현한 불행' 한 자락을 보시죠.

"역사를 읽으며 단순하게 기쁨을 얻기는 어렵다. 역사를 진지하게 읽을수록 늘 더 깊은 슬픔과 황량감에 젖기 마련이다. 따라서 인간이 '대자연 속에서 가장 무섭고 가장 가소로운 종족임'을 믿지 않기 어려우며 또 인간의 역사를 '끊임없이 어리석은 행위를 반복하며' '악몽에서 깨어나려고 몸부림치는' '미치광이의 자서전'으로 간주하지 않기가 어렵다."

교양인은 자기감정을 어떻게 표현해야 효과적인지, 어떤 언어가 상황을 적확하게 표현하는지에 대한 감각을 지닌 사람입니다. 교양인의 표현 능력이 뛰어난 이유는 페터 비에리가 말한 '영혼의 언어'를 가졌기 때문입니다. "문학 읽기는 영혼의 언어를 배우는 것입니다. 문학작품의 독자는 인간의 생각, 의지, 감정에 대해 어떻게 말하는지를 배웁니다. 문학 독자는 같은 것을 놓고도 이전과 다르게 느낄 수 있음을 알게 되고 자신에게 익숙하지 않은 다른 사랑과 다른 미움을 배웁니다. 영혼의 차원에서 일어나는 일들에 대한 새로운 말들과 새 은유를 배웁니다. 구사할수 있는 단어와 개념들이 늘어난 덕분에 자기가 겪은 경험을 세분해서 이야기할 수 있고, 뒤집어 말하면 사건을 더욱 세밀하게 분화시켜 느낄 수 있음을 의미합니다." 교양인은 문학을 읽으며 표현하는 능력을 배워갑니다. 문학이 실용적인 의사소통의 기술을 가르쳐주지는 못하지만 세밀하게 표현하고 상황에 맞는 단어로 자기를 적확하게 표현하는 힘은 길러주기 때문입니다.

예술적인 표현에 능한 일급의 교양인을 소개합니다. 제게 깊은 감동과 위로를 안긴 인물입니다. 그는 프랑스의 보르도 시에서 시장을 두 번이나 지냈고 만년에는 자기가 무엇을 아는지, 어떤 사람인지에 관심을 기울이면서 사색과 집필에 매진했습니다. 사유의 흔적은 한 권의 책으로 우리에게 전해졌습니다. 그는 추상적으로 표현하지 않았습니다. 이야기가 생생하고 구체적입니다. 일화마다 자신이 어떻게 행동했는지 그럴 때마다 어떤 생각을 했고 어떤 기분이었는지 소상하게 적었습니다. 진솔하면서도 경박하지 않죠. 예술적으로 표현했기 때문입니다. 자신을 표현할 때에는 역사 이야기나 비유를 동원하여 독자들이 분명하게 이해할 수 있도록 서술했습니다. 몽테뉴의 『수상록』 얘깁니다.

이 위대한 저술이 쓰인 계기가 남다릅니다. 몽테뉴는 20대 중반이었던 1558년에 라 보에티(1530~1563)를 만났습니다. 상대의 됨됨이에 대해 소문으로 들었던 터라 서로의 존재를 알고 있었고 만나자마자 둘은 영혼의 친구가 되었죠. 아래 글은 두 살 연상의 친구 '라 보에티'를 향한 몽테뉴의 마음입니다.

"내가 왜 그를 사랑하는지 말하라고 내게 강요하더라도 나는 이렇게 대답하는 것 외에는 달리 표현할 도리가 없다. 그가 있기 때문이고 내가 있기 때문이다."[38]

몽테뉴와 라 보에티는 다른 면도 많았지만 퍼즐 조각처럼 꼭 들어맞은 사이였습니다. 중대한 공통점이 있었기 때문입니다. 예리한 사고력, 문학과 철학에 대한 열정, 고전 저자들이나 전쟁 영웅들처럼 훌륭하게 살겠다는 결심 등이 서로를 꼭 닮았습니다.[39] 몽테뉴는 라 보에티와의 만남에 대해 『수상록』에 이렇게 썼더군요. "이런 우정을 이루기에는 많은 사람들을 만나보아야 하며 이 정도의 희귀한 우정은 3세기에 한 번 이루어질까 말까 한 행운이다."(p.204)

불행하게도 둘의 우정은 오래가지 못했습니다. 라 보에티가 페스트에 걸리고 만 겁니다. 몽테뉴는 친구가 병상에 누웠을 때

38 몽테뉴, 손우성 역, 『수상록』, 동서문화사, 2013, 1권 27장.
39 사라 베이크웰, 『어떻게 살 것인가』, 책읽는수요일, 2012, p.137.

부터 줄곧 곁에서 간호했습니다. 때때로 보에티의 아내보다 더 가까이에서 그를 지켰죠. 보에티 역시 영혼의 친구에게 곁에 있어 달라고 자주 부탁했습니다. 우정도 죽음의 사신을 막지는 못했습니다. 라 보에티는 끝내 숨을 거두고 말았죠. 몽테뉴는 친구의 임종을 가까이에서 지켜보았습니다. 32년 9개월 17일의 생을 마감했습니다. 1563년 8월 18일 오전 3시경이었습니다.[40] 죽음이 둘을 갈라놓았고 몽테뉴는 깊은 상실감으로 고통스러워했습니다. 처음에는 친구가 자신에게 남겨준 책들을 읽으며, 나중에는 친구에 대한 글을 쓰면서 아픔을 달랬습니다. 이별의 슬픔은 쉬이 사라지지 않았습니다.

친구가 세상을 떠나고 18년이 지난 후 이탈리아를 여행하던 몽테뉴는 일기에 이런 글을 남겼습니다. "오늘 아침, 도사 경에게 편지를 쓰는 동안 라 보에티에 관한 고통스러운 추억에 잠겨버렸다.[41] 이 기분이 오랫동안 가시지 않아 마음이 아팠다." 훗날에 쓴 글도 가슴을 칩니다. "교감을 나눌 사람이 없으면 어떤 쾌락도 흥겹지 않다." 몽테뉴는 상실의 아픔을 끝내 극복하진 못했던 것 같습니다. 몽테뉴 전문가인 '앙투안 콩파뇽'을 비롯한 여러 학자들이 그렇게 판단하는데 『수상록』을 읽으니 저도 슬픈 마음으로 동의하게 되더군요. 몽테뉴는 친구에 대한 이야기와 작별인사를 글로 표현하여 세상에 알림으로써 친구 없이 살아가는 법을 모색했습니다. 친구를 기리는 애도의 일환으로 탄생

---

40 사라 베이크웰, 『어떻게 살 것인가』, 책읽는수요일, 2012, p.160.
41 같은 책, p.160.

한 작품이 『수상록』입니다. 몽테뉴는 「고독함에 대하여」라는 글에서 라 보에티 같은 친구가 한 명 더 있었다면 『수상록』을 쓰지 않았을 거라고 말했습니다. 라 보에티 덕분에 『수상록』을 읽을 수 있게 된 겁니다. 콩파뇽의 표현처럼, 우선은 그의 존재 덕분이고 다음으로는 그의 부재 덕분입니다. 이유 하나를 덧붙여야겠네요. 마지막으로는 예술적으로 표현할 줄 아는 몽테뉴의 교양 덕분이라고.

2017년 골든글로브 시상식에서 공로상을 수상한 메릴 스트립의 소감은 교양인의 슬로건이 될 만한 말이었습니다. "하늘나라로 떠난 나의 친구 레아 공주는 이렇게 말했습니다. 마음을 추슬러 너의 아픔을 예술로 승화시키렴." 〈스타워즈〉 시리즈에서 '레아 공주'를 연기했던 캐리 피셔와의 일화입니다. 아픔을 추슬러 예술로 승화하라! 교양인의 일면을 제대로 표현한 말입니다. 수많은 작가와 예술가들이 레아 공주의 말을 좇았습니다. 반 고흐는 자신의 따뜻한 감성과 쓸쓸함을 그림으로 남겼고, 몽테뉴는 친구를 잃은 고통을 승화시켜 불멸의 저술로 남겼습니다. 모든 교양인들이 예술 작품을 남겨야 하는 것은 아니겠지요. 노골적인 표현으로 세상에 불만과 불평을 퍼트리기보단 예술적인 표현으로 아픔은 위로받고 기쁨을 배가하는 이들이 교양인입니다.

5. 교양인은 마음을 경작한다
- 자기 성찰과 시민 의식을 실천하라

"교양이란 사고력의 활동이며, 아름다움과 인도적 감정(human feeling)에 민감한 감수성이다. 단편적인 지식은 교양과 전혀 무관하다. 단지 박식함에 그치는 인간은 이 지상에서 가장 쓸모없는 인간이다." 화이트헤드가 교육의 목적을 다룬 에세이[42]에서 한 말입니다. 무척 마음에 드는 표현입니다. 박식을 지양하여 교양의 본질을 잘 보여줄 뿐만 아니라 '인도적 감정'이라는 말에 감동했기 때문입니다. 화이트헤드에 따르면, 교양이란 사고력의 활동이자 인간적인 감수성입니다. 마음 경작이란 인간적인 감수성을 계발하는 일이지요. 저는 지금 하워드 진을 떠올리고 있습니다. '인간적인'이라는 말 때문입니다. 20대 중반 『달리는 기차 위에 중립은 없다』를 읽고 감동했던 기억이 생생합니다. 미국의 양심이라 불렸던 하워드 진의 자전적 에세이를 엮은 책입니다.(20대의 독서 생활을 돌아볼 때 하워드 진은 강준만 교수 그리고 노암 촘스키와 함께 빼놓을 수 없는 인물입니다. 지식인으로 산다는 것이 어떠한 모습인지 알려주었거든요.) 책에는 다음과 같은 구절이 있습니다.

"금세기에 우리가 얼마나 자주 놀랐는지 유념해보라. 민중운동이 갑자기 등장하고 폭정이 뜻밖에 몰락하고 꺼진 줄로 생각

---

42 알프레드 노스 화이트헤드, 오영환 역, 『교육의 목적(The aims of education and other essays)』, 궁리.

했던 불씨가 돌연 되살아나기도 하지 않았는가. 우리가 놀라는 까닭은 끓어오르는 조용한 분노, 최초로 들려오는 희미한 항의의 소리, 우리가 절망했던 와중에도 곳곳에 산재했던 변화를 예시하는 저항의 조짐을 알아채지 못했기 때문이다. 고립된 행동들이 결합되기 시작하고 개별적인 일격이 조직된 행동으로 뒤섞이며 가장 가망 없어 보이는 어느 날 하나의 운동이 장막을 찢고 폭발한다."[43]

변화가 감격적이어서 놀란 것이 아닙니다. 곳곳에 산재했던 저항의 조짐을 간파하지 못했기 때문입니다. 변화는 갑자기 등장하는 게 아니라 저항의 기운이 만연하여 어느 날 폭발하는 겁니다. 하워드 진은 놀랄 수밖에 없는 '인간적인' 이유도 덧붙입니다. "우리가 놀라는 까닭은 현재의 표면 아래에는 언제나 변화를 가져오는 인간적 재료가 있음을 보지 못하기 때문이다. 민중들의 억압된 분노·상식·공동체의 필요성·아이들에 대한 사랑·다른 이들과 조화를 이루어 행동할 타이밍을 기다리는 인내심 등을 말이다." 역사를 아름다운 방향으로 돌려놓은 위인들은 언제나 인간적인 가치를 좇은 인물이었습니다. 역사를 진보시킨 물줄기에도 인간적인 재료들이 잔뜩 녹아들어 있었습니다.

교양인은 '마음을 경작하는 사람'입니다.[44] 키케로가 교양을 '마음의 육성(cultura animi)'이라 표현했듯이, 교양인들은 마음을 넓혀 비열한 이기심과 부질없는 욕심에 끌려다니는 일을 줄여

---

43 하워드 진, 유강은 역, 『달리는 기차 위에 중립은 없다』, 이후, 2002, pp.18~19.
44 이광주, 『교양의 탄생』, 한길사, 2009, p.12.

갑니다. 마음의 힘을 키워 세상을 한층 살기 좋은 곳으로 만들기 위해 노력합니다. 교양인은 공동체를 아끼고 인간의 선해질 수 있는 가능성을 추구합니다. 저는 마음을 경작하는 두 개의 길을 제안하고 싶습니다.

마음을 경작하는 첫걸음은 비판적으로 자기를 성찰하는 것입니다. 경전을 읽으며 자신의 마음을 비추어보거나, 자신의 삶을 비판적으로 반성하거나, 익숙한 관점에 회의를 던지는 일은 모두 훌륭한 자기 성찰입니다. 자기 성찰이 인간다운 미덕(인간성)을 계발합니다. 교양 교육을 옹호해온 법철학자 마사 누스바움도 자신의 저서 『인간성 수업』에서 "자기 자신과 자신의 전통을 비판적으로 성찰하는 능력"을 인간성 계발에 필요한 첫 번째 능력으로 꼽았더군요.(다른 두 가지 능력은 세계시민 의식과 공감하는 능력입니다.) 성경이나 불경 또는 논어와 같은 경전은 마음을 경작하는 독서에 맞춤한 책들입니다. 빨리 읽거나 많이 읽을 필요도 없습니다. 하루 10~20분 동안 자신의 마음을 경전에 비추어본다면 그렇게 하지 않을 때보다 마음이 조금씩 선해지고 아름다워질 겁니다. 비판적 성찰 능력을 함양시키려는 분은 '역사적 우연성'이란 개념을 익혀두어도 좋겠습니다. 저명한 인류학자 레비스트로스와 한 기자와의 대담은 이렇게 시작됩니다.

> 에리봉: 당신은 1908년 브뤼셀에서 태어났습니다.
> 레비스트로스: 우연히 거기에서 태어나게 되었죠.

인상 깊은 대화입니다. '우연'은 아무 의미 없이 불쑥 튀어나온 말이 아닐 겁니다. 레비스토로스는 연구와 집필을 위한 카드 작업을 설명하면서도 같은 단어를 썼거든요. "난 서류 정리함에서 한 꾸러미의 카드를 꺼내 소기의 성과를 달성하기 위해 그것들을 재배열합니다. 우연이 작용하는 이러한 종류의 게임이 나의 무기력한 기억을 재건하는 데 도움이 됩니다." 재배열을 이끄는 것은 자신의 직관과 실력만이 아니라 우연도 있음을 덤덤히 설명합니다. 우연히 배열된 카드를 통해 직관적 통찰이나 새로운 아이디어를 얻었던 겁니다. 제가 지금 강조하는 단어는 '우연'입니다. 우연은 카드 배열에서 얻는 착상에만 깃드는 건 아닙니다. 인생에 결정적 영향을 미치는 '출생'에도 관여하죠. 부모 제비뽑기는 우연에 달린 일이니까요. 우리가 대한민국이라는 나라에 태어난 것은 우연에 의한 일이지 간절히 열망했거나 인생의 목적이 이 땅에만 국한되는 건 아니라는 말입니다. 제가 말하는 '역사적 우연성'이란 인생과 역사에는 우연에 의해 결정지어지는 것들이 존재함을 뜻합니다.

역사적 우연성을 이해하면 공연히 우월 의식을 갖거나 다른 문화를 함부로 비판하지 않게 됩니다. '내가 속한 문화는 나에게 어떤 영향을 미쳤을까.'하는 호기심이 생겨나 자신의 관점을 당연시하는 일도 줄어듭니다. 다른 문화에 속한 사람들에게 관심과 관용이 생겨나기도 하죠. 타국의 사람들도 '역사적 우연성'에 의해 각자의 나라로 던져진 존재임을 알게 되는 겁니다. 역사적 우연성이란 개념이 안기는 교훈은 무엇일까요? 자신이 속한 문화와 전통에 거리를 두고 비판적으로 관찰하고 생각하라는 겁니다. "우리가 우연히 속하게 되어 그 안에서 성장하게 된 문화를 다시 한 번 새로이 배우고 그 문화가 각자에게 주는 자아상을 알맞게 재점검하여 과연 그 자아상이 자신에게 맞는지 살펴보는 것[45]이 중요합니다. 이러한 노력이 자기 성찰을 이끌고 다른 사람들을 이해하도록 돕습니다.

마음 경작의 두번째 길은 시민 의식을 가꾸고 실천하는 일입니다. '의식意識'의 한자어는 뜻을 안다는 의미입니다.(뜻 의意, 알 식識 자로 구성되어 있죠.) 공동체 의식이란 공동체의 뜻과 가치를 아는 것이고 시민 의식이란 시민의 뜻과 가치를 아는 것입니다. 시민 의식의 탄생 시기는 프랑스혁명 때였지만 역사 얘기나 정치적인 활동을 강조하진 않을 겁니다. 민주주의를 이해하거나 정치 활동의 실천은 더없이 중요하지만 일상에서 공공선을 추구하는 노력도 교양인의 모습이니까요. "시민 의식이 무엇입니까? 시민 의식이 발휘되면 우리는 어떤 행동을 하는 걸까요?" 수업 도중 이렇게 물었더니 다양한 답변이 나왔습니다. 교통신호를 잘 지키는 것, 혼잡한 시간대의 카페에서 홀로 4인석을 차지하지 않는 것, 선거에 참여하는 것, 재활용 분리배출을 잘 하는 것, 사회적 약자에 대해 관심을 갖거나 봉사 활동에 참여하는 일 등등. 주로 활동에 관한 얘기들이 많았는데 시대의 불의를 향한 분노, 공동체의 중요성에 대한 깨우침, 소수자에게 보내는 관심 등도 시민 의식이라 하겠습니다. 일상에서의 실천을 제고하기 위해 '시민 의식'이라는 추상적인 용어 대신 '공동의 이익을 위한

---

45 페터 비에리, 문항심 옮김, 『교양 수업』, 은행나무, 2018, p19.

행동에 참여하는 일'이라고 정의하면 어떨까요? 이에 관한 답변들을 찾아 쉽고 작은 일부터 시작하면 시민 의식의 실천이라 하겠습니다.

가족 이기주의를 벗어야 시민 의식에 눈을 뜨고 민족주의를 넘어서야 세계시민 의식을 갖게 되겠죠. 모두가 자기 몫의 (세계)시민 의식을 발휘한다면 살기 좋은 사회가 되어갈 겁니다. 시민들이 삶의 현장에서, 학자들이 학계에서, 정치인들이 정사를 행하면서 시민 의식을 갖추면 어떻게 될까요? 시민 의식을 지닌 경제학자는 지구온난화의 해결점을 모색하고 기업의 사회적 책임을 묻고 공정한 무역을 고민하는 『인간의 얼굴을 한 세계화』(조지프 스티글리츠, 21세기북스, 2008) 같은 책을 쓰겠죠. 철학자가 시민 의식을 갖추면 협동, 화해, 차이, 지속 가능성과 등의 가치를 탐구한 『차이의 존중』(조너선 색스, 말글빛냄, 2007) 같은 책을 쓸 테고요. 파커 파머의 『비통한 자들을 위한 정치학』은 정치에서도 '공공성을 추구하는 마음'이 필요함을 보여주는 책입니다. 마음의 힘이 어떻게 민주주의를 발전시키는지를 역설하죠. 저자는 민주주의를 위한 '마음의 습관'이 있으니 이 습관을 키워가자고 제안합니다. 인간 사회에 존재할 수밖에 없는 '긴장을 창조적으로 끌어안는 연습'이 그가 말하는 마음의 습관을 키우는 길입니다. 이를 위해 숨 가쁘게 생산되는 뉴스에 저항하고 주요한 쟁점에서 남들과는 다른 자신의 '이견'을 드러내자고 말합니다.(이 책의 한국어 부제는 '왜 민주주의에서 마음이 중요한가'입니다. 원제는 '민주주의의 마음을 치료하기'고요.)

학자가 아니어도 어디에서나, 하루에도 몇 번씩, 시민 의식을 실천할 수 있습니다. 지금 막 문이 닫히려는 지하철에 탑승했다면 한 걸음 더 지하철 안으로 들어갑니다. 뒤따라오는 승객이 있을 수 있으니까요. 운전자는 주차 선에 맞춰 주차해 다른 운전자를 배려합니다. 길을 걷다가 쓰레기를 함부로 버리지 않고 샤워할 때에는 물을 콸콸 틀어놓고 비누칠을 하지 않습니다.(지구온난화는 전 세계적으로 물 부족 현상을 심화시킵니다. 샤워 시간을 1분만 줄여도 매년 1,900리터를 절약할 수 있다네요.[46]) 복도를 공동으로 사용하는 오피스텔에서는 쓰레기봉투를 복도에 내놓는 일을 삼갑니다. 복도에 내놓은 쓰레기는 자기 눈엔 보이지 않지만 다른 사람 눈에는 거슬릴 수도 있으니까요. 시민 의식은 복도에 내놓은 쓰레기봉투 같은 게 아닐까요? 타인에게 피해를 주고 있음에도 정작 본인은 인식하지 못할 때가 있으니까요. 시민 의식이란 게 원래부터 본인보다는 타인의 눈에 잘 띄는 것인지도 모르죠. 교양인은 일상에서의 작은 노력으로 시민 의식을 실천하는 사람입니다.

6. 교양인은 다차원적인 행복을 누린다
– 예술을 향유하고 사람들과 교류하라

　　　　　　　수잔 손택Susan Sontag의 『우울한 열정』은 제 인생에서 가장 오랫동안 쉬지 않고 읽은 책입

46　데이비드 로스차일드, 『뜨거운 지구에서 살아남는 유쾌한 생활습관 77』, 추수밭, 2008, p.233.

니다. 삼십 대 후반의 어느 날이었습니다. 저는 이 책을 여덟 시간 동안 집중해서 읽었죠. 책에 쓰인 내용들로 지적 희열을 느꼈고 긴 독서가 주는 몰입의 기쁨을 만끽했습니다. 2015년 5월 2일이었습니다. 집중력이 뛰어나지 못해 이 책 저 책을 교차로 읽거나 한 권을 읽을 때에도 두어 시간 넘기기가 힘든 저로서는 잊지 못하는 순간이네요. 아래는 그날의 메모입니다.

"2015년 5월 2일, 번개처럼 내 독서에 전환점이 일어난 날!(…)이날 새벽에 벌어진 태도 변화는 날벼락 같은 일이었다. 느닷없이 깨달았다. 격물치지야말로 독서의 근본이고, 타자화야말로 학습의 최고봉임을! 나는 책의 한 문단, 한 문단을 치밀하게 따져가고 개념을 정립해가며 책을 읽었다. 시간과 정성을 들였다. 대부분의 야채들은 대충 씹어 먹으면 흡수율이 10퍼센트에 불과하지만, 30~40번을 씹어 먹으면 60~80퍼센트에 이른다고 한다. 지금까지 나는 대충 읽어왔었다. 이해하지 못해도 건성건성 책장을 넘기는 불성실함이 내 독서 생활에 스며들어 있었다. 나는 독서가로서 다시 태어났다. 지난 2주 동안, 나는 건성 대신 정성을, 불성실 대신 치열함을 선택했다."

다시 읽어도 짜릿해지는 글입니다. 심리학자 바버라 프레드릭슨Barbara Fredrickson은 행복이라는 추상적인 개념을 열 가지의 긍정 정서로 구분했습니다.(열 가지 긍정 정서는 기쁨·감사·평온·흥미·희망·자부심·재미·영감·경이·사랑입니다.) 행복을 세분화하니 좀 더 구체적으로, 조금 더 자주 행복을 느끼게 만들어줍니다. 열 개의 긍정 정서 중 하나는 기쁨입니다. 프레드릭슨에 따르면 "주변 환경이 안전하고 친숙하며 만사가 순조롭게 이루어지고 노력이 크게 필요치 않을 때 일어나는 감정"이죠. 기쁨은 행복의 일반적인 정의이고 또 다른 긍정 정서도 많습니다. 제 독서 인생에 기록된 2015년의 독서 경험은 그녀가 말한 긍정 정서 중에서 두 가지를 느끼게 했습니다. 평온과 영감이 그것입니다. 프레드릭슨의 개념 정의를 보시죠. 그날의 제 마음을 적확하게 표현해주어 반가웠던 정의입니다.

영감: 우리는 빈번히 인간의 탁월성과 마주친다. 그때 우리는 평소의 범상함을 뛰어넘어 더 큰 가능성을 바라보게 된다. 뛰어난 예술가를 보거나 책을 읽을 때 만나는 정서다.

평온: 평온은 후속 감정이다. 경이, 재미, 자부심을 느끼거나 성취 후에 찾아든다. '더 자주 이랬으면 좋겠어.'라는 생각이 들 때가 평온이다.

모차르트에 빠져서 하루 열세 시간 동안 클래식을 감상했던 날도 있습니다. 음악이 주는 기쁨에 빠져드는 일은 잦지만 이리 오랜 시간을 황홀경으로 보냈던 날은 드뭅니다. 2017년 4월의 어느 날이었습니다. 그 이후로 모차르트에게서 영감과 감동을 한 아름씩 얻곤 합니다. 자주 모차르트를 듣죠. 〈피아노 소나타 13번〉은 제 영혼의 동반자 같은 곡이 되었고요. 행복의 세계로 진입하는 통로 하나를 더 알게 된 기분입니다. 그날 썼던 글을 아래에 옮겨볼게요.

"흥분을 참느라 혼났다. 좁은 작업실을 서성였다가 책상에 앉기를 수차례 반복했다. 세 나절 동안 모차르트를 듣다가 벌어진 일이다. 아침엔 〈피아노 협주곡 21번〉으로 잔잔한 울림을 느꼈는가 하면 오후에는 〈피아노 소나타 12번〉 2악장을 듣다가 아름다운 고요함에 전율했다. 눈물도 찔끔 났다. '아! 모차르트의 감동이 이런 거구나.' 모차르트 평전을 쓴 필립 솔레르스는 "아주 젊은 모차르트의 작품에는 사람들을 만족시키는 모든 것들이 있다."고 썼는데, 이 과장스러운 표현에 동의하게 된 날이다. 모차르트 감상이 처음은 아니다. 모차르트 CD를 차에서 듣기도 했고, 〈돈 조반니〉를 시청하다가 졸기도 했다. 모차르트로 눈물의 감동을 경험한 날은 없었다. 어느새 저녁이 되었다. 마지막으로 하나만 더 듣자고 선택한 곡은 바렌보임이 연주한 〈피아노 소나타 8번〉이다. 오늘 왜 이럴까? 감격을 주체할 수가 없어 책상에서 또 일어나야 했다. 다른 방도가 없다. 글을 쓰기엔 내가 차분하지 않으니 녀석에게 전화할 수밖에 없는 날이다. '박상, 통화 돼?'"

교양인은 다차원적인 행복을 누리는 사람입니다. 여러 가지 긍정 정서를 체험하고 다양한 근원에서 건져 올린 행복을 만끽합니다. 예술 작품으로 감感하고 동動합니다. 학문적 인식을 얻으면서 기뻐합니다. 균형 잡힌 식단으로 건강의 기쁨을 누립니다. 교양인이 되어간다는 것은 인생살이의 여기저기에서, 세상 곳곳에서, 행복을 발견해간다는 의미입니다. 교양인들은 재밌는 TV 프로그램에서도 행복을 누리지만 카프카의 소설에서도 희열을 느낍니다.(카프카는 얼마든지 다른 예술가로 대체될 수 있죠. 김영하, 카잔차키스, 김수영, 나쓰메 소세키, 제임스 조이스, 헤세, 프루스트, 톨스토이,

괴테, 몽테뉴, 몰리에르, 루크레티우스 등) 재즈나 클래식에 입문하여 음악이 얼마나 우리 영혼을 고양시키는지 체험합니다. 타인을 이해하면서 예전의 갈등에서 벗어나 인간관계의 묘미를 발견하기도 하죠. 자신을 표현하는 기쁨을 누릴 수도 있습니다. 사랑에 빠지면 세상이 아름다워 보이듯 교양이 쌓여갈수록 세상 곳곳에서 의미와 기쁨을 발견하는 겁니다.

교제의 기쁨도 빼놓을 수가 없죠. 교양인은 서재에서만 지내지 않습니다. 교양인은 사람들과의 교제를 즐깁니다. 유럽의 사교계가 항상 밝은 문화만을 만들어낸 것은 아니지만 사교적인 교양인들의 탄생에 일조한 것은 사실입니다. 프랑스의 살롱 문화가 대표적이죠. 이광주 선생은 이렇게 말했습니다. "교양은 사람을 심미적인 취미와 놀이의 인간으로 만든다." 이 문장을 읽으니 유희를 즐기는 공자의 모습이 떠오릅니다. 이런 상상은 어떤가요? 공자가 제자들과 함께 노래방에 갔습니다. 화끈한 성격의 자로가 한 곡을 멋들어지게 뽑아내자 공자는 연신 앙코르를 외쳤습니다. 자기 차례를 준비하던 제자들은 스승의 외침에 더욱 즐거워했습니다. 자로가 한 곡을 더 부르자 공자는 흐뭇한 표정으로 말했습니다. "좋구나. 자로야!" 공자님을 너무 경박하게 만들었나요? 그렇지 않습니다. 『논어』의 술이편에 이런 말이 나오거든요. "공자께서는 사람들과 노래 부르는 자리에 어울리시다가 어떤 사람이 노래를 잘하면, 반드시 다시 부르게 하시고는 뒤이어 화답하셨다."[47] 여럿의 유흥을 즐기는 공자였습니다. 유교

---

47 공자, 김형찬 역, 『논어』, 홍익출판사, 1999, p.94.

사회의 교양인과 유럽의 교양인이 만나는 대목이죠. 요컨대 교양인은 스스로의 삶으로 자신을 기쁘게 하는 사람입니다. 은은한 인식의 기쁨, 예술 향유의 즐거움, 교제의 행복을 아는 사람들이죠.

7. 교양인은 공감 능력의 소유자다
- 서사적 상상력을 발휘하라

교양인의 가장 본질적인 특징은 무엇일까요? 다른 특징들이 모두 있더라도 이것이 없으면 교양인이라 부르기가 힘든 특징 말입니다. 반대로 표현하면 이것만 있다면 다른 특징들이 좀 결여되더라도 교양인이라 부를 만한 특징이겠죠. 저는 '공감'이라 생각합니다. 두 대상을 잘 공감하면 구별하는 능력은 절로 생겨납니다. 예술적 감수성이란 작품에 깊이 공감하는 힘이겠고요. 타자를 깊이 공감할수록 자기 이해가 수월해집니다. 이런 점에서 다른 사람들의 처지를 헤아리고 그들의 관점에서 바라보는 공감은 교양인의 근원적인 특징입니다. 페터 비에리는 "공감은 교양의 척도"라고 말했더군요. 공감이야말로 교양의 궁극적인 결실입니다.

기키 기린이라는 일본 배우를 아시는지요? 저는 고레에다 히로카즈 감독의 영화를 통해 알게 된 분입니다. 1943년 생으로 주로 어머니를 연기했습니다. 주인공이 어리면 할머니 역할을 맡기도 했고요. "옛날부터 기키 기린 씨의 팬"이었다는 고레에다 감독은 자신의 산문집 『걷는 듯 천천히』에서 일화 하나를 소개합니다.

"영화 〈진짜로 일어날지도 몰라 기적〉에서는 주인공과 가고시마에서 함께 사는 외할머니 역을 부탁했다. 크랭크인 전날, 기린 씨에게 이끌려 초밥을 먹으러 갔다. 자리에 앉자 그답지 않게 각본을 탁자 위에 펼친다. 나는 자세를 좀 바로잡았다. '감독도 알겠지만…… 어른 장면이 조금 많은 것 같아. 이 이야기, 어른은 배경이니까. 다들 배경을 연기할 수 있는 배우들이니까, 클로즈업 촬영 같은 건 하지 않아도 괜찮아.' 이 한 마디로 이번 작품의 연출을 어떻게 할지 그 방향이 정해졌다고 해도 과언이 아니다. 자신의 연기뿐만 아니라 영화 전체의 톤이나 밸런스까지 염두에 둔 조언. 그녀의 대단함을 새삼 깨달은 밤이었다."[48]

기키 씨가 보여준 모습이 공감입니다. 영화의 의도를 살리기 위해 자신은 배경이 되어도 좋다는 배려심도 빛나지만, 전체를 파악하고 타자의 관점을 이해한 모습은 커다란 감동입니다. 시나리오의 전반적 분위기와 맥락을 이해한 것도 공감이고 배우의 시선을 넘어 연출자의 관점에서 영화를 바라본 것 역시 공감입니다. 깊은 울림을 안긴 일화입니다.

공감하는 능력이 영화배우, 학자, 전문가 등과 같이 어떤 특정한 분야의 사람에게만 발견되는 것은 아닙니다. 책을 많이 읽는다고 키워지는 것도 아니고요. 열린 마음, 섬세한 감수성, 타자를 향한 애정 어린 시선, 개개인에 대한 진직인 이해 등이 어우러서

---

48 고레에다 히로카즈, 『걷는 듯 천천히』, 문학동네, 2015, p.124.

공감 능력을 갖게 됩니다. 마사 누스바움은 타자를 향한 공감을 '서사적 상상력'이라 표현했습니다. 공감의 의미를 세밀하게 만드는 표현입니다. 그녀의 얘길 들어보시죠. 공감이란 "다른 사람의 입장이 되면 어떨지 생각하고, 그 사람의 이야기를 지적으로 읽어내고, 그런 처지에 있는 사람이 가질 법한 감정과 소망과 욕망을 이해하는 능력"입니다. 저는 '지적으로 읽어내고'라는 표현이 무척 마음에 듭니다. 공감은 나와의 차이를 이해하는 일이고 그것은 얼마간의 지적인 노력을 요구하니까요. 자극에 반응하는 감수성은 정서적이지만 공감은 지적인 능력입니다. 상대방과 나의 차이를 이해하는 일에 비하면 대화할 때의 눈빛, 언변, 자세, 기술은 부차적인 문제입니다.

서사적 상상력이란 다른 사람에 대한 '단편적인 이해'를 넘어선 수준을 의미합니다. 상대방의 관점에서 그의 인생을 들여다보면 그가 어떤 인생을 살아갈는지, 어떤 행동들을 할 것인지 상상하게 됩니다. '도대체 왜 저런 걸까.' 하는 생각이 줄어들고 그에게 있을 법한 일들을 그려볼 수 있는 겁니다. 누군가에 관한 단편적인 이해가 한두 개의 '낱말'이라면, 공감은 문장과 문장이 이어지는 '서사'인 셈입니다. 무분별하거나 두서없는 이야기가 아니라 한 개인의 맥락을 따라 구성된 서사겠지요. 그런 점에서 타자에 대한 공감의 정점은 그의 인생에 대한 개연성 있는 줄거리를 갖는 일입니다. 억측이나 단정 짓기가 아닙니다. 섣부른 추론도 아니어야 하고요. 누군가의 공감이 판단처럼 느껴질 때도 있겠지만, 진정한 공감이라면 최종적인 판단이 아니라 더 정확한 이해를 향해 나아가는 유보적 판단일 겁니다. 한 사람을 이해하는 일은 천 피스 조각 맞추기와 같습니다. 조각 하나를 찾았다고 끝나는 일이 아닙니다. 동시에 첫 번째로 끼워 넣을 하나의 조각부터 찾아야 합니다. 유보적 판단이란 하나하나의 조각에 대한 결정을 뜻합니다. 그 조각 하나로 전체를 판단하지 않는 태도를 갖춰야 유보적 판단입니다.

어떤 '한' 사람이 아니라 '여러' 사람들을 이해하기 시작하면 공감은 곧 사회적 상상력이 됩니다. 사회적 상상력은 세상의 약자들에게 빛을 비추고 민주주의를 진보시킵니다. "교양이 높아질수록 다른 사람의 처지에서 생각해보는 능력이 뛰어납니다. 교양으로 인해 구체적인 상상이 가능해지고, 구체적으로 상상해야 그동안 모습을 숨겨왔던 억압이 드러나고 폭력인 줄도 모르고 행해졌던 잔인함이 형체를 나타낼 수 있습니다. 이때 교양은 잔인함에 대항하는 요새가 됩니다."[49] 저는 공감이 '상상력'이라는 단어로 표현된다는 점이 마음에 듭니다. 공감이란 곧 다른 이의 세상을 그려보는 능력이니까요. 이때도 자의적인 상상이 아닙니다. 타자를 향한 이해를 추구하는 일이야말로 공감이니까요. 온화하게 고개를 끄덕이는 것도 적극적으로 경청하는 것도 공감이 아닐 수 있습니다. "당신이 옳아요."라는 말도 공감이 아닐 수 있죠. 공감은 정서적 지지나 대화의 기술과는 다릅니다. 공감의 본질은 타자(성)에 대한 이해입니다. 교양인은 나와는 다른 무언가를 정확하게 이해하려고 노력하는 사람들이죠.

교양인은 또 다시 문학을 사랑힐 수밖에 없습니다. 특히 고선

---

49 페터 비에리, 『교양수업』, 은행나무, 2018, p.36.

문학과 순수문학을 사랑합니다. 이유는 마지막 문단에서 밝히 겠습니다. 문학이 공감 능력을 키워줍니다. 예술을 향유하는 차 원에서가 아니라 인간을 이해하는 통로로서 문학을 숭앙합니다. 한 철학자는 문학은 나와 다른 사람들이 존재한다는 사실을 확 인하는 자리라고 말했습니다. 누스바움의 표현도 근사합니다. "문학이 인간 가능성의 표현이라면, 우리가 선택한 문학작품은 필연적으로 우리가 어떤 사람이며 어떤 사람일 수 있다는 우리 의 감각에 응답하는 한편 그런 감각을 더 발전시킬 것이다." 이 런 신념을 가진 그녀가 고등교육에서 문학의 중요성을 강조하는 일은 당연합니다. "대학 교육은 여러 다양한 방법으로 문학에 대 한 학생들의 인식을 계발해야 한다. 문학은 세계시민을 교육하 는 데 아주 중요한 역할을 한다."

문학이 어떻게 공감의 힘을 키워주는 걸까요? 작가는 평생 어 떠한 인물을 정확하게 복원하려고 애쓰는 사람이고 문학의 언 어는 대상을 적확하게 묘사하려는 열망으로 가득 차 있기 때문 입니다. 다소 문학적인 주장인 것 같아 기사 하나를 소개합니다. 교양인이 왜 순수문학을 사랑하는지를 보여주는 기사입니다. 과 학적 연구 결과로 문학의 저력에 고개를 끄덕이게 된다면 이것 또한 리버럴 아츠의 힘이겠지요.

"데이트나 입사 면접에 가기 전에 뭘 하는 게 좋을까. 체호프 나 도스토옙스키 같은 작가의 문학작품을 읽는 것이 도움이 될 지 모르겠다. 과학저널 『사이언스』 최신호에는 어떤 글을 읽는 것이 공감과 사회적 지각 능력, 감성 지능을 발달시키는 데 좋은 지에 대한 흥미로운 연구 결과가 실렸다. 미국 뉴욕 뉴스쿨의 심리학자들인 에마누엘레 카스타노 박사와 데이비드 키드 연구원은 18~75세의 독자들을 세 그룹으로 나눠 각각 저명한 작가의 문학작품, 베스트셀러에 오른 대중소설, 그리고 진지한 논픽션의 일부를 읽게 했다. 그러고 나서 다른 사람의 얼굴 표정을 담은 사진을 보고 이 사람이 어떤 생각을 하고 어떤 감정을 표출하고 있는지 등을 구별해내는 다섯 개 테스트를 받도록 했다. 실험 결과 문학작품을 읽은 그룹의 점수가 다른 두 그룹에 견줘 압도적으로 높았다. 대중소설을 읽게 한 그룹은 아무것도 읽지 않은 사람들과 비슷한 점수를 기록했다. 대중소설은 주로 사람들의 이기심이나 욕망을 다루는데다 작가가 흥미로움을 더하려고 작품의 전개 과정을 특정 방향으로 통제하고 있어 독자들을 수동적으로 만드는 경향이 있기 때문으로 분석됐다. 반면에 등장인물의 삶에 대해 섬세하고 길게 탐구하는 문학작품을 읽은 독자들은 해당 인물의 처지에 서서 생각하게 돼 타인에 대한 공감과 이해력이 높아진다고 연구진은 설명했다."[50]

---

50 2013년 10월 06일자 『한겨레신문』 기사.

III

지적인
전통으로부터
배우기

"우리는 이전 사람들의 견해 가운데 옳은
것을 수용하고 옳지 않은 것을 경계하기
위해 그들이 설명한 이론을 비교할 필요
가 있다."   **아리스토텔레스**

1. 자유칠과에서 배우는 학습의 3단계

　　　　　　　　　　기독교 사상가이자 추리 소설가로도 알려진 영국의 도로시 세이어즈(Dorothy Sayers, 1893~1957)는 고전 교육의 부활에 큰 영향을 미쳤습니다. 어린 시절에 받은 고전 교육 덕분에(현대 이탈리아어는 몰랐지만) 고대 라틴어에 능통했습니다. 최고의 모험 이야기라고 여겼던 단테의 『신곡』을 영어로 번역하기도 했죠. 펭귄북스의 『신곡(The Divine Comedy)』이 그녀가 번역한 작품입니다. 세이어즈는 「잃어버린 배움의 도구들」(1947년)라는 에세이에서 당시의 학문 풍토를 개탄했습니다. "우리가 자녀들에게 모든 것을 가르치지만, 학습의 기술과 생각하는 법은 가르치지 않습니다." "현대 교육이 '과목은 가르치는 것에 집중'하는 반면 중세의 교육은 '배움의 도구를 다루는 법'을 배우는 데 강조점을 두었죠." 세이어즈는 배움의 기술을 '제2의 천성'으로 만드는 방법론을 찾으려고 노력했습니다. "중세 학교의 커리큘럼을 적절하게 개정하는 방안을 채택해야 합니다."[51] 이것이 그녀의 결론입니다. 중세의 커리큘럼이란 무엇을 말하는 걸까요?

중세의 어린 학생들은 대학에 들어가기 전에 문법(Grammar)과 논리학(Dialectic)과 그리고 수사학(Rhetoric)을 익혔습니다.[52] 세 교과를 통틀어 트리비움trivium(3학과, 三學)이라 불렀죠. 트리비움은 학문을 배우는 기본기였습니다. 학생들은 기본적인 지식 숙달(문법), 사고력 훈련(논리학), 언어의 사용(수사학)을 익히는 트리비움 공부를 통해 학습 능력을 키웠습니다. 이후 쿼드리비움 quadrivium(4학과, 四科)이라 부르는 천문학·음악·산술·기하학을 배웠습니다. 세이어즈는 문법·논리학·수사학이야말로 현대 교육에서 강조해야 할 학문의 도구라고 주장했습니다. "내가 살펴보려는 것은 트리비움의 구성 요소인데, 트리비움은 쿼드리비움에 들어가기 전의 과정으로 쿼드리비움을 택하기 위한 필수 교육과정이었죠. 트리비움은 배움의 도구를 사용하는 법을 가르치는 데 주목적이 있었습니다." 트리비움은 배움의 도구이자 효과적인 학습의 3단계입니다.

첫째, 기본 지식과 공식을 암기하는 문법 단계입니다. 학생들

---

51 랜달 하트, 『흔들리지 않는 고전 교육의 뿌리를 찾아서』, 꿈을이루는사람들, p.179.(세이어즈의 에세이 「잃어버린 배움의 도구들(The Lost Tools of Learning)」 전문이 이 책의 180~208쪽에 걸쳐 실려 있습니다. 인터넷에는 세이어즈의 에세이 원문도 쉽게 찾을 수가 있는데 그 중 하나의 URL은 다음과 같습니다.
http://www.accsedu.org/school-resources/the_lost_tools_of_learning)
52 랜달 하트, 『흔들리지 않는 고전 교육의 뿌리를 찾아서』, 꿈을이루는사람들, p.83.

은 문법 단계에서 수많은 세부 지식들을 배우게 됩니다. 여기서 말하는 문법이란 언어에만 해당되는 것은 아닙니다. 각 교과목은 자기만의 고유한 문법을 가지고 있습니다. 예를 들어, 산수에서는 구구단이나 곱셈과 나눗셈의 규칙들이 문법에 해당합니다. 지리학의 문법은 대륙과 기후, 주요한 강과 산이 되겠죠. 역사에서는 시기별 왕조·중요한 전쟁·시대 구분 등입니다. 당연한 말이지만 어학에서는 형용사의 격변화·동사의 어미변화·문장의 구조와 어순 등이 문법입니다. 문법의 용례를 개별 학문이 아니라 예술의 문법 또는 자연과학의 문법 등으로 범위를 확장할 수도 있습니다. 인문학에서는 '고전문학에 대한 개괄적인 이해'가 하나의 문법이 되겠지요. 요컨대 학습의 첫 단계는 문법, 다시 말해 과목마다 요구되는 기본 지식을 익히는 과정입니다.[53]

둘째, 사고력을 훈련하는 논리 단계입니다. 변증의 단계로도 불리죠. 이 단계에서는 학생들이 단편 지식들에 만족하지 않고 생각하는 힘을 기릅니다. 토론, 논리적 사고, 생각의 오류 발견을 위한 훈련을 하죠. 세부 항목간의 연관성을 묻고 논리적 관계를 파악하기도 하고요. 문법의 단계가 정답을 외우는 과정이라면, 논리의 단계는 정답에 회의하며 생각하고 스스로 질문을 갖는 과정입니다. 왜 문명은 큰 강의 주변에서 발달했을까, 페르시아 전쟁에서 그리스 연합군이 승리한 비결은 무엇일까, 하루를 잘 산다는 것은 무슨 의미일까, 내가 생각한 답변이 타당하거나 충

---

53 웨슬리 캘러헌 외, 『고전교육으로 홈스쿨하기』, 꿈을이루는사람들, p.23. 이 책의 인용을 기본으로 하되 보완하고 첨언한 문장입니다. 책 속 문장과는 다른 내용도 포함되었기에 따옴표로 표시하진 않았습니다.

분한지는 어떻게 알 수 있을까 등을 궁금해하는 거죠. 질문을 품었다면 사고력 훈련이 시작된 겁니다. 질문과 관련된 텍스트를 읽거나 수업을 듣고, 스스로 생각하고, 다른 이들과 토론하면서 사고력을 키워가면 되니까요.

셋째, 생각을 잘 표현하도록 훈련하는 수사의 단계입니다. 효과적인 웅변술과 체계적인 글쓰기를 연습하는 거죠. 어떻게 하면 자신의 생각, 감정, 사상을 효과적으로 표현할 수 있을까를 고민하면서 좋은 문장과 언어를 연구하는 학문이 수사학입니다. 리버럴 아츠 수업을 진행하다보니, 문법과 논리는 트리비움의 학문으로 쉽게 받아들이는 데 반해 수사학에는 고개를 갸우뚱하는 분들을 종종 만납니다. 당연한 반응이라 생각합니다. 말을 잘 하는 사람에 대한 저마다의 편견이 있을 테니까요. 고대에서부터 현대에 이르기까지 수사학을 기만적인 기법에 불과하다고 오해하는 사람들이 있었습니다. 수사학의 역사는 이러한 세간의 오해를 벗고자 하는 노력이기도 했죠.

수사학의 부정적인 역사나 수사학을 폄하하는 이들이 많다고 해서 수사학의 가치가 줄어드는 것은 아닙니다. 수사학은 중요합니다. 우리는 어떤 메시지를 받아들일 때 메시지의 의미 때문에 받아들이기도 하지만 전달 방식이 아름다워 수용하는 경우도 많으니까요. 수사학을 이해할수록 설득력이 키워집니다. 표현만 아름다울 뿐 내실 없는 주장을 구별하게 됩니다. 수사학에 관한 간결한 입문서를 집필했던 리처드 토이 역시 수사학에 대한 앎이 식별 능력을 키워준다는 점을 지적했고요. "언어는 일종의 이데올로기 지문이다. 해석하는 법만 알아낸다면 발언자가 자신의 정체를 아무리 숨기려 해도 그를 식별하는 수단이 된다. 따라서 우리는 수사학의 표면이 아니라 이면을 보아야 한다. 뿐만 아니라 연설회장이 아무리 소란하고 연사가 아무리 핏대를 세우더라도(또는 우아하더라도) 소음 주위의 의미 있는 침묵, 즉 생략과 말하지 않는 것에 귀를 쫑긋 세워야 한다."[54] 중요한 통찰입니다. 진실한 태도 없이 수사적인 기술만 갖춘 이들은 언제나 역사에 등장할 테니까요. 기실 논리와 문법을 갖추지 못한 채 수사적 기법만을 활용하여 시민들을 현혹하는 이들은 어느 시대에나 존재해왔습니다. 기만적인 사람들의 등장은 수사학을 폄하할 이유가 아니라 수사학의 중요성을 재평가할 요소입니다. 알아야 구별할 수 있으니까요. 언어 연구자 클렘페러가 "수사학을 경멸하더라도 대수롭지 않게 무시하거나 망각해서는 안 된다."고 말한 것도 같은 맥락입니다. 수사학의 역사가 부침을 거듭할 수밖에 없는 까닭은 수사학의 이중적인 특성 때문입니다. 위험 요소와 중요성을 동시에 가진 특성 말입니다. 설득하는 능력은 정치뿐만 아니라 일상에서도 중요하지만 기만적인 사람도 수사의 기술을 발휘하여 우리를 혼란에 빠뜨리곤 하니까요. 훌륭한 '태도'와 '논리력'을 가진 사람들이 수사학적 능력에 더 많은 관심을 기울어야 합니다. 그 관심이 기만적인 사람들이 수사를 연마하는 노력보다 크면 좋겠습니다.

수사학은 기원전 4~5세기경 아테네를 중심으로 발달하기 시작했습니다. 현대 학문에서는 수사학의 위상을 찾기조차 힘들지

---

54   리처드 토이, 『수사학』, 교유서가, 2015, p.8.

만 고대 아테네와 로마 시대에는 수사학이 대단히 강조되던 학문이었습니다. 한때 소피스트들에 의해 수사학의 위상이 궤변술이나 돈벌이 수단으로 무시당하기도 했지만 1세기 후 아리스토텔레스가 『수사학』을 집필해서 체계화되었습니다. 교양 교육의 초기에도 수사학은 지금보다 훨씬 중요한 과목이었고, 가장 중요한 과목으로 여겨졌던 시기도 있었습니다. 현대에도 수사학의 중요성을 이해한 대학들이 존재합니다. 미국의 하버드, 컬럼비아, 시카고대학은 교양 교육의 전통을 이어온 대학답게 글쓰기 훈련을 필수 과정으로 삼고 있습니다. 수사학의 핵심 과정은 작문과 의사 표현의 기술을 배우는 것[55]이지만 말하고 글을 쓰는 훈련이 사고력을 향상시키기도 하죠. 덕성여대 최미리 교수의 설명을 보시죠. "하버드대학의 첫 번째 교육 목적은 명확하고 효과적으로 사고하며 이를 글로 표현해내는 능력 계발이다. 하버드에서 학사 학위를 받는다는 것은 정확하고 설득력 있게 효과적인 의사 전달을 할 수 있음을 의미한다."[56]

2. 앵무새와 당돌이를 거쳐 시인으로

고전 교육에 관한 문헌을 살펴보면, 도로시 세이어즈가 자주 언급됩니다. 그녀가 고전 교육

---

55 파리드 자카리아, 『하버드 학생들은 인문학을 공부하지 않는다』, 사회평론, 2015, p.88.
56 최미리 저, 『미국과 한국 대학의 교양교육 비교』, 양서원, 2001, p.125.

에 영향을 끼쳤다는 의미겠죠. 당시 유명했던 에세이 「잃어버린 배움의 도구들」에서 재미난 비유로 설명한 덕분인가 싶은 생각이 들었습니다. "아이에게는 세 가지 발달 단계가 있습니다. 이런 단계를 임시로 앵무새(parrot) 단계, 당돌이(pert) 단계, 시인(poetic) 단계라고 부르겠습니다. 시인 단계는 대개 사춘기가 시작되는 시점입니다." 세이어즈의 단계별 설명도 재미납니다.

"앵무새 단계의 아이들은 외우기를 수월하게 행하고 즐거워하지만 추론하기는 어려워하고 재미를 느끼지 못합니다. 앵무새 단계의 아이들은 사물의 형태나 모습을 즉시 외우고, 자동차 번호판을 기억해서 말하죠. 무엇이든 모아두기를 좋아하고요."

"당돌이 단계의 아이들은 반박하고, 말대꾸하며, 사람들의 무지함을 잡아내는 데 몰입합니다. 특히 윗사람에게 더 그렇습니다. 사람들에게 수수께끼도 곧잘 내죠. 또한 남에게 방해를 주는 정도가 심해지고요."

"시인 단계의 아이들은 자기중심적이고 자기를 표현하고 싶어 하지만, 오해받기 일쑤이고 불안해하며 독립하려고 애를 씁니다. 다행히 좋은 지도가 뒷받침되면 창의성이 나타나기 시작하고 이미 알고 있는 지식을 종합하려고 하며 다른 많은 것보다 유난히 어떤 한 가지를 더 알고 싶어 합니다."

인류의 지적 전통이 남겨준 배움의 도구인 문법, 논리학, 수사학은 비유컨대 모방과 사유의 단계를 거쳐 시인이 되는 과정입니다. 이 비유가 아이들의 발달 단계를 제대로 설명했는지 궁금해지더군요. 현대 발달심리학의 연구 결과와 세이어즈가 설명한 각 단계의 아이들 특성이 일치하는지 살폈지만, 의미 있는 결과를 이끌어내지는 못했습니다. 아동 발달의 개인차가 존재하고, 타고난 재능과 기질이 다르다는 점이 비유의 단계별 특성을 검증하기 어렵게 만들더군요. 비유의 가치는 디테일의 정확성이 아니라 비유가 가진 함의에 있겠지요. 앵무새-당돌이-시인의 비유는 문법, 논리학, 수사학의 본질에 대한 접근으로 이해하면 되겠습니다. 세이어즈는 트리비움을 '과목' 자체가 아니라 '과목들을 배우는 수단이나 방법론'으로 보았다는 점을 기억한다면 트리비움의 존재 목적을 이해하실 테죠.

문법의 단계 (1학년~6학년)	논리의 단계 (7학년~9학년)	수사의 단계 (10학년~12학년)
문법	문법	문법
	논리	논리
논리		수사학
수사학	수사학	

　트리비움 교육이 어떻게 진행되었는지 구체적으로 보여주는 표입니다.[57] 문법은 6학년에서 끝나지 않습니다. 학년이 올라가고 공부가 깊어질 때마다 새로운 문법을 배워야 할 필요성이 생겨나기 때문입니다. 언제나 문법, 논리, 수사 세 가지를 교육하되 학습의 단계에 따라 하나의 과목에 집중하는 겁니다. 초등학교 과정에선 문법을, 중학교 과정에선 논리학을, 고등학교 과정

---

[57] 크리스토퍼 페린, 『고전적 교육 입문 An Introduction to Classical Education』, 꿈을이루는사람들, p.39.

에선 수사학을 집중적으로 배웁니다. 그러는 동안에도 트리비움의 나머지 학과를 훈련하고요. 학습 단계와 상관없이 세 가지 도구(문법·논리·수사)를 공부의 기본으로 삼는 거죠.

중세의 교양 교육 커리큘럼이 우리에게 안기는 교훈은 무엇일까요? 추천받은 베스트셀러를 손쉽게 집어드는 것보다 문법과 생각하는 법을 익히면서 말하고 쓰기를 연습하는 편이 공부와 성장에 도움이 된다는 점입니다. 저는 읽기란 '보기+생각하기'라고 정의합니다. 이 정의에 따르면 책읽기란 텍스트를 보고 생각을 시도하는 것입니다. 삶을 관찰하고 사유한다면 인생을 읽는 셈이 되겠죠. 우리는 사람을 읽을 수도 있고 그림을 읽을 수도 있겠습니다. 독서 수업을 하면서 겪는 가장 큰 어려움은 사람들이 생각하는 연습을 즐기지 않는다는 점입니다. 지식을 받아들이기는 쉽지만, 생각하는 훈련은 어렵기 때문이겠죠. 생각하는 연습거리를 잔뜩 담은 『비판적 사고력 연습』[58]보다 지식이 잘 정돈된 『지적 대화를 위한 넓고 얕은 지식』의 판매량이 높은 것도 이해됩니다. 사고력을 훈련하는 것보다는 책에서 지식을 읽어내는 일이 더 쉬울 뿐만 아니라 성취감도 안겨주니까요.

고전 교육의 옹호자들은 공부를 시작한다면 학습의 원리와 도구부터 배워야 한다고 말합니다. 중세의 학생들이 자유칠과 중에서도 트리비움(문법·논리학·수사학)을 먼저 배우는 이유입니다. 트리비움의 전통을 따르는 것이 정말 교육 효과가 높을까

---

[58] 닐 브라운, 스튜어트 킬리 공저, 『비판적 사고력 연습』, 돈키호테. 열한 가지의 질문을 도구로 삼아 비판적 사고력을 연습하도록 구성된 책으로 미국의 많은 대학에서 교재로 활용됩니다.

요? 학습의 원리와 도구부터 배우는 일이 중요하다는 점은 직관적으로도 깨칠 수 있지만, 고전 교육의 효과에 관한 자료 하나를 읽어두는 것도 좋겠습니다. 고전 교육을 받은 학생들의 성취도 궁금하고요. 미국의 장학금 하나부터 소개합니다. 내셔널 메릿 장학금은 미국에서 가장 큰 규모의 제도입니다. 정부의 도움을 받지 않는 비영리단체로 개인, 대학, 기업의 후원금으로 운영됩니다. 빌 게이츠, 제프 베조스, 폴 크루그먼 등이 메릿 장학생 출신이더군요. 선발 과정도 까다롭습니다. 준결승 진출자, 결승 진출자, 장학금 수상자 이렇게 3단계로 진행되죠. 2016년에는 최종적으로 약 8,900명이 장학금을 받았습니다.[59] 학교도 하나 소개합니다. 미국에는 고전 교육의 전통을 따르는 명문 사립 고등학교들이 많습니다. 펜실베이나 주 Covenant Christian Academy(CCA)도 고전 교육의 이념으로 세워진 학교입니다. CCA 졸업생들이 '메릿 장학금'을 받는 비율이 국립에 비해 월등히 높더군요. 결승 진출자의 경우, CCA:국립＝33퍼센트:4퍼센트이고, 장학금 수상자는 CCA:국립＝5퍼센트:0.1퍼센트네요.[60] 무려 8배와 50배입니다. 이 격차가 오롯이 고전 교육 덕분만은 아니겠지만 고전 교육의 영향력을 보여주는 간접적인 자료는 되리라 생각합니다.

---

59 『중앙일보 코리아데일리』기사를 참고했습니다.
http://www.koreadaily.com/news/read.asp?art_id=3600328
60 유학 컨설팅 업체 밝은미래교육. http://blog.naver.com/bfedu1?Redirect=Log&logNo=220296072069

3. 중세의 교양 교육은 어떻게 진행되었나

대학은 중세에 설립됐습니다. 지금과 같은 캠퍼스를 중심으로 건물들이 늘어선 모양새는 아니었습니다. 캠퍼스라는 개념은 없었고 교사와 학생의 인적 구성체였습니다. 사제지간 또는 학습의 선후배라는 연대 의식이 중세 대학을 본질이었죠.[61] 초기 대학은 의학·법학·과학·수학 이렇게 네 가지 학문을 중점적으로 탐구했습니다. 중세에 이미 의학과 법학이 인기를 끌었죠. 지금도 마찬가지지만 수입이 높은 편이었고 사회적 지위도 괜찮았기 때문입니다.[62] 교양 교육은 중세의 초기부터 이어져왔습니다. 기원전 1세기 무렵만 해도 교양과목이 아홉 개였습니다. 문법·논리·수사·기하·산수·천문·음악·의학·건축이 그것입니다. 이후 의학과 건축을 직업 과목으로 분류되면서 제외되고 '3학 4과'라는 관례로 자리 잡았습니다. 3학 4과를 합쳐 자유칠과自由七科(Seven Liberal Arts)라 칭하기도 하죠. 교양과정 이수는 신학자, 법률가, 의사 지망생의 필수 사항이었습니다. 4년에서 7년이 소요되는 교양과정을 마치면 석사 학위를 받았습니다. 중세의 교육 이념에 따르면 학문은 피라미드 형태의 계층 구조를 가집니다. 교양과목은 피라미드의 기초가 되고 철학으로 발전하여 중세 학문의 정점인 신학이 피라미드의 꼭대기입니다.

---

61 이광주, 『교양의 탄생』, 한길사, p.143.
62 폴 존슨, 『생각의 역사 1』, 들녘, p.535.

앞서 살폈듯이 중세의 대학들은 문법·논리학·수사학 공부로 기본기를 닦아야 교양인을 길러낼 수 있다고 보았습니다. 학습의 기본기를 닦는다는 것이 구체적으로 무엇을 의미하는지 파악하려면 그들이 어떻게 공부했고 트리비움의 교재가 무엇인지 살펴보면 좋겠지요. 중세 대학은 교양학부를 따로 두어 3학 4과를 가르쳤습니다. 문법·논리학·수사학 수업에서는 어떤 교재를 사용했을까요?

"문법은 도나투스와 프리키아누스의 문법 교재가 12세기까지 널리 활용되었으나, 고전문학에 대한 관심이 줄면서 그리고 중세의 공부 방식이 점차 논술식에서 문답과 토론 위주로 바뀌면서 교과과정에서 밀리게 되었다. 심지어는 문법이 대학 외 별도의 문법학교에서 가르쳐지기도 하였다. 고대 로마에서 연설과 변론으로 각광받던 수사학은 중세에 시민적 삶이 퇴색하면서 그 영광을 잃기 시작하였다. 그리하여 문법과 논리학에 통합되거나 점차 작문술, 판결문 작성 등 실용적인 업무 수행을 돕는 과목으로 성격이 변모하게 되었다."[63]

교양 교육의 중심은 문법이나 수사학이 아닌 논리학이었습니다. 중세 대학은 토론 수업을 통해 학생들에게 변증법을 익히는 지적 훈련의 기회를 주었죠. 논리학의 교재는 아리스토텔레스가 중심이었습니다. 한 역사학자는 중세에 일어난 아리스토텔레스의 복원을 '서양 사상사의 전환점'이라 규정하면서 뉴턴의 과학

---

63 손승남, 『인문교양교육의 원형과 변용』, 교육과학사, 2011, p.114.

과 다윈주의의 영향에 못지않은 것으로 평가했습니다.[64] 13세기에는 이미 아리스토텔레스의 여러 책들이 번역되었고 교양 수업에서는 그의 『논리학』이 교재로 활용됐습니다. 트리비움 교재와 중세 대학을 설명하다 보니 몇 가지의 생각이 떠올랐습니다.

첫째로는 중세 대학의 실제적인 운영 과정에 대한 생각입니다. 세이어즈의 말만 듣다보면 중세 대학을 최고의 교육이 이뤄진 기관으로만 생각하기 쉬운데, 자료를 읽으면서 알게 된 사실들이 중세 대학을 우상화하지 않도록 안내했습니다. 중세 대학도 트리비움을 꾸준히 실행하지는 못했고 심지어 트리비움 교육을 놓치기도 했으니까요. 중세 대학의 트리비움 과정을 벤치마킹하는 동시에 그들의 불완전한 운영에서도 배울 점이 있어 보입니다. K씨는 완벽주의 성향을 가졌습니다. 최근 듣고 싶은 인문학 강좌가 생겼는데 끝까지 마치지 못할까 염려하더군요. 수업 내용을 예습한 후에 수강하려고 몇 개월째 신청을 미루고 있는 M씨도 있습니다. 두 분 모두 시작도 못한 상태입니다. 그들에게 필요한 태도는 완벽한 준비가 아니라 학습의 본질을 간파하는 식견과 당당한 용두사미의 정신이 아닐까요? 본질이란 학습의 원리와 도구를 익히는 일이고, 용두사미의 정신이란 뒤로 갈수록 공부 열정이 시들해지더라도 뻔뻔하게 공부를 시작하는 태도를 말합니다. 중세 대학의 운영을 보면서 하는 말입니다. 무언가를 철저히 준비하는 것은 훌륭하지만, 준비에 눈이 멀어 실행의 적기를 놓쳐서는 곤란하겠죠.

---

64 폴 존슨, 『생각의 역사 1』, 들녘, 2009, p.536.

두 번째로는 수사학의 역사에 관한 생각입니다. 수사학은 중세 때부터 이미 수난을 겪기 시작했습니다. 고대 그리스와 로마의 교양인들, 특히 정치 엘리트에게 요구되는 덕목은 철학적 논리가 아닌 수사학적 능력이었죠. 그리스인들은 플라톤의 형이상학적인 철학 교육만큼이나 이소크라테스의 실용적이고 현실 참여적인 교육을 중요시했습니다. 중세에 들어서는 수사학의 사정이 달라집니다. 연설 능력이 중세에는 종언을 고했다고 보는 학자들이 많습니다. 자연스럽게 수사학의 쓸모도 달라졌습니다. 고전 문헌을 발췌, 편집, 취합하여 당대의 목적에 맞도록 수정하거나 실제 업무 수행에서 필요한 문서를 작성하는 능력이 요구되었습니다. 이러한 학풍에 대해 한 학자는 이렇게 말했습니다. "중세에 수사학이 길을 잘못 든 것이라기보다는 후대의 발전을 위해 길을 닦았다고 보아야 할 것이다. 중세의 교육과 문학에서는 수사학이 여전히 중요했다."[65] 어떤 학자는 수사학의 '전락'이라는 표현도 쓰지만 수사학이 당대의 요구에 따라 '변모'한 게 아닌가 싶습니다. 고대에는 철학에 버금가는 위상을 자랑하다가 중세에는 고급적인 4과(음악·천문·기하·산수)가 아니라 기초적인 3과(문법·논리·수사)에 속하게 됐지만 수사학의 본질이라 할 설득하는 힘은 여전히 크긴 했으니까요. 수사학이란 것이 본래 공부의 정점이나 목적이기보다는 수단으로서 자리매김해야 한다면, 중세의 관점은 수사학에 대한 '합당'한 처사가 되겠지요.

세 번째로는 트리비움의 교육 방식에 관한 생각입니다. 트리

---

65 리처드 토이, 『수사학』, 교유서가, 2015, pp.38~39.

비움에도 교재가 존재했지만[66] 교재보다는 수업 방식이 중요했습니다. 교수법의 키워드는 강의와 토론이었죠. 교재를 읽고 어휘와 내용을 해설하는 강의가 수업의 핵심이었습니다. 원전의 권위를 강조했고 교수는 천천히 풀이했습니다. 실제 대학 규정에 '너무 급하게 강의해서는 안 된다.'는 조항도 있었죠. 강의에서 그친 것은 아니었습니다. 원문 읽기에서 질문을 도출했고, 질문에서 토론을 이끌어냈습니다. 중세 대학의 교수법은 교양 교육의 두 가지 목표를 겨냥했습니다. 「예일 보고서」가 천명한 '사고력 함양'과 '지식 습득' 말입니다. 교수의 해설 강의를 통해 알아야 할 기본 지식을 갖추고 토론 시간에는 사고력 함양을 추구했습니다. 이것은 아주 훌륭한 방식의 학습이자 책 읽기입니다. 텍스트를 이해하는 정확성이야말로 독해의 출발이고 텍스트에 대한 비판적인 토론과 사유가 독해의 완성이니까요.

4. 현대 교양 교육의 현장 들여다보기

"우리는 이전 사람들의 견해 가운데 옳은 것을 수용하고 옳지 않은 것을 경계하기 위해 그들이 설명한 이론을 비교할 필요가 있다." 3부 서두에 인용했던 아

---

66 쿼드리비움에도 중요한 교재가 존재했습니다. 손승남 교수는 "수학에서는 보에티우스의 『산수론』과 유클리드의 『기하학 원론』이 널리 사용"되었고 "음악에서는 보에티우스의 『음악론』이 교양을 근간을 이루었고, "천문학에서는 프톨레마이오스의 『천성학』이 중요시"되었다고 전합니다. 다른 문헌을 찾아보니 법학 교육의 기초는 단연 유스티니아누스의 『로마법』이었다고 하네요.

리스토텔레스의 말입니다. 계승할 만한 학습의 전통을 찾기 위해 교양 교육의 역사를 살폈습니다. 트리비움의 개념과 효용은 실천할 가치가 있으니까요. 전통에 이어 현재의 모습을 들여다보면 지적 생활의 전통으로부터 무엇을 취할지, 지금은 어떤 노력을 기울여야 할지 좀 더 알 수 있습니다.

지금은 교양 교육이 어디에서 어떻게 이뤄지고 있을까요? 이를 알려면 교양 교육의 이념으로 설립된 리버럴 아츠 칼리지를 살펴보면 됩니다. 리버럴 아츠 칼리지는 전 세계에 산재해 있지만 관찰하고 접근하기에는 미국의 학교들이 제격입니다. 시카고대, 컬럼비아대를 비롯한 교양 교육을 효과적으로 진행하는 종합대학도 있고, 4년 동안 교양 교육에만 집중하는 수백 개의 리버럴 아츠 칼리지가 있으니까요. 인문학과 자연과학의 괴리에 대한 문제의식을 제기했던 찰스 퍼시 스노우도 교양 교육의 전통을 잘 간직한 나라로 미국을 꼽기도 했습니다.[67] 리버럴 아츠 칼리지란 4년제 대학의 교양 수업을 대학원 세미나와 같은 체제에서 배우는 학교입니다. 학부 과정의 교양을 소수 정원으로 진지하고 밀도 높게 공부하는 겁니다. 칼리지라고 하면 떠오르는 우리나라의 전문대학과는 다릅니다. 유학 컨설턴트 임준희 씨의 설명을 보시죠.

"큰 대학교(주로 University)는 연구 중심의 학교다. 때문에 교수들은 석사과정의 학생들과 연구에 몰입하고 있어 학부과정의 학생들에게 세심한 가르침을 주기 힘들다. 리버럴 아츠 칼리지

---

67 찰스 퍼시 스노우, 『두 문화』(1959), 사이언스북스, 2001, pp.46~47.

는 학부 중심의 대학으로 석사과정의 보조 교사 없이 교수들이 직접 모든 수업을 진행한다."[68]

캠퍼스에서 교양 수업을 듣던 풍광이 떠오릅니다. 전공 수업에 재미를 붙이지 못해 듣고 싶은 교양과목을 다양하게 신청했던 기억이 선연합니다. 인문학, 사회과학뿐만 아니라 과학 교과목까지 들었으니 꽤나 폭넓은 선택이었습니다. 교수님의 세심한 지도를 받거나 토론으로 진행된 교양 수업은 드물었습니다. 그럴 수가 없었죠. 교양 수업 수강 인원이 너무 많았으니까요. 일부 교양과목은 200명도 넘었습니다. 교수님 대신 대학원생들이 진행했던 교양 수업도 있었죠. 다양한 학문들의 기초 지식을 접했다는 유익이 있지만 교양 수업은 전공 교과에 비해 부차적이라는 느낌도 들었습니다. 교수님의 세심한 지도는 대학원 수업에선 가능하겠지만 대학원에선 폭넓게 배울 수가 없다는 점이 아쉽겠지요.

리버럴 아츠 칼리지에서는 폭넓은 교과목을 배웁니다. 학생대 교수 비율은 10:1 정도에 불과합니다.[69] 교수들은 학생의 교양과목에 깊숙이 개입하여 지도합니다. 석사과정은 존재하지 않고요. 폭넓은 교양 공부와 세심한 교육 방식을 접목한 겁니다. 다양한 분야의 기초 학문을 습득할 뿐만 아니라 사유하고 쓰고 말하는 능력을 키우는 것이 목적입니다. 토론을 위해서라면 개

---

60 임춘희,『미국유학, 리버럴 아츠 칼리지』, 좋은땅, 2015, p.40.

69 92개의 명문 리버럴 아츠 칼리지를 소개한 책 『미국유학, 리버럴 아츠 칼리지』는 각 학교의 학생 대 교수 비율을 보여줍니다. 웰슬리칼리지의 비율은 7:1이고 포모나칼리지, 로렌스칼리지, 웨슬리언칼리지는 8:1입니다. 학생 비율이 10명을 넘긴 곳들도 많고요. 10:1 비율은 짐작한 수치입니다.

인용 책상도 치워버리죠. 리버럴 아츠 칼리지인 '세인트존스대학'을 졸업한 조한별 양의 이야기를 들어보시죠. "대학생이 되기 전, 나는 '대학' 하면 일인용 접이식 책걸상이 빼곡한 커다란 강의실을 상상했다. 그 일인용 책걸상은 내 상상 속 대학의 로망이었다. 하지만 세인트존스에 그런 강의실은 존재하지 않는다. 여기선 어떤 교실에 가든지 그 안을 꽉 채우는 커다란 직사각형 테이블 하나를 발견할 수 있다. 커다란 직사각형 테이블과 벽에 걸린 분필, 칠판이 세인트존스 교실에 있는 학습 도구의 전부다."[70] 한별 양이 설명한 테이블은 최대 열여덟 명이 앉을 수 있는 크기입니다. 이곳에서 세미나와 토론이 이뤄집니다. 두 명의 개인 지도 교수가 참여한 가운데 학생들끼리 활발하게 의견을 주고받습니다.

리버럴 아츠 칼리지가 '소수의 학생'들에게 전문적인 지식이 아닌 '폭넓은 교양 수업'을 진행하는 목적은 무엇일까요? 두 리버럴 아츠 칼리지의 사명과 비전을 살펴보시죠. 게티스버그대학은 1832년 루터파에 의해 펜실베니아 주의 역사 도시 게티스버그에 설립된 리버럴 아츠 칼리지입니다. 학교 홈페이지의 사명선언문에는 교양 교육의 힘을 명시하고 있습니다. "교양 교육은 학생들이 책임감 있는 시민으로서의 잠재력을 실현하는 데 필요한 비판적 사고 기술·넓은 시각·효과적인 의사소통·모든 지식의 상호 연관성에 대한 감각·인간의 상황에 대한 감수성과 세계

---

70 조한별, 『세인트존스의 고전 100권 공부법』, 바다출판사, 2016, p.18.

적인 관점을 개발하도록 돕는다. 이것이 교양 교육의 힘이다."[71]
앞서 소개한 교양 교육의 목표에 '책임감 있는 시민'이라는 비전
이 추가되었습니다.

1887년에 설립된 클레어몬트의 포모나대학은 널리 알려진
리버럴 아츠 칼리지입니다. 2015년 『포브스』가 선정한 최고의
대학 순위에서 1위를 차지한 학교입니다. 학생 대 교수 비율이
8:1이고, 클래스마다 평균 학생 수는 열다섯 명입니다.[72] 포모나
칼리지의 사명 선언문도 교양 교육의 가치를 설명합니다. "다양
한 학과들, 그리고 학생과 교수 간의 긴밀한 관계는 포모나 재학
생들이 연구 조사와 창의적인 학습에 몰입하도록 돕는다. 그로
인해 학생들은 자신의 지적 열정을 정의하고 표현하게 될 것이
다."[73] 대학의 사명은 이렇습니다. "(주입식 교육이 아니라) 학생들
이 스스로 몰입하도록 돕겠다, 공부 방법과 자신을 표현하는 법
을 배우게 된다." 교육의 유익을 학생들 입장에서 서술했기에 인
상 깊었습니다. 두 학교를 설명하는 문장 어디에도 전문성이나
직업 교육 얘기는 없습니다. 사고력·넓은 시각·의사소통·감수
성·공부 방법·세계적인 관점·자율성·자기를 표현하는 법 등이
학교가 기대하는 학습의 결실입니다. 이것이 곧 리버럴 아츠 칼
리지의 존재 이유일 테고요.

71 게티스버그칼리지 홈페이지.(www.gettysburg.edu/about/college_history/mission_statement.dot)
72 임준희, 『미국유학, 리버럴 아츠 칼리지』, 좋은땅, 2015, p.267.
73 포모나칼리지 홈페이지 참고 http://www.pomona.edu/about/mission-statement

5. 위대한 지성은 어떻게 탄생하는가

　　　　　　　　　　　　20세기의 지적 분위기에서 교양 교육과 관련한 특징을 하나 꼽자면 인문학과 자연과학의 괴리입니다. 책을 좋아하시는 분들과 대화를 나누거나 독서 문화를 살핀 글을 읽다 보면 넘어서야 할 독서 성향 하나를 발견하게 됩니다. 인문학과 자연과학 사이에 커다란 장벽이 놓여 있습니다. 인문학을 좋아하는 분들은 과학 책을 읽지 않고 자연과학을 좋아하시는 분들 역시 문학, 역사, 철학으로 대변되는 인문학 책을 읽지 않는 경향을 보입니다. 개인차는 있겠지만 '문화'라고 표현해도 될 만큼 두 세계의 단절 현상은 광범위합니다. 인문학과 자연과학 중 하나를 간과하는 공부는 교양을 위협하는 장애물입니다. 우리나라만의 문제도 아니고 최근에 벌어진 현상도 아닙니다. 20세기 중반 영국에서도 두 문화의 단절에 대한 문제 제기가 있었거든요.

　1959년 5월 7일, 영국의 물리학자이자 소설가였던 찰스 퍼시 스노우는 '두 문화와 과학혁명'이라는 강연에서 과학자들의 문학, 철학, 예술 경시 풍조가 그들의 창조적 상상력을 앗아간다고 지적했습니다. 동시에 인문, 예술에 기반을 둔 지식인들의 자연과학에 대한 무지가 얼마나 편협한지도 역설합니다. 스노우는 인상적인 일화를 소개합니다. 자연과학의 중요성을 일깨우는 구절입니다. 캠브리지대학의 저명한 수학자 하디가 스노우에게 물었습니다. "지적(intellectual)이란 말이 요즘에 와서 어떻게 쓰이는지 유의해본 적이 있습니까? 러더퍼드, 에딩턴, 디랙 그리고 나 같은 사람은 거기에 해당되지 않는 어떤 새로운 의미 규정이 있는 것 같은데, 이건 좀 이상하지 않습니까?"[74] 낯선 이름들이 많겠지만, 대화에서 나오는 인물은 모두 저명한 과학자입니다. 두 명은 노벨상을 수상했고요.

인문학과 자연과학이라는 두 문화의 단절에 대해 스노우는 의아해합니다. "도무지 서로를 이해하려들지 않는다. 이상하게도 그들은 상대방에 대해 왜곡된 이미지를 갖고 있다." 과학자들은 과학적 탐구 태도를 모른 채로 가내수공업과 같은 형태로 연구하는 인문학자들을 경시하고, 인문학자들은 자신들의 문화가 지성의 전부인 양 착각하고 있습니다. 스노우는 다양한 사례로 자신의 주장을 뒷받침합니다. 과학자들의 독서 경향에 대한 스노우의 설명을 들어보시죠. "과학자들이 '글쎄요, 디킨스를 좀 읽어보려고는 했습니다만…'이라고 겸손하게 고백하는 것을 볼 것이다. 그들은 마치 디킨스가 뒤얽히고 쓸모없는 작품의 작가라는 듯이 말한다. 이것이 바로 과학자의 디킨스 관觀인 것이다. 디킨스가 문학 이해를 불가능하게 만든 전형으로 탈바꿈되고 있음을 발견한 것이 내가 얻는 결과의 하나였다."[75]

인문학자들이 자신들의 시시한 과학 소양은 돌아보지 못한 채로 과학자들의 빈약한 인문 소양을 지적하는 자리에서 스노우는 이렇게 말했습니다. "여러분들 중에 열역학 제2법칙을 설명할 수 있는 분이 계십니까?" 참다못해 던진 질문이었죠. 그 일

---

74 찰스 퍼시 스노우, 『두 문화』(1959), 사이언스북스, 2001, pp.14~15.
75 같은 책, p.24.

에 대한 스노우의 소감을 들어보시죠. "반응은 냉담했고 부정적이었다. 나는 '당신은 셰익스피어의 작품을 읽은 일이 있습니까?'라는 질문과 맞먹는 과학의 질문을 던진 셈이었다." 두 문화의 분리는 학자들만의 얘기가 아닙니다. 스노우의 지적처럼 "우리 실생활의 대부분"도 마찬가지입니다. 제 독서 생활을 돌아봐도 한쪽으로 치우쳐 있습니다. 지성 또는 교양이라는 개념에서 자연과학 지식을 제외하는 지적 만행은 요즘의 지성인들 사이에도 만연합니다. 독일의 한 유명한 인문학자는 이렇게 말했습니다. "자연과학적 지식은 굳이 숨길 필요는 없지만 교양에 속하지는 않는다." 리버럴 아츠의 전통에서는 받아들이기 힘든 관점입니다. 이처럼 금방 눈에 띄는 오류가 있는가 하면, 자세히 들여다보아야 발견되는 오류도 있습니다. "현대사회에서는 과학이 이뤄낸 것에 대한 지적 개념을 모르는 한 누구도 편안함을 느낄 수 없으며, 문제의 본질을 파악할 수 없다." 아이작 아시모프Isaac Asimov의 주장인데 저도 충분히 동의합니다. 혹자가 아시모프를 인용하면서 덧붙인 발언이 문제입니다. "현대에 이르러 과학은 교양의 한 분야에 편입되기 시작했다." 과학의 중요성을 인식한 말이긴 해도 정확한 표현은 아닙니다. 과학은 '현대에 이르러' 편입을 시작한 게 아니라 리버럴 아츠의 전통에서 줄곧 핵심 과정이었습니다. 중세의 자유칠과에서 천문학과 기하학을 공부했음을 기억하시지요? 교양 교육은 언제나 필수적인 학문들을, 다시 말해 인문학과 자연과학 모두를 중요하게 다뤘습니다.

'두 문화의 조화가 필요한가?'하는 의문이 드실지도 몰라 스노우의 주장 하나를 더 옮깁니다. "두 문화는 이제 만날 지점이 없는 것 같이 보인다. 슬프다는 말로 시간을 낭비하고 싶지는 않다. 사태는 중대하다. 우리는 사상이나 창조의 핵심을 이루는 최상의 기회를 태만 때문에 놓치고 있다. 두 주제, 두 규율, 두 문화의 충돌 지점은 반드시 창조의 기회를 마련해줄 것이다. 정신의 역사에서 어떤 돌파구가 열린 것도 두 문화의 충돌 지점이었다."

융합이 창의성을 낳는다는 1부의 논의와 일맥상통합니다. 이매뉴얼 월러스틴, 재레드 다이아몬드, 데이비드 하비 등은 금세기 최고의 지성들입니다. 모두 서너 개 이상의 학문을 공부했다는 공통점을 지녔고요. 위대한 지성은 융합적 탐구로 탄생합니다. 리버럴 아츠의 중요성을 알고 서로 다른 분야의 다양한 학문을 공부합니다. 학문마다의 접근법과 본질을 익혀 자기 주제에 적용합니다. 저를 비롯한 아마추어 교양인들에게도 리버럴 아츠는 유효한 주제입니다. 다른 학문을 기웃거리는 일은 우리에게 새로운 관점을 안겨 삶의 문제를 해결하는 힘을 키워 주니까요.

스노우가 진행한 세 개의 강연은 단행본 『두 문화』로 출간되었습니다. 인문학과 자연과학의 괴리를 다룬 고전이 된 책입니다. 강연을 풀어낸 데다 다양한 일화가 많아 술술 읽힙니다. 읽다 보니 두 문화를 모두 즐기는 사람이 되고 싶더군요. 책에 등장하는 이름이 20세기 인물들이라 낯설 테지만 그럼에도 불구하고 추천드립니다. 두 문화의 단절을 인식하는 것만으로도 리버럴 아츠 공부가 시작되니까요. 균형 있는 지성을 추구하고 싶다면 스노우의 이 얇은 책부터 시작해도 좋을 겁니다.

6. 소수의 중요한 책들을 독파하기

트리비움 학습의 본질은 기초 지식을 익히고(문법), 사고력을 훈련하며(논리), 자신의 생각을 조리 있게 표현하는 힘을 기르는 것(수사)입니다. 어떻게 해야 이러한 목표를 달성할 수 있을까요? 우리가 스무 살이고 10대를 열심히 살았다면 서울대학교의 자유전공학부 수업에 참여하면 될 테지만 보다 많은 분들을 위한 창의적인 대안도 필요합니다.

교양 교육 전문가들은 하나같이 명저에 통달하기를 권합니다.[76] 미국 교양 교육의 전도사 모티머 애들러나 하버드대학 총장이었던 찰스 엘리엇은 물론이고 동양의 뛰어난 사상가들 또한 독서를 강조했습니다. 율곡 선생은 젊은 유학자들에게 학문하는 태도와 삶의 지혜를 설명한 『격몽요결』에서 이렇게 말했습니다. "도에 들어가려면 먼저 이치를 궁리해야 하고, 이치를 궁리하려면 먼저 책을 읽어야 한다."[77] 이것저것 해보다가 안 되면 책을 읽으라는 말이 아닙니다. 독서부터 시작하라는 제언입니다.

독서는 현대 교육에서도 강조됩니다. 2015년 9월 25일, 서울대는 '서울대학교 학생부 종합 전형 안내' 동영상[78]을 공개했는데 학교 측은 '학업 능력·학업 태도·학업 외 소양'이라는 세 가지 항목으로 공정하게 평가하여 선발하겠다고 밝혔습니다. 특히

---

76 크리스토퍼 페인, 『고전적 교육 입문』, 꿈을이루는사람들, p.53.

77 율곡 이이, 이민수 옮김, 『격몽요결』, 을유문화사, p.63.

78 인터넷에서 '서울대학교 학생부 전형 안내'로 검색하면 시청 가능합니다. youtu.be/QGjOWs4o4Ks

도전하는 학생, 넓고 깊게 공부하고자 하는 학생, 훌륭한 인성을 갖추고자 노력하는 학생을 환영한다는 메시지를 전했습니다. 넓고 깊게 공부하고자 하는 학생에 대한 설명이 자유 교양 교육의 이념에 맞닿아 있습니다. 동영상은 넓고 깊은 공부를 여러 번 강조합니다. 학업 태도를 설명하면서 "어려운 과목에 도전하거나 독서 등을 통해 폭넓은 지식을 익히는 것도 좋습니다."라고 제안하고, '도전하는 학생'을 설명할 때에도 학교 시험을 위한 공부에 매몰되거나 지식 확장을 위한 내용 암기와 문제 풀이 연습에 그치지 말고 깊고 넓게 이해할 수 있도록 도전하라고 권합니다. "교과과정에 얽매이지 말고 넓고 깊게 공부해 보세요!"라는 메시지는 교양 교육의 슬로건으로 삼을 만한 문장입니다. 독서도 강조합니다. "특별히 여러분에게 독서를 추천합니다. 독서는 모든 공부의 기초이며 대학 생활의 기본 소양입니다. 수많은 책들 가운데 그 책이 나에게 왜 의미가 있었는지, 읽고 나서 나에게 어떤 변화를 주었는지 생각해보시기 바랍니다. 서울대학교는 독서를 통해 생각을 키워온 사람을 기다립니다."

책 읽기는 교양 교육의 핵심 훈련입니다. 교양 교육에서 강조하는 독서를 다독이라 이해해선 곤란합니다. 책을 많이 읽는 것보다 생각하는 훈련으로서의 독서가 중요합니다. 화이트헤드의 교육 사상을 담은 『교육의 목적』은 수학자이자 철학자의 지혜로운 권고가 돋보이는 책입니다. 화이트헤드는 생각하지 않은 채로 지식을 주입하는 독서를 성토했습니다. "단지 박식함에 그치는 인간은 이 지상에서 가장 쓸모없는 인간"(p.14)이라고 썼죠. 그는 교육의 요체로 두 가지를 꼽았습니다. 첫째는 "지나치게 많은 것을 가르치지 말라.", 둘째는 "가르쳐야 할 것은 철저히 가르쳐라."입니다. 화이트헤드는 사고력과 기본 지식을 철저히 가르쳐야 한다고 보았습니다. 교양 교육의 두 가지 목표와 일치하는 관점입니다. "반드시 가르쳐야 할 것으로는 사유와 삶의 기초로서 널리 활용될 기본 관념과 그것을 응용하는 힘"이었습니다. 화이트헤드는 이를 해낼 수 있는 교사야말로 훌륭한 교사라고 생각했습니다.

흔하디흔한 책 읽기가 교양 교육의 핵심 과정이라니, 진부한가요? 참신한 것이 아니라 진부하게 느껴지는 가치들이 비범함의 정수입니다. 지혜로운 이들은 용기, 신뢰, 우정, 자유처럼 자칫 진부해보이는 가치를 깊이 이해하고 구현하기를 열망할 겁니다. 통찰력을 지닌 학습자라면 진부해보이는 공부, 다시 말해 독서의 기술을 향상시키기 위해 애쓸 겁니다. 빌 게이츠는 "하버드 대학 졸업장보다 중요한 것은 책 읽는 습관이었다."고 말했습니다. 괴테는 "독서하는 방법을 배우기 위해서 80년이라는 세월을 바쳤지만 아직 나는 다 배우지 못했다."고 했고요. 독서에서 끝내면 안 됩니다. 읽는 것은 끝이 아니니까요.

모티머 애들러의 『평생공부 가이드』는 교양을 추구하는 평생학습자를 위한 안내서입니다. 애들러는 서문에서 "이 책은 누구를 위해 필요한가."라고 질문하고 다음과 같이 대답합니다. "진정한 교양인이 되고자 한다면 성년기에 공부의 바다를 향해 출항해야 한다. 그러한 항해를 지도 없이 시작하는 것은 출발 지점과 도착 지점, 해초와 암초, 깊은 곳과 얕은 곳, 거리와 방향도 모르면서 출항하겠다는 꼴이다. 내가 이 책을 '안내서(guide)'라 부르는 까닭은 독자들이 매력적인 목표이자 노력의 완성인 이해와 지혜에 도달하기를 바라며, 이 책이 여정을 시작할 때 필요한 지도를 제공하기 때문이다."[79]

『평생공부 가이드』는 어렵지는 않지만 만만한 책은 아닙니다. 지루해서 그렇습니다. 지식의 갈래에 관심을 가졌다면 재밌을 테고 '교양'을 폭넓게 이해하려는 분들에게는 유용할 겁니다. 그렇지 않으면 책의 절반까지는 인내심이 필요합니다. 무의미한 정보가 나열되어 있다는 느낌도 들 테고요. 결론에 다다르면 비로소 앞의 내용과 연결되실 겁니다. 애들러는 결론부에서 강한 어조로 제안하죠. "혼자 공부하는 이들은 무엇을 해야 하는가? 학교 교육을 끝마친 후에도 계속 공부하려는 성인들은 어떻게 해야 하는가? 답변은 간단하다. 지혜를 추구하는 평생 공부를 가득 채울 만큼 풍성하고 실질적인 답변이다. 간단한 답변이란 이것이다. 읽고 토론하라! 결코 읽는 데서 그치지 마라."[80]

읽는 행위가 중요한 게 아니라, '읽고 토론하여 내용을 이해하기'가 중요합니다. 읽은 내용으로 토론하거나 배움과 연관된 장소를 답사하는 것은 모두 더 깊이 이해하기 위함이죠. 그러니 독서와 연관한 교양인의 슬로건이 있다면 두 가지를 들 수 있겠습니다. 하나는 "읽고 토론하라!"입니다. 평생을 교양 교육에 힘써온 학자에 따르면 이 간단한 답변이 "평생 공부를 가득 채울 만큼 풍성하고 실질적인" 방법입니다. 읽고 토론하는 모임을 직

---

79 모티머 애들러, 이재만 옮김, 『평생공부 가이드』, 유유, 2014, p.17.
80 같은 책, p.207.

접 만들거나 참석하는 것은 교양인의 공부법입니다. 다른 하나는 "읽고 생각하라!"입니다. 토론은 읽고 생각한 것들을 표현하면서 자신의 관점을 검토하는 지적 활동입니다. '읽고 생각하기'는 토론의 효과에는 미치지 못하지만 그저 읽고 마는 것과는 차원이 다른 공부입니다. 쇼펜하우어는 독서가 생각을 돕기는커녕 오히려 방해하거나 대체할 수 있음을 예리하게 통찰합니다. 그의 독서론을 들어보시죠.

"독서란 자기 스스로 생각하지 않고 다른 사람이 대신 생각해주는 것이다. 우리는 저자의 마음에서 일어나는 과정을 따라가는 것에 불과하다. 학생이 글쓰기를 배울 때 선생이 연필로 그어놓은 선을 따라 펜을 움직이는 것과 같다. 그것에 따라 책을 읽으면 우리는 생각을 거의 하지 않는다. 독자적 사고를 하다가 책을 읽으면 마음이 한결 홀가분해지는 것은 이 때문이다. 우리의 머리는 책을 읽는 동안에는 타인의 생각이 뛰어노는 놀이터에 불과하다. 이런 생각이 물러가면 남는 게 뭐란 말인가?(…)음식이란 먹는다고 모두 우리 몸에 양분이 되는 것이 아니라 소화해야 되는 것처럼, 되새겨야만 읽은 내용들이 자기 것이 된다. 끊임없이 책만 읽고 그것을 생각하지 않으면 읽은 내용들은 뿌리를 내리지 못하고 대부분 사라지고 만다."[81]

이 문장을 처음 읽었을 때, 독서가 사유를 가로막는다는 주장에 정신이 번쩍 뜨였던 기억이 선연합니다. 책 읽기에 관한 조언 중에서는 가장 강하게 저를 깨친 말이고요. 쇼펜하우어를 통해

---

81 쇼펜하우어, 『쇼펜하우어의 행복론과 인생론』, 을유문화사, 2013, pp.413~414.

'아! 읽는다는 것과 생각한다는 것은 다른 차원의 행위구나.'하고 명확하게 인식했으니까요. 평생 학습자가 된다는 것은 우선적으로 모티머 애들러와 쇼펜하우어의 독서 제안을 힘써 실천하는 일입니다. 읽고 토론하세요, 여의치 않으면 읽은 내용들로 생각하세요! 정보와 지식을 쌓는 독서가 아닌 생각하는 힘을 키우는 독서, 이런저런 잡다한 책을 읽기보다 위대한 고전을 읽는 독서가 중요합니다. 책을 독파한다는 것은 읽은 후에 토론하거나 사유하여 내용을 제대로 이해한다는 뜻입니다. 소수의 중요한 책들은 이렇게 읽을 가치가 충분합니다.

7. 교양을 형성하는 동서고금의 명저

무엇을 읽어야 할까요? 우리의 시간은 소중하고 읽어야 할 책들은 많아 보입니다. 책을 선택하는 안목이 중요합니다. 다음 챕터(4부)를 읽으면 무엇을 읽을 것인가에 대한 방향감각이 생기지 않을까 싶네요. 다섯 가지 굵직한 공부 주제를 제안했거든요. 여기서는 고전을 안내하는 명저 몇 권을 소개하겠습니다. 교양을 갖춰주는 책들입니다. 훌륭한 교양인들이 평생 동안 연마한 안목으로 선정한 도서 목록을 만나는 일은 행운이자 기쁨이죠. 목록을 하나 둘 지워가면서 지적 생활의 즐거움을 만끽하는 일만 남았네요.

모티머 애들러와 허친스 총장이 편집한 『Great Books』부터 소개하고 싶습니다. 모두 60권(2판)인데 제1권은 전집을 소개합니다. 제2권과 제3권은 『Great Books』의 주요 개념을 소개하는 색인(신토피콘)이고요. 제4권부터 서양 고전을 실었습니다. 여러 고전들을 묶어 전집의 한 권으로 만들다 보니 권마다 분량이 상당합니다. 제4권에는 호메로스의 『일리아스』와 『오디세이아』가 함께 실렸으니 짐작되실 테죠. 제5권은 더 두껍습니다. 그리스의 3대 비극 작가(아이스킬로스, 소포클레스, 에우리피데스)와 희극 작가 아리스토파네스의 현존하는 모든 작품을 담았으니까요. 『Great Books』 제5권의 분량을 우리나라에 번역된 단행본으로 가늠하자면 400~500쪽짜리 6권 분량입니다. 제55권부터는 20세기의 고전들이 시작됩니다. 요한 하위징아의 『중세의 가을』, 카프카의 『변신』, 버트런드 러셀의 『철학의 문제들』, 하디의 『어느 수학자의 변명』 등입니다. 저는 교양인이기를 꿈꿉니다. 일생 동안 꾸준히 『Great Books』를 읽어가겠다는 말입니다. 전집이 그대로 우리말로 번역되진 않았지만 목록의 대부분이 저자별 단행본으로 번역되어 있습니다. (목록은 위키피디아에서 '서양의 위대한 저서 Great Books of the Western World' 항목을 참고하세요.)

『평생독서계획』은 '고전을 설명하는 고전'이란 별칭을 가진 책입니다. 1960년 출간되어 판을 거듭하며 사랑받아왔습니다. 4판에서는 하버드대학에서 동양 언어와 역사를 연구한 존 메이저가 공동 저자로 참여하여 동양 고전이 대폭 추가되었죠. 연암서가에서 2010년에 출간한 번역본이 4판을 번역한 책입니다. 『평생독서계획』의 목차는 고전 제목이 아니라 고전을 쓴 작가나 사상가로 구성되어 있습니다. 본문에서는 133명의 인물을 소개했습니다. 호메로스·공자·소포클레스·아리스토텔레스·사마천 ·

루크레티우스·마키아벨리·라블레·찰스 다윈·안톤 체호프·루쉰·조지 오웰·카뮈·치누아 아체베 등입니다. 부록에는 '잠정적 고전'을 쓴 20세기 인물 100명을 실었습니다. 『평생독서계획』은 흥미롭게 읽다가도 몇 번이나 멈추게 되는 책입니다. 아껴 읽기 위함이죠. 추천한 고전을 읽기 위해 잠시 덮어 두기도 했네요. 『뉴욕타임즈』 서평가 마이클 더다의 회상도 인상적입니다. "내가 열두 살의 소년이었을 때 우연히 클리프턴 패디먼의 『평생 독서계획』을 손에 넣게 되었다. 나는 이런저런 경로를 거치면서 패디먼의 '독서 계획'에 들어 있는 책들을 거의 다 섭렵했다. 전혀 현학적인 냄새를 풍기지 않으면서도 패디먼은 『오디세이아』, 『신곡』, 『오만과 편견』 등 고전에 대하여 독자 대 독자의 입장에서 설명한다."

헤르만 헤세가 세계문학의 명저를 소개한다면 관심 있는 분들이 많지 않을까요? 의아하게도 헤세의 『세계문학을 어떻게 읽을 것인가』는 많이 알려지지 않은 느낌입니다.(원제는 '하나의 세계문학 도서관'입니다.) 저는 '반드시 읽어야 하는 책'은 없다고 생각합니다. 모든 책을 읽어야 할 필요도 없죠. 사실 많은 책을 읽지도 못하고요. 헤세도 반가운 말을 전합니다. "우리에게 중요한 것은 많이 읽고 많이 아는 게 아니라, 명작들을 자유롭게 선정하여 일과 후 그것에 몰입함으로써 인간이 생각하고 추구한 것들의 너비와 깊이를 깨닫고 인류의 삶과 심장의 소리에까지 이르는 것입니다." 『세계문학을 어떻게 읽을 것인가』는 문학사에서 중요한 작품이라고 널리 인정되는 객관적인 목록과 헤세가 특히 빠져들었던 주관적인 목록의 조화가 돋보이는 책입니다. 100쪽

남짓의 범우문고판으로 크기도 작고 분량도 적지만 제겐 흥분되는 목록을 안기는 책입니다. 문학을 잔뜩 추천하거든요!

『위대한 사상들』은 최고의 학자가 엄선한 고전을 소개하는 책입니다. 위대한 사상가와 시인을 열 명씩 꼽는가 하면 '교육을 위한 최고의 책'을 100권을 다뤘습니다. '세계사의 결정적인 연도 12'와 같은 색다른 목록도 있죠. 저자는 『철학 이야기』과 『문명 이야기』를 쓴 윌 듀랜트(1885~1981)! 퓰리처상을 수상한 작가이자 걸출한 철학자입니다. 『위대한 사상들』은 그가 쓴 지적인 에세이 여섯 편을 폴 리틀이 엮은 책입니다. 교양을 갖추어 가는 여정에 기운을 주고 방향을 밝히며 열정을 자극합니다. 문장과 비유가 주옥입니다. 열 명의 위대한 시인 목록에 오른 에우리피데스를 소개하는 대목을 보세요. "에우리피데스와 이 두 사람(아이스킬로스, 소포클레스)의 관계는 감정적인 도스토옙스키와 흠잡을 데 없는 투르게네프, 그리고 거인 톨스토이 사이의 관계와 같다. 하지만 우리의 비밀스러운 마음이 드러나고, 우리의 갈망이 이해를 얻는 곳은 바로 도스토옙스키의 작품이다."(p.81) 개인적으로는 단테를 완독해야겠다고 마음먹게 만든 책입니다. 다음의 문장 때문입니다. "어쩌면 그가 시작한 시가 그를 광기와 자살의 위험에서 구해주었는지도 모른다. 아름다움을 창조하거나 진실을 추구하는 일만큼 사람에게서 불순물을 깨끗이 정화해주는 것은 없다. 단테의 경우처럼 이 두 가지가 한 사람 안에서 합쳐진다면 그는 틀림없이 정화될 것이다."(p.94)

듀랜트가 추천하는 열 명의 사상가와 열 명의 시인은 아래와 같습니다.

사상가 10 공자·플라톤·아리스토텔레스·토마스 아퀴나스·
코페르니쿠스·프랜시스 베이컨·아이작 뉴턴·
볼테르·임마누엘 칸트·찰스 다윈

시인 10 호메로스·다윗·에우리피데스·루크레티우스·이백·
단테·윌리엄 셰익스피어·존 키츠·퍼시 비시 셸리·
월트 휘트먼

목록 선정은 독단적인 작업입니다. 경험과 취향으로부터 자유로울 수가 없기에 그렇습니다. 선정 작업이란 편향의 운명을 타고나는 거죠. 독단의 위험을 넘어서려면 자신의 무지를 조금이라도 더 인식하는 수밖에 없을 테고요. 자기 무지를 깨닫는 길은 여러 분야의 책을 읽고 논리적 사고력을 취하는 일이겠지요. 책을 읽을수록 지식이 쌓여가기도 하지만 한편으로는 지금까지 모르고 지냈던 세계를 인식함으로 자신의 무지를 깨닫기도 하니까요. 논리적 사고력을 발휘하여 경험하지 못한 세계(읽지 못한 책의 세계)를 헤아릴 줄 안다면, 목록 선정의 독단을 조금 더 피해갈 테고요.

경험과 취향이 악덕이라는 말은 아닙니다. 오히려 한 손에는 취향(또는 경험)을, 다른 손에는 논리를 취해야 한다고 말하고 싶네요. 좋은 목록을 선정하고 싶다면 말이죠. 아름다운 목록들은 논리와 취향을 동시에 품고 있습니다. 헤르만 헤세의 문학 고전 목록이 그렇습니다. '왜 이런 책을 뽑았지?'라고 반문하기 어려운 논리적인 목록을 나열하고 난 후 헤세는 이렇게 끝내면 자신의 개성이 드러나지 않을 거라고 말합니다. 곧이어 자신의 취향을 한껏 반영한 세계문학을 소개했죠. 윌 듀랜트 역시 사상가를 선정할 때에는 논리를 따랐고 시인을 소개할 때에는 자기 취향을 좇아서 논리와 취향의 균형을 이뤄냈습니다. 목록 선정의 태생적 위험을 벗어나려는 듀랜트의 노력은 책의 곳곳에 깃들어 있죠. 아래 문단을 두고 하는 말입니다. 호메로스·다윗·에우리피데스·루크레티우스·이백·단테·셰익스피어를 소개한 후 여덟 번째 시인을 소개하기 전에 독자들에게 건넨 말입니다.

"잠시 가만히 멈춰 서서 우리가 지금까지 지나쳐버린 위대한 시인들을 헤아려보자. 먼저 레스보스 섬에서 서정적인 사랑을 흩뿌리던 사포가 있고 그 다음에는 에우리피데스보다 훨씬 더 많이 디오니소스상을 탄 아이스킬로스와 소포클레스가 있다.(…)하지만 우리가 이제부터 저질러야 하는 죄에 비하면 이것은 사소한 잘못에 불과하다. 밀턴과 괴테조차 선택받지 못할 것이고 윌리엄 블레이크와 로버트 번스, 바이런과 테니슨, 위고와 베를렌, 하이네와 포도 마찬가지다.(…)최악은 독일의 영혼 괴테를 제쳐두는 것이다. 젊을 때 괴테는 하이네처럼 시를 썼고 나이를 먹은 뒤에는 에우리피데스처럼 시를 썼으며 노년에는 고딕 성당 같은 시를 썼다. 혼란스럽고 한없이 놀란 시였다. 그러니 제정신이 박힌 독일인이라면, 유럽인이라면, 어찌 이런 처사를 참을 수 있을까? 하지만 신경 쓰지 말고 용감하게 죄를 저지르자. 철학자 괴테의 이름 대신 시인 존 키츠의 이름을 부르자."[82]

---

82 윌 듀랜트, 김승욱 옮김, 『위대한 사상들』, 민음사, 2018, pp.101~102.

IV

무엇이 21세기의
교양인가

- 현대인에게 교양이란 무엇인가

"우리는 먼저 미덕이 무엇인지부터 알아
야 합니다. 만약 미덕이 무엇인지 모른
다면, 그것을 획득하는 최선의 방법이
무엇인지 어떻게 조언할 수 있을까요?"
소크라테스

1. 전통의 교양, 인문학과 예술

다시 묻습니다. 교양이란 무엇인가? 이미 논의한 개념과 교양인의 모습을 요약하려는 것은 아닙니다. 21세기의 리버럴 아츠를 고찰하기 위함입니다. 재차 물었던 것은 명료한 정의 파악이 실천의 첫걸음이기 때문입니다. 미덕에 관한 인용문은 플라톤의 초기 대화편 『라케스』에 나오는 말입니다. 소크라테스는 얻고자 하는 대상을 파악해야 그것을 습득習得하는 법을 발견할 거라고 말합니다. '미덕' 대신 '교양'을 대입해도 유효한 말입니다. "우리는 먼저 교양이 무엇인지부터 알아야 합니다. 만약 교양이 무엇인지 모른다면, 그것을 획득하는 최선의 방법이 무엇인지 어떻게 조언할 수 있을까요?"

사전은 교양을 '학문, 지식, 사회생활을 바탕으로 이루어지는 품위 또는 문화에 대한 폭넓은 지식'으로 정의합니다. 한자어인 교양은 가르칠 '교敎'와 기를 '양養'을 쓰고요. 낱말 뜻 그대로 교양은 '가르치고 길러서 만들어지는 것'입니다. 교양에 해당하는 영어 단어는 'culture'입니다. '경작한 땅'이라는 의미의 라틴어 'cultura'에서 유래했습니다. 자연 상태의 땅이 아니라 가꾸어놓은 땅을 말하죠. 교양인이란 태어난 상태의 인간이 아니라 교육받은 사람을 뜻합니다. 영어로도 마찬가지입니다. 교양인은 'cultivated man' 또는 'cultured people'로 번역되는데 'cultivated'는 경작된 땅의 이미지도 떠오르지만 '잘 교육받은 상태'를 뜻합니다. 교양을 정의하는 말들이 모두 선천적인 개념이 아님을 보여줍니다. '후천적인 습득'이야말로 교양을 이해하는 핵심 개념이니까요. '교양 있는 아기'라는 말은 어색하잖아요. 교육, 교양, 성장, 도야, 형성 등의 의미를 지닌 독일어 'Bildung' 역시 교양의 본질을 보여주는 단어입니다. Bildung의 본뜻은 '사물의 형성'이었고 인간이나 사회에 쓰이면서 '교육, 육성, 문화'의 뜻이 되었죠. 나중에는 '자기 형성' 또는 '높은 인간성 지향' 등의 의미로까지 확장되었습니다.[83] 교양은 이렇듯 향상심·높은 이상·잘 교육받음 등의 뜻을 품은 단어입니다.

교양 교육의 지향점은 박식이 아닙니다. 인격의 형성과 지적인 유연함입니다. 다치바나 다카시는 "교양이 완성되었을 때 나타나는 것은 지식이 아니라 인격"이라고 했습니다. 디트리히 슈바니츠는 교양을 "인간의 상호 이해를 즐겁게 해주는 의사소통의 양식이며, 문화영역의 기본 정보에 대한 통달로 유연하게 훈

---

83 사카베 메구미, 이신철 옮김, 『칸트사전』, 도서출판b, 2009, 교양 편.

런된 정신 상태"라고 정의했더군요. 일본의 대표적인 교양인 가토 슈이치도 '유연한 정신 상태'를 강조했죠. 도대체 무엇에 대한 공부가 이러한 교양을 형성할까요? 무엇을 읽고 어떤 노력을 해야 교양인이 되는 걸까요? 교양인의 7가지 특성, 즉 구별할 줄 알며 자기를 이해하고 인생의 다차원적인 기쁨을 향유하고 싶다면 어떡해야 할까요? 21세기에 필요한 리버럴 아츠를 이해하고 교양인처럼 공부하면 됩니다. 교양이 본질이 '후천적인 습득'이라면 이 말은 곧 누구나 교양인이 될 수 있다는 뜻입니다. '전통의 교양, 또 다른 교양, 새로운 교양, 간과했던 교양, 그리고 삶의 질을 위한 교양'이라는 다섯 가지 키워드로 21세기의 리버럴 아츠를 정리할게요. 먼저 전통의 교양부터.

리버럴 아츠 수업에 참여한 분들에게 물었습니다. "교양이라는 단어를 듣고 무엇이 떠오릅니까?" 리버럴 아츠를 함께 공부하던 중이라 여러 가지 답변이 나왔습니다. "오케스트라와 음악회가 먼저 떠오르네요.", "지적인 대화가 가능한 지성인, 대학, 고대와 중세를 배경으로 한 영화의 귀족들", 그리고 "하버드를 비롯한 아이비리그 대학, 시사 토론" 등등. 누군가는 "시사를 많이 알면 교양 있어 보여요."라고도 덧붙였습니다. "셰익스피어, 그리스비극, 시민 생활과 법" 등이 교양이라는 말도 나왔어요. 또한 많은 이들이 "예술을 즐기는 감각, 클래식 애호가"라고 답했습니다. 나는 문득 물었습니다. "재즈는 어때요?" 한 분은 이렇게 대답했습니다. "재즈는 교양이 아니라 매력이 있지요. 교양인도 매력을 풍기지만 그것은 재즈와는 전혀 다른 느낌이에요. 교양인들은 품위가 있고 책을 많이 읽는 느낌이에요. 서재에 앉아 있는 이미지랄까." 반면 교양이 아닌 것에 대한 의견도 있었습니다. "경제, 경영이나 의학 지식은 왠지 교양하고는 거리가 멀어 보여요." 교양을 클래식과 고전 미술에 대한 기본 소양으로 보는 이들도 적지 않습니다. 경희대학교의 어느 학부생은 "음악회에 가서 오케스트라의 연주를 듣거나 미술관에 가서 그림을 보면서 사색하고 박물관에 가서 새로운 지식을 쌓으며 감명 깊게 사는 것"[84]이 교양이라고 말했습니다. 이는 한 젊은이의 생각만은 아닙니다. 저명한 경영컨설턴트의 말을 들어보시죠.

"(내가 젊었을 때) 서구에서는 사교적인 대화를 할 때에는 반드시 '문학'과 '음악'이 화제로 등장했다. 때문에 평소에 문호나 악성의 작품을 즐기고 있으면 대화하는 데 어려움이 없었다.(…)나는 오케스트라에서 연주할 정도로 클래식 애호가였기에 상당히 재미를 보곤 했다. 누구를 만나더라도 참가하고 있는 오케스트라나 연주하는 곡목을 이야기하면 상대가 흥미를 보였기 때문이다.(…)교양은 사회생활, 비즈니스 생활을 하는 데 있어 여권이나 소개장과 같은 역할을 했었다. 그렇기 때문에 클래식이나 고전 문학, 미술에 관한 소양이 매우 중요했다."[85] 경영컨설턴트답게 실용적인 측면을 강조했지만, 교양의 전통적인 개념을 잘 보여 줍니다. 예부터 지금까지 많은 사람들이 인문학과 예술에 대한 소양, 특히 문학과 클래식에 대한 지식과 감성을 교양이라고 생

---

84 cafe.naver.com/physicsnexp/4432
85 오마에 겐이치, 『지식의 쇠퇴』, 말글빛냄, 2009. pp.335~336.

각해왔습니다.

『교양이란 무엇인가』는 도쿄대학교 교양학부의 부설 기관 '교양 교육 개발실'에서 진행한 독서론 강의를 엮은 책입니다. 교양에 관한 책들을 여럿 읽어온 터라 교양론에 대한 새로운 견해를 얻지는 못했지만, 독서 목록을 읽는 즐거움이 있었습니다. 책에는 「벽 저편의 교양서」라는 흥미로운 글이 실렸더군요. 도쿄대학교의 두 교수(다카다 야스나리, 나카지마 다카히로)가 동서양 문명에 관한 폭넓은 식견을 가진 학자 다섯 명에게 자문을 구하여 정리한 추천 도서 목록을 소개하는 글입니다. 아래는 두 명 이상의 학자들에게 추천 받은 책들입니다. 『신곡』, 『일리아스』는 다섯 명 모두에게 추천 받은 책이라는 뜻이죠.

☆☆☆☆☆	『신곡』, 『일리아스』
☆☆☆☆	『성서』, 『돈키호테』, 『오이디푸스 왕』, 『오디세이아』
☆☆☆	『고백』, 『아이네이스』, 『파우스트』, 『햄릿』, 『적과 흑』, 『콜로노스의 오이디푸스』, 『까라마조프네 형제들』, 『잃어버린 시간을 찾아서』, 『악의 꽃』, 『수상록』
☆☆	『코란』, 『아이스킬로스 비극』, 『신국론』, 『니코마코스 윤리학』, 『T. S. 엘리엇 시』, 『변신 이야기』, 『친화력』, 『태풍』, 『율리시즈』, 『안티고네』, 『종의 기원』, 『펠로폰네소스 전쟁사』, 『성찰』, 『허클베리 핀의 모험』, 『향연』, 『국가』, 『정신현상학』, 『리바이어던』, 『백경』, 『레미제라블』

『신곡』, 『일리아스』를 교양인들이 첫째가는 필독서라 간주해도 무리 없겠네요. 문학, 역사, 철학을 막론하고 그리스 고전들이 고루 이름을 올렸습니다. 특히 문학을 중심으로 한 인문 고전들

이 중심을 이룹니다. 자연과학서는 없습니다. 인문학을 중심으로 한 접근이 오랜 역사를 지녔다는 점에서 인문학과 예술에 대한 소양을 '전통의 교양'이라 부릅시다. 전통이란 "어떤 집단이나 공동체에서, 지난 시대에 이미 이루어져 계통을 이루며 전하여 내려오는 사상·관습·행동 따위의 양식"을 뜻합니다. 당연히 계승해야 할 전통이 있는가 하면, 버리거나 버리어야 할 전통도 있을 테죠. 시대 변화에 발맞추어 새로운 가치를 덧붙여야 할 전통도 있겠죠. 21세기의 교양인이 되려면 전통의 교양 그 이상이 필요합니다.

2. 또 다른 교양, 자연과학

무엇을 보든 누구를 만나든 눈앞의 대상을 제대로 보지 못하는 사람들이 있습니다. 시선이 자신에게만 향해 있는 겁니다. 그들은 대화를 곧잘 자기 문제로 귀결시키거나 대화에 참여하지 못하고 자기 생각에 빠져듭니다. 누군가에게 미안한 일을 하고서도 불편을 입힌 상대의 마음을 헤아리기보다 '내가 왜 그랬을까.'하고 자책합니다. 자칫 겸손이나 착한 마음처럼 느껴지기도 하지만 타자가 배제된 자기중심적 사고방식입니다. 상대에게 더 큰 상처를 주었으면서도 자신만이 상처를 받았다고 생각하기도 하죠. 자기선전을 위해 친절과 호의를 베푸는 사람도 많더군요. 호의를 베풂으로 따뜻한 세상 만들기에 일조했겠지만, 필요 이상의 호의가 상대에게 혼란을 안겼거나 친절 이후의 무관심에 상대가 상실감을 느낀다면 아쉬운 처사죠. 자신을 향한 관심이 과도하게 지나친 경우니까요. 세상 모든 대상을 거울 보듯이 자기화하는 사람들입니다. 대상을 통찰하지 못하고 매일 자신만을 들여다보며 자기기만이나 자기 착각에 빠집니다. 자기를 돌보느라 대상을 포착하지 못합니다. 그들이 쓴 글도 마찬가지입니다. 어떤 대상이 등장하기보다는 주로 자신이 등장합니다. 대상이 등장하더라도 자신의 어떤 모습을 보여주기 위함입니다. 대상이 주체로서 등장하지 못하죠. 그들이 쓴 글을 대상을 설명하지 못함은 당연합니다. 자기 느낌과 반응, 그리고 주관적인 의미가 주를 이루니까요. 발터 벤야민은(자기 주관으로 왜곡하지 않고) 대상을 잘 보여주는 글이 좋은 글이라 했습니다. 쉽지 않은 일이지만, 의식하고 노력할 순 있겠지요. 자기중심적인 시각에서 벗어나는 지름길 하나를 소개합니다.

"거울이기보다는 창문이고 싶다." 릴케의 말입니다. 무슨 뜻일까요? 제겐 자기 함몰에 빠지지 않고 세상을 제대로 통찰하기를 바라는 마음의 표현으로 보입니다. 거울이 자기를 보여준다면, 창문은 세상을 보여줍니다. 자기 인식에 갇히지 않고, 선입견으로 왜곡하지 않고, 세상을 있는 그대로 보려면 거울이 아닌 창문이 필요합니다. 지성의 세계에서 창문의 역할을 해내는 학문이 자연과학입니다. 물론 타자의 문제에 천착한 철학자도 있고, 역사는 창문의 관점에서 세상을 바라보지만, 과학은 본질적으로 창문의 학문입니다. 여기서 말하는 자연과학이란 물리학, 생물학 등의 '외적 과학'입니다. 자연과학 중에서도 의식, 감정, 인지를 다루는 '내적 과학'은 거울이 되기도 하죠. 인문학, 사회과학과 대비되는 거시적 분류에서의 자연과학은 창문에 비유해도 무방하리라 생각합니다.

인문학은 관점의 학문입니다. 인간 본성이란 무엇입니까?라는 질문에 대한 인문학자들의 견해는 저마다 다르겠죠. 똑같은 정답을 찾을 수가 없습니다. 답변한 이들의 관점을 하나씩 이해한 후 서로 비교하면서 결국 나의 관점을 찾아가는 여정이 인문학 공부입니다. 김상봉의 관점, 진태원의 관점 등 인문학에는 누구의 관점인가 하는 '주어'가 중요합니다. 반면 자연과학에는 주어가 필요 없습니다. E=mc2는 지구상 어디에서 누가 말해도 항상 똑같은 이론입니다. 대상을 객관적으로 관찰하고 증명하는 학문이기에 그렇습니다. 하나의 가설을 객관적인 '이론'으로 확립하기 위해서는 엄밀한 과학적 절차를 거쳐야 합니다. 그 절차에 오류가 있다면 참과 거짓을 가려낼 수도 있는 학문이 자연과학입니다. 과학은 눈에 보이는 세상을 이해하게 만듭니다. 심지어 눈에 보이지 않는 것들도 인식하고 이해하도록 이끕니다.(떨어지는 사과에 존재하는 중력의 힘을 생각해보세요.) 말하자면 자연과학은 세상을 있는 그대로 관찰하도록 이끄는 창문입니다. 에른스트 페터 피셔라는 과학 저술가는 이렇게 말했습니다. "과학의 임무는 사물을 통찰하는 것이다. 즉 우리가 사물을 꿰뚫어 볼 수 있도록 돕는 것이 과학이다."

우리에게는 창문이 필요할까요, 거울이 필요할까요? 두 가지 모두 필요합니다. 릴케의 뛰어난 자의식을 감안하면 그가 좋은 거울의 소유자임을 상상할 수 있습니다. 위대한 시인은 자기표현에만 능한 게 아니라 대상도 포착합니다. 창문을 열어놓고 싶었을 겁니다. 자연과학이 과학적 절차를 통해 대상에 이른다면 문학은 적확한 언어를 통해 대상을 표현합니다. 위대한 문학은 적확한 언어를 찾기까지 끊임없이 고뇌하죠. 릴케는 뛰어난 지성을 갖추기 위해서는 자기를 들여다볼 줄도, 세상을 관찰할 줄도 알아야 함을 꿰뚫었을 거라 생각합니다. 저는 "거울이기보다는 창문이고 싶다."는 릴케의 말을 거울의 '포기'가 아니라 창문과 거울의 '겸비'로 해석합니다. 릴케의 제 해석에 무리가 있더라도 교양인은 두 가지 이상을 아울러 갖추기를 추구하는 사람이라는 점은 분명합니다.

인문학뿐만 아니라 자연과학도 교양입니다. 자연과학의 지식을 속속들이 알아야 한다는 말은 아닙니다. 그 누구도 모든 학문의 지식을 갖출 수는 없죠. 교양인은 세상 모든 지식의 소유자가 아닙니다. 알아야 할 지식과 불필요한 지식을 구분하는 사람이 교양인입니다. 자신이 지금까지 쌓아온 인식과 경험으로만 판단해서는 곤란하겠죠. 내가 알지 못하는 것들에 대하여 열린 마음을 갖고 훌륭한 교양인들의 견해에 귀를 기울이면서 구별해야겠지요. 피셔는 자신의 저서 『과학한다는 것』에서 이렇게 썼습니다. "중요한 문제들에 대해 확정적인 답변이 없는 한 우리는 그 문제와 씨름하기 위해 우리 자신을 고양시켜야 한다. 특히 과학적 인식을 고양시켜야 한다. 우리가 과학을 고양시키며, 과학이 우리를 고양시킨다. 우리는 사현을 고양시키며, 동시에 자연은 우리를 고양시킨다."

피셔는 과학을 중시하는 한 철학자의 견해도 소개합니다. "미국의 철학자 존 설은 우리 시대의 교양인이라면 진화론이나 원자물리학의 이론 정도는 친숙하게 이해하고 있어야 한다고 주장한다." 존 설의 주장도 모든 과학 이론에 대한 지식을 갖추라는 말이 아닐 겁니다. 과학사에 혁명을 일으킨 이론 정도는 파악해두라는 의미겠지요. 과학 교양을 갖추기를 바란다면 한 세기를 풍미한 이론만 살펴보자고 생각해도 좋고 위대한 과학자 열명을 들여다보자고 계획해도 좋겠습니다. 자연과학에 대한 교양이라 함은 주요한 과학 이론에 대한 지식뿐만 아니라 과학의 본질에 대한 이해도 포함됩니다. 과학이란 무엇인가를 고찰하면서 예술이나 인문학과는 어떻게 다른지 살펴보는 거죠. 과학의 공과를 묻는 일도 중요하겠습니다. 과학이 인류에게 선사한 유익은 무엇이고 과학에만 치우쳤을 때 발생하는 해악을 고찰하면서 교양이 깊어질 테니까요.

이번 장에서 두어 구절 인용한 『과학한다는 것』은 21세기를 살아가는 현대인에게 인문 소양이나 예술뿐만 아니라 과학도 교양임을 역설하는 책입니다. 원제는 『또 다른 교양(Die Andere Bildung)』입니다. 원제가 참 좋습니다. 또 다른 교양, 과학! 우리나라에 처음 번역됐을 때에는 원제를 그대로 따라 『또 다른 교양』으로 출간됐는데 개정판이 나오면서 『과학한다는 것』이라는 제목으로 바뀌었습니다. 근대 이후로 과학은 세상을 바꾸는 가장 중요한 동력이 되어왔습니다. 고대인과 중세인이라면 몰라도 현대인들에게는 과학이 교양일 수밖에 없는 이유입니다. 철학자 윌 듀랜트의 말에 크게 감동한 적이 있는데, 인문학뿐만 아니라 과학의 저력마저 간파한 발언이라 생각합니다. "우리 세기(20세기)에 가장 많은 영향을 끼친 인물을 꼽는다면 카를 마르크스일까요?" 한 기자의 물음에 듀랜트는 잠시 가만히 있다가 대답했습니다. 일급의 교양인다운 답변입니다.

"글쎄요, 가장 넓은 의미에서 본다면 가장 커다란 공은 기술적인 발명가들, 그러니까 에디슨 같은 사람들에게 돌려야 할 겁니다. 전기의 발전이 마르크스주의자들의 그 어떤 선전보다 세상을 훨씬 많이 바꿔놓은 것은 의심의 여지가 없으니까요. 사상 측면에서 본다면, 다윈의 영향력이 마르크스의 영향력보다 크다고 보지만 두 사람은 서로 분야가 다르죠. 우리의 시대의 기초를 이루는 현상은 공산주의가 아닙니다. 신앙의 쇠퇴죠. 이것이 도덕뿐만 아니라 정치에도 온갖 영향을 미칩니다. 정치적 도구로 쓰이던 종교가 오늘날 유럽에서는 더 이상 그런 역할을 하지 못해요. 정치적 결정 과정에 거의 영향을 미치지 못합니다. 500년 전에는 영향력 면에서 교황이 지상의 그 어떤 세속 지도자보다 월등했는데 말이죠."[86]

3. 새로운 교양, 세계시민 의식과 IT

"교양이라는 단어를 듣고 무엇이 떠오릅니까?" 앞서 수업에 참석한 청중들의 답변을 소개했는데, 경영컨설턴드 오마에 겐이치의 견해도 들어보시죠. "당신

---

[86] 윌 듀랜트, 김승옥 옮김, 『위대한 사상들』, 민음사, 2018, p.8.

은 칸트나 헤겔, 데카르트 같은 철학자나 도스토옙스키, 톨스토이 같은 고전문학을 중심으로 한 문호를 바로 떠올릴 것이다. 또는 베토벤이나 모차르트 같은 악성이나 르네상스나 인상파의 회화 등을 떠올릴 수도 있다. 아니면 마르크스나 케인스 같은 경제학의 대가나 뉴턴, 아인슈타인 같은 과학자의 이름을 떠올릴 수도 있다. 그 외에도 시마자키 도손이나 나쓰메 소세키 같은 일본의 문호 또는 정치학자 마루야마 마사오나 이와나미 신서 등도 교양이라는 단어를 듣고 떠올리는 이름일 것이다."[87] 여기까지는 우리가 전통의 교양이라고 정의한 것과 같지만 오마에 씨의 말을 더 들어볼 이유가 충분합니다. 문학과 음악 그리고 과학도 아닌 '새로운 교양'이 등장했다고 주장하기 때문입니다.

"최근에는 세계의 경영자라는 사람들도 전통적인 교양을 잘 모른다. 우리가 고전이라고 불렀던 것을 무슨 이유 때문인지 거의 화제로 삼지 않는다. 나도 자연히 과거와 다른 식으로 접근하게 되었다. 이것은 문학, 음악 모두에 해당된다. 그들은 특히 클래식 음악을 듣지 않는다. 그러므로 최근 나는 음악에 대한 화제를 일절 꺼내지 않게 되었다."[88] 그렇다면 오마에 씨에게 현대의 교양은 무엇일까요? "경영자들은 무엇을 공통의 화제로 삼고 있을까? '당신은 최근의 환경문제와 그 대책에 대해 어떻게 생각하는가?' '당신은 최근에 아프리카의 에이즈 환자를 위해 무슨

---

87 오마에 겐이치, 양영철 옮김, 『지식의 쇠퇴』, 말글빛냄, p.334.
88 같은 책, p.336.

일을 했는가?' 그들은 마치 서로 합의라도 본 듯이 이런 화제를 꺼낸다. 교양의 중요한 기능 중 하나는 '지적 기반의 공유'다. 지금 공유해야 하는 것은 과거에 고전으로 통용되던 것이 아니라 궁극적으로 '지구 시민으로서 구체적으로 어떻게 생각하고 어떤 행동을 하고 있는가.' 하는 의식이다."[89] 오마에 씨의 요지는 명료합니다. 기업의 사회적 책임과 환경문제 그리고 글로벌 경제의 부정적인 측면을 의식하고 있어야 한다는 주장입니다. 전통적인 교양도 중요하지만 글로벌화된 세계에서는 지구 시민으로서의 의식이 21세기 교양이라는 겁니다. 과거 귀족들에게 요구되던 노블레스 오블리주를 현대의 경영자에게 해당될 질문으로 바꾸면 "당신은 세계를 비즈니스 도구로 활용하면서 지구에게 무엇을 돌려주고 있는가." 정도가 되지 않을까요?

오마에 씨는 하나를 덧붙입니다. "21세기 교양을 하나 더 들자면, 지금은 철학과 그리스신화에 관한 지식 대신 화제의 중심에 있는 것은 인터넷 사회의 최첨단 동향이다." 교양인들은 '구글은 앞으로 어떻게 될 것인가? 은행의 역할까지 수행할 거라고 보는가?', 'Facebook이 대선을 지배한 것을 어떻게 생각하는가?'와 같은 질문을 주고받는다는 겁니다. 인문적인 문화를 중요시하는 이들에게는 오마에 씨가 지나치게 비즈니스적인 측면에서 접근한다고 생각할 수 있지만, 뒤집어 생각해 보면 IT 세계의 사람들은 그리스비극과 단테를 먼 나라 이야기라고 여길 겁니다. 오마에 씨의 말을 편견으로만 치부한다면 두 문화의 괴리에

---

89 같은 책, p.337.

동참하는 행위인지도 모르죠.

기업의 사회적 책임과 환경문제 그리고 IT 세상에 대한 이해를 현대의 교양이라 간주하는 오마에 씨의 관점에 동의합니다. 그의 표현으로는 "21세기의 교양은 사이버 사회까지 포함된 최신 정보를 배제하지 않고 사고하는 힘이며, 지구 시민으로서 어떻게 사회에 참여하는가 하는 의식"[90]입니다. 시대 변화를 기민하게 통찰한 견해라 생각합니다. 저는 'IT 지능'과 '세계시민 의식'이라 명명하고 싶네요. IT 지능이 교양이라고 해서 언제나 최신 IT 동향을 쫓아야 한다는 의미는 아닙니다. IT가 세상을 어떻게 바꾸어가고 있는지 주시하면서 'SNS 세대와는 어떻게 소통해야 하는가.', '가짜 뉴스[91]의 시대에서 어떻게 진실을 구별할까.' 등의 질문을 사유하는 것이 교양이니까요.

세계시민 의식이란 국적, 인종, 종교에서 오는 소속감 대신 지구 공동체의 일원이라는 정체성으로 사는 이념입니다. 나라와 인종 또는 종교나 정치적 신념이 다르다는 이유로 사람들을 배격하지 않는 가치관입니다. 물론 자신의 정체성을 잃어버리지 않아야 할 테고요. 한 시인은 "지식인이란 지구의 문제를 마치 자기 자신의 일처럼 고민하는 사람"이라 말했는데 세계시민 의식을 적확하게 짚은 표현이라 생각합니다. 세계시민 의식이 필요한 이유는 분명합니다. 환경문제는 말할 것도 없고 경제적인

---

90 같은 책, p.358.

91 가짜 뉴스의 정의는 다양합니다. 신문 기사의 오보에서 인터넷 루머까지 범위도 넓습니다. 2017년 한국언론학회와 한국언론진흥재단 주최로 열린 '가짜 뉴스 개념과 대응 방안' 세미나에서는 가짜 뉴스를 이렇게 정의했습니다. '정치·경제적 이익을 위해 의도적으로 언론 보도의 형식을 하고 유포된 거짓 정보'

문제와 정치적인 문제도 한 국가의 차원에서 해결될 수 없는 시대가 되었으니까요. 한 국가 내의 사안도 전 지구적 시각 안에서 고찰해야 할 때가 많습니다. 나오미 클라인은 『이것이 모든 것을 바꾼다』에서 기후 재앙을 불러오는 주범은 탄소가 아니라 자본주의라고 주장합니다. 기후 변화의 현실을 보지 못하게 만드는 거짓 문화를 퍼뜨리는 집단, 그런 이기적 집단을 후원함으로써 지구 공동체로의 이행을 막는 자본가들이 문제라는 겁니다. 자본주의가 변화하지 않으면 기후 문제를 해결할 수 없다는 주장이 타당한가에 관한 인식들도 교양에 속하겠지요. 인간다운 삶을 떠받드는 절실하면서도 중요한 지식이니까요.

4. 간과했던 핵심 교양, 지리학

런던 남부의 작은 마을에 사는 소녀 틸리 스미스는 부모님과 함께 태국의 푸껫으로 휴가를 떠났습니다. 마이카오 해변에서 놀던 스미스는 이상한 광경을 목격했습니다. 해변의 물이 갑자기 뒤로 빠져나갔던 겁니다. 스미스는 부모에게 곧 거대한 지진해일(쓰나미)이 해안을 덮칠 거라고 말했고 소녀의 부모는 이리저리 뛰어다니며 해변에 있던 사람들에게 위험을 경고했습니다. 그녀의 경고를 따랐던 약 백 명의 사람들은 모두 목숨을 구했습니다. 뒤에 남은 일부의 사람들은 살아남지 못했고요. 마이카오 해변의 피해는 적었지만 다른 해안과 섬에서는 5천 명 넘게 사망한 끔찍한 자연재해였습니다. 2004년 12월 26일에 있었던 실화입니다. 이 소식은 전 세계 신문의 헤드라인을 장식했고 프랑스의 한 어린이 잡지는 틸리 스미스를 '올해의 어린이'로 선정했습니다. 스미스는 어떻게 지진해일을 예측했을까요? 특별한 비결이 있었던 것은 아닙니다. 2주 전 자신이 다니던 초등학교 지리 수업에서 지진해일에 대해 배웠을 뿐입니다.

백여 명의 목숨을 구한 것은 지리학에 대한 교양이었습니다. 지리학은 자연현상이나 인간세계의 현상이 그 장소와 어떤 관계가 있는지를 탐구하는 학문입니다. 지진해일처럼 극적인 사례에서만 지리학이 유용한 것은 아닙니다. 일상 곳곳에서 지리학의 가치를 발견할 수 있습니다. 소설 『그리스인 조르바』의 화자는 "인간의 영혼은 기후, 침묵, 고독, 함께 있는 친구에 따라 눈부시게 달라진다."고 썼습니다. 영혼에 영향을 주는 요소로 한 가지를 더해야 합니다. '장소' 역시 우리의 영혼에 깊은 영향을 미치니까요. 유럽 여행 중에 만난 길동무와 삶과 죽음 등 심오한 주제로 대화를 나눴던 적이 있습니다. 얘길 나눈 장소가 프라하대성당이었는데 단지 우연의 일치만은 아니라고 생각합니다. 스탠퍼드대학교의 심리학자 멜라니 러드의 연구 결과에 따르면, "사람들은 웅장한 광경을 마주하면 자기에 대한 인식과 남을 대하는 태도, 나아가 시간의 경과에 대한 지각에 엄청난 영향을 받습니다."[92]

장소와 환경이 사람의 마음에 어떤 영향을 미치는지에 대한

---

[92]   콜린 엘러드, 『공간이 사람을 움직인다』, 더퀘스트, 2016, p23, 239.

연구는 심리학에서도 이뤄졌습니다. 1970년대 유행한 환경심리학이 대표적입니다. 21세기 들어 탄생한 신경건축학회는 심리학과 신경 과학이 만난 학제 간 연구로 공간과 마음의 상관관계를 탐구합니다. 신경 과학자이자 디자인 컨설턴트인 콜린 엘러드는 이렇게 말합니다. "장소가 감정에 영향을 주고 감정이 결정에 영향을 미치는 연결 고리가 새로운 것은 아니다.(…)장소가 우리의 행동과 존재를 변화시키는 정도를 그 동안 과소평가해왔다는 사실이 드러났다."[93] 서울과 양평을 오가며 사는 저로서는 격하게 공감할 수밖에 없는 주장입니다. 서울에서는 활동적이거나 경영적 사고를 하게 되지만 양평에 가면 감정이 차분해지고 철학적인 사람이 되곤 하니까요. 과학적인 연구 결과를 통해 확증했을 뿐이지 장소가 미치는 영향은 그 동안의 경험이나 직관으로도 동의하리라 생각합니다.

지리학은 자연지리학과 인문지리학으로 나뉩니다. 지질해일에 대한 연구는 자연과학이고, 장소가 인간 생활에 미치는 연구는 인문학입니다. 세계적인 지리학자 하름 데 블레이가 정리한 지리학의 세 가지 전통을 보시면 지리학이 융합적인 학문임을 알 수 있습니다. 첫째, 지리학은 인간세계와 자연 세계를 함께 다룹니다. 지리학은 단순한 '사회'과학이 아닙니다. 지리학자의 연구 주제는 다양하죠. 빙하 작용, 해안선, 날씨와 기후 심지어 동식물에 대해서도 연구합니다. 또한 도시계획에서부터 국가나 지역 간의 경계 구획, 와인 재배, 교회 내배 침석 등 광범위한

---

93 같은 책, p.28.

인간 활동에 대해서도 연구합니다. 아마존의 삼림 파괴, 서아프리카의 사막화, 아시아의 경제 통합, 인도네시아의 이주 현상, 미식축구 선수들의 공급과 진로까지 그야말로 자연과 인간 사회를 아우릅니다.[94] 지리학은 인간 사회와 자연환경의 복잡다단한 관계를 평가하기에 아주 적합한 학문입니다. 나라와 도시, 산맥과 강 이름을 외우는 것이 지리학의 전부였던 시절은 20세기 초반의 얘기입니다. 지금은 복잡한 세계를 이해하기 위해 융합적으로 연구하는 학문으로 발전했습니다. 둘째, 낯선 문화권이나 멀리 떨어진 지역에 가서 연구하고 그곳에 사는 이들을 이해하려고 노력합니다. 지리학자는 해외의 특정 지역에 대해 상당한 전문성을 갖추고 대부분 한 가지 이상의 외국어를 구사합니다. 셋째, 지리학은 입지(location)를 연구합니다. 이는 자연지리학보다는 인문지리학의 관습입니다. 입지에 따라 장래성이 어떻게 달라지는가? 왜 어떤 도시는 성장하고 번성하는데 인접한 다른 거주지는 쇠퇴하고 시들해지는가?[95]

철학적 문맹은 사유하는 능력을 갖추지 못해 인생의 중대한 문제에서 방황하고 경제적 문맹은 일상에서의 크고 작은 금융 문제에서 손해를 보며 삽니다. 마찬가지로 지리적 문맹도 개인의 삶뿐만 아니라 국익에까지 영향을 미칩니다. 블레이 교수는 '지리학이 왜 중요한가.'라는 질문에 지리 문맹이 국가 안보에 크나큰 위협이 되고 정책 결정에 큰 해를 끼친다고 답합니다.

---

94 하름 데 블레이, 유나영 옮김, 『왜 지금 지리학인가』, 사회평론, p.25.
95 같은 책, pp.19~21.

미국의 닉슨 대통령이 인도양에 위치한 섬나라 모리셔스의 총리를 워싱턴에 초대했을 때의 일입니다. 모리셔스는 강수량이 많고 농업이 번성한 나라인데 사무관 한 명이 모리셔스를 모리타니로 착각하고 말았습니다. 모리타니는 아프리카의 건조한 사막 국가로 1967년 미국과의 외교 관계가 단절된 나라였죠. 오해는 터무니없는 대화를 낳았습니다. 닉슨은 외교 관계를 회복하자며 건지乾地 농법을 제안했고 강수량이 과다한 나라의 총리는 당황했죠. 화제를 돌린 총리는 자기네 섬에 있는 우주 추적 기지의 운영에 만족하냐고 물었습니다. 이번엔 닉슨이 당황할 차례였습니다. 대통령은 메모지에 휘갈겨 옆에 있던 헨리 키신저에게 건넸습니다. "외교 관계도 없는 나라에 왜 우리의 우주 추적 기지가 있는 거요?"[96] 지리 문맹이 빚어낸 수많은 외교 참사의 하나입니다. 블레이 교수는 대학의 이름을 밝히지 않은 한 설문 조사도 언급합니다. 자기 나라의 남쪽에 이웃한 국가를 멕시코라고 답변한 미국 대학생이 42퍼센트에 불과했다는 결과입니다. 저는 우리나라 성인들의 지리 교양 수준이 궁금했습니다. 리버럴 아츠 수업 시간에 국가 이름이 적혀 있지 않은 세계 백지도와 도시 이름이 적히지 않은 대한민국 백지도를 나눠주었습니다. 우리나라 백지도를 채우는 모습을 보며 적잖이 놀랐습니다. 1/3을 웃도는 분들이 서울의 위치를 찾지 못했던 겁니다. 광주광역시, 울산광역시의 위치는 말할 것도 없었죠. 지리에 미숙하다고 해서 당장 심각한 문제가 발생하진 않겠지만 전 국민적인 지리 눈

---

96 같은 책, p.35.

맹의 손실은 차를 몰다가 엉뚱한 길로 들어섰을 때 겪는 시간 낭비보다는 크지 않을까요?

소설가 제임스 미치너가 지리학의 중대성을 역설하는 말이 인상 깊습니다. "나는 지리가 모든 것의 근간이라고 확신한다. 새로운 지역을 배경으로 작품을 시작할 때마다 나는 항상 내가 찾을 수 있는 가장 훌륭한 지리 서적을 읽는 것부터 시작한다. 이것이 다른 모든 것, 심지어 역사보다도 선행한다. 인간의 발전을 지배해왔고 어떤 의미에서는 제한해온 근본 요소에 입각해야 하기 때문이다. 만약 내가 사회에 꼭 필요한 존재가 되고자 한다면 나는 세계의 주요 지역 중 어느 한 곳에 통달하기 위해 8~10년을 바칠 것이다. 그 지역의 언어·종교·관습·가치관·역사·민족주의 그리고 무엇보다도 지리를 익힐 것이다."

지리학의 연구 범주는 역사학이 아우르는 범위만큼이나 통합적입니다. 역사학 안에는 들어가지 못할 탐구 주제는 거의 없습니다. 인간 역사에서부터 지구의 역사까지 그야말로 모든 것들의 역사를 탐구할 수 있으니까요. '미의 역사'처럼 추상명사까지 역사적 관점에서 조명이 가능합니다. 역사학이 시간을 다루는 학문이기 때문입니다. 모든 것은 시간이 지나면 변하기 마련이고 역사는 그러한 것들의 변화를 탐구합니다. 반면 "지리학자들은 세상을 공간적으로 바라봅니다." 역사가 시간에 따른 인과관계를 탐구한다면 지리학은 공간과 그 공간에 있는 것들과의 연관성을 탐구합니다. 공간 없이 존재하는 사람, 동식물, 사물은 없습니다. 대지와 기후도 공간에 의해 달라집니다. 지리학에서의 공간적 관점은 역사에서의 통시적 관점만큼이나 광범위합니다.

지리학은 복잡한 세계를 이해하는 중요한 길잡이입니다. 지리학의 중요성에 대한 인식이 낮다는 게 의아할 정도로 지리학은 빼놓을 수 없는 중요한 교양입니다. 21세기에는 지리학의 위상이 달라지지 않을까 예상합니다. 21세기 초, 세계적 지성의 저작들이 지리학적 관점이나 지리학의 연구 결과를 십분 반영하고 있기에 하는 말입니다. 재러드 다이아몬드와 데이비드 하비의 저술이 대표적입니다.

『총, 균, 쇠』의 저자로 널리 알려진 재러드 다이아몬드는 캠브리지대학에서 생리학으로 박사 학위를 받았습니다. 생리학자로서 문화인류학까지 공부한 그는 『총, 균, 쇠』를 썼고 세계적인 반응을 일으켰습니다. 『뉴욕타임스』의 한 기자는 "최근의 지리학에서 나온 가장 훌륭한 책"이라 소개했죠. 『총, 균, 쇠』의 프롤로그는 다음과 같은 문장으로 시작됩니다. "민족마다 역사가 다르게 진행된 것은 각 민족의 생물학적 차이 때문이 아니라 환경의 차이 때문이다. 지리는 분명히 역사에 영향을 미친다. 문제는 그 영향력이 얼마나 큰지, 그리고 과연 역사의 광범위한 경향도 지리적 환경으로 설명할 수 있는지를 밝혀내는 일이다." 이 책은 대중과 학계의 찬사를 받았지만 저명한 지리학자들은 이 책의 개념적 약점 몇 가지를 지적했더군요. 다이아몬드는 이러한 지적을 받아들였을 뿐만 아니라 인상적인 방식으로 반응했습니다. 지적과 조언을 후속작 『문명의 붕괴』에 반영했습니다. 번성했던 문명이 붕괴할 때 작용한 '지리학적 변수'를 더욱 철저히 탐구했던 겁니다. 재러드 다이아몬드는 '자연환경이 인간 사회의 운명에 얼마나 어떻게 관여하느냐.'의 문제를 훌륭하게 풀어낸 학자로 자리매김했습니다.[97] 생리학 박사였던 그의 공부는 조류학, 언어학, 진화생물학으로 이어졌고 UCLA에서는 세계 지역과 과거 사회에 대한 수업을 진행했습니다. 융합적으로 공부하던 그는 현재 UCLA 지리학과 교수입니다. 여전히 학제 간 연구를 진행하지만 그가 적을 둔 학문은 지리학입니다.

데이비드 하비라는 세계적인 학자가 있습니다. 마르크스주의 지리학자로서 신자유주의와 자본주의 등 현대를 관통하는 화두에 천착하여 명저를 남긴 인물입니다. 『포스트모더니티의 조건』, 『신자유주의』, 『자본의 17가지 모순』 등이 유명한데 그의 주 전공이 지리학입니다. 옥스퍼드대학교와 존스홉킨스대학교에서 지리학과 교수로 연구 활동을 이어왔습니다. 하비의 책을 한 권만 읽는다면 그의 주요한 논문 열한 편을 엮은 『세계를 보는 눈』이 제격입니다. 첫 문장은 이렇게 시작됩니다. "우리는 왜, 어떻게 지리학 사상의 혁명을 일으키려 하는가?" 하비는 재러드 다이아몬드 식의 환경결정론은 위험하다고 주장합니다. 자연과 문화를 이분법적으로 구분해서는 안 되며 '지리'를 끊임없이 변화하는 상대적 개념으로 이해하라고 말합니다. 『총, 균, 쇠』와 『세계를 보는 눈』을 비교하여 읽는다면 절정에 오른 지리학적 탐구를 맛보는 셈이 되겠죠. 데이비드 하비의 사상을 지리학으로만 이해할 수는 없지만 청년 시절의 하비는 지리학의 연구 방법론을 혁신한 학자입니다.

사실 지리학적 탐구가 새로운 것은 아닙니다. 데이비드 하비

---

97 하름 데 블레이, 유나영 옮김, 『왜 지금 지리학인가』, 사회평론, p.23.

와 재러드 다이아몬드의 탐구가 있기 훨씬 이전, 헤로도토스의 『역사』에서부터 지리학의 전통이 시작되니까요. 2,500년 전에 쓰인 이 책은 페르시아전쟁을 다룬 고대 그리스의 역사책입니다. 지금의 터키 보드룸 출신의 이 열정적인 탐구자는 그리스 연합군이 어떻게 페르시아 대군과의 전쟁에서 승리할 수 있었는지 조사합니다. 제가 이 책에 깊이 감동한 이유는 저자의 열정적인 조사력과 융합적인 탐구 태도 때문입니다. 페르시아 대군을 격파한 원인을 다각도로 조사했는데 군사력만 비교한 게 아니라 민족성, 문화 관습, 토양, 강과 지리까지 탐구했던 겁니다. 『역사』에는 관습에 대한 서술이 자주 등장합니다. "내가 알기로, 신상을 만들고 신전을 세우고 제단을 설치하는 것은 페르시아인들의 관습이 아니다. 그들은 이런 짓을 하는 자들을 어리석게 여겼는데 아마도 그들은 그리스인처럼 신들이 사람의 형상이라고 믿지 않기 때문인 것 같다."[98] 땅의 성질과 강의 특징을 서술한 대목도 여러 곳입니다. "아이깁토스 자체의 해안선 길이는 약 11킬로미터다.(…)해안에서 내륙에 있는 헬리우폴리스에 이르기까지 아이깁토스는 넓으며, 평야와 물과 늪지로 이뤄져 있다."[99] 헤로도토스는 지리학이 학문으로 자리 잡기 훨씬 이전부터 지리적 환경을 관찰했습니다. 헤로도토스의 광범위한 탐구 정신은 교양인의 푯대입니다.

　　동양에서도 지리학의 중요성을 일찌감치 간파했습니다. "우

98　헤로도토스, 천병희 역, 『역사』, 숲, 2014, 1권 131(p.109).
99　헤로도토스, 천병희 역, 『역사』, 숲, 2014, 2권 6~7(p.164).

러러 천문을 관찰하고 아래로 지리를 살핀다(仰以觀天文 俯以察地理)."『주역』에 나오는 말입니다. 천문과 지리가 세상의 원리를 탐구하는 기초 지식임을 알리는 문장입니다. 성리학을 받든 조선이 건국 초기부터 천문과 지리 연구에 심혈을 기울인 것도 당연한 일입니다. 동양에서 발견된 가장 오래된 세계지도인 〈혼일강리역대국도지도〉(1402)가 지리에 대한 관심의 결과물입니다. 정약용 선생은 다음과 같은 말로 지리학의 중요성을 강조했습니다. "천하에서 다 연구할 수 없는 것이 지리지만, 천하에서 구명하지 않을 수 없는 것도 지리입니다."(구명은 '사물의 본질, 원인 따위를 깊이 연구하여 밝히다'는 뜻입니다.) 지리의 중요성에 눈을 뜬 이중환은 발품을 팔아 지리학의 명저 『택리지』를 남겼습니다. 국가가 아닌 개인이 해낸 놀라운 지적 성취입니다. 이처럼 지리학은 동서고금을 막론하는 핵심 지식이자 교양인의 공부에서 빠질 수 없는 리버럴 아츠입니다.

5. 삶의 질을 높이는 교양, 긍정심리학

행복은 오랫동안 철학이 다뤄온 주제였습니다. 정치학·물리학·의학·역사학 등 여타의 학문보다 높은 빈도와 깊이로 행복을 탐구해왔습니다. 지금도 마찬가지입니다.『행복은 철학이다』라는 제목의 번역서가 있습니다. 2006년에 쓰였고 2009년에 우리말로 번역된 행복론을 담은 책입니다. '행복은 철학이다'라는 우리말 제목에서 '왜 행복과 철학이 함께 있지?'하는 의아함은 없었습니다. 오히려 마음가짐이나 자기 정체성에 대한 인식 또는 삶의 가치관 등이 행복에 영향을 미칠 거라고 유추해서인지 행복과 철학의 동거를 자연스레 생각했습니다. 철학의 행복 탐구는 역사가 깊습니다. 철학 교사였던 알랭은 『행복론』(1928)을 집필하여 수많은 사람들에게 영향을 미쳤죠. 20세기 초반의 일입니다. 19세기의 저술로는 쇼펜하우어의 행복론이 유명합니다. 역사를 훌쩍 거슬러 올라도 마찬가지입니다. 고대 로마의 철학자 세네카도 『인생론』이라는 제목으로 알려진 자신의 저서에서 행복론을 펼쳤습니다. 세네카의 지혜는 여전히 많이 읽힙니다. 종종 새로운 번역물도 출간되고요. 『행복은 철학이다』의 저자 역시 세네카의 지혜를 소개했더군요. "만일 당신이 현재 소유하고 있는 것에 만족하지 못한다면 온 세상을 모두 소유하더라도 행복해질 수 없을 것이다."[100] 시간을 더 거슬러 고대 그리스 시대까지 가면 아리스토텔레스의 『니코마코스 윤리학』을 만납니다. 행복론 중에서 가장 유명한 책이 아닐까 싶네요. 고대에도 행복은 철학적인 방법으로 다뤄졌습니다. 아리스토텔레스의 한 마디를 들어보시죠.

"행복은 명백하게 외적인 조건이 좋아야 한다. 일정한 뒷받침이 없으면 고귀한 일을 행한다는 것은 불가능하거나 쉽지 않기 때문이다. 도구를 통해 어떤 일을 수행하는 것처럼 많은 일들이 친구·부·정치적 힘을 통해 수행된다. 이를테면, 좋은 태생·훌륭한 자식·준수한 용모의 결여는 지극한 복에 흠집을 낸다. 용모

---

100 에이나 외버렝겟, 손화수 옮김, 『행복은 철학이다』, 꽃삽, 2009, p.13.

가 아주 추하거나 좋지 않은 태생이거나 자식 없이 혼자 사는 사람은 온전히 행복하다고 하기 어려우며, 더 어렵기는 아주 나쁜 친구들과 나쁜 자식들만 있는 사람 혹은 좋은 친구들과 자식들이 있었지만 지금은 죽어서 없는 사람일 것이다. 행복은 이런 종류의 순조로운 수급을 요구한다. 바로 이런 까닭에 어떤 사람들은 탁월성을 행복과 동일시하지만, 다른 사람들은 행운을 행복과 동일시하는 것이다."[101]

이 글을 20대에 읽었더라면 감동하지 않았을 겁니다. 외적인 조건을 지나치게 강조했다고 폄하했을지도 모르겠네요. 지금은 전적으로 동의하고 감동합니다. 25년을 함께 지낸 절친한 친구가 세상을 떠난 이후 행복의 빈도와 강도가 현저히 낮아졌던 터에 이 글을 읽었기 때문입니다. '좋은 친구나 자녀와의 사별이 행복을 방해한다.'는 아리스토텔레스의 견해는 제게 커다란 위로를 안겼습니다.(이렇듯 경험이 해석을 돕습니다. 좋은 삶이 훌륭한 해석을 낳을 테고요.) 행복론을 읽고 감탄하거나 위로받은 일이 저만의 얘기는 아니겠지요. 행복을 이해한 현자들이 훌륭한 저술을 남겨왔고 많은 사람들이 이를 읽고 영감과 지혜를 얻었을 테니까요.

유사 이래 행복론은 철학과 사상가들의 몫이었습니다. 심리학이 발달하기 이전까지만 해도 철학이 인간의 마음에 관한 문제를 다뤘으니까요. 물론 모든 철학자들이 행복을 탐구한 것은 아닙니다. 인간이 어떻게 대상을 인식하는가를 탐구한 철학자가

---

101 아리스토텔레스, 강상진 외 옮김, 『니코마코스 윤리학』, 도서출판길, 2014, pp.35~36.

있는가 하면 법철학, 정치철학 등 사회과학의 제반 문제에 천착한 철학자도 있죠. 주로 인간의 행위와 도덕에 관련된 문제를 연구하는 철학자들이 행복에 관심을 보입니다. 이러한 철학을 윤리학이라 부르고요. 20세기 후반에 '긍정심리학'이라는 학문이 탄생하기 전까지는 철학(특히 윤리학)이 행복에 관한 견해를 펼쳐왔습니다. 이러한 전통(?)에 최근 커다란 변화가 일어났습니다. 긍정심리학이 행복에 대한 과학적 연구를 쏟아내고 있기 때문입니다. "긍정심리학은 탄생에서 죽음까지 그 사이에 일어나는 모든 사건과 경험에서 좋은 삶이 무엇인지에 대해 연구하는 과학적 학문입니다."[102] 행복, 건강, 의미 있는 삶, 몰입, 성취, 덕목, 긍정 정서, 삶의 질을 높이는 사회제도 등이 긍정심리학의 연구 주제고요. 긍정심리학의 연구 주제를 보면 은은한 희열을 느낍니다. 좋은 삶에 대한 명성 높은 분의 '의견'이 아닌 과학이 고개를 끄덕인 '이론'을 접한다는 생각에 텍스트를 읽기 전부터 기대감으로 설렙니다. '삶의 행복을 바라는 사람들이 왜 훌륭한 긍정심리학 책을 (더 열심히) 읽지 않을까?'하는 의아함이 들 정도입니다.

긍정심리학의 탄생 배경에 대한 지식은 유용한 심리학 교양입니다. 심리학이라는 학문의 커다란 흐름과 관련이 있기 때문입니다. 19세기 말, 독일 철학자 빌헬름 분트가 시도한 실험심리학의 성공으로 심리학이 탄생했습니다. 초기의 심리학은 병리학적 관점을 가졌습니다. 인간의 '문제'를 치료하는 일에 집중했던

---

102 크리스토퍼 피터슨, 문용린 외 옮김, 『긍정심리학 프라이머』, 물푸레, 2010, p.23.

거죠. 인간의 '가능성'과 '올바른 것'을 찾으려는 연구를 간과한 채 인간의 '약점'과 '문제점'에 관심을 기울였던 시기였습니다. 긍정심리학자 바움가드너는 심리학의 이러한 불균형을 보여주는 일화를 소개합니다. "나의 전공 교수는 심리학 영역에서 유명해지고 싶으면, 우리가 생각하는 것보다 인간 본성이 훨씬 더 나쁘다는 것을 증명하는 연구 결과를 발표하라고 말하곤 했다. 적절한 예를 하나 찾는다면 스탠리 밀그램의 '권위에 대한 복종 연구'일 것이다."[103]

어두운 주제를 연구하던 심리학이 새로운 방향을 모색하기 시작한 것은 20세기 후반이었습니다. 긍정심리학을 태동시킨 주역 중 한 명인 마틴 셀리그먼은 1998년 미국 심리학회 회장 연설에서 심리학의 관심이 인간 행동의 나쁜 측면을 연구하는 경향에서 인간 행동의 좋은 점을 향상시키는 방향으로 전환되어야 한다고 주장했습니다. 그는 청중에게 심리학은 왜 기쁨이나 용기와 같은 가치를 연구하면 안 되는지 질문했죠. 긍정심리학은 "인간의 약점만큼 강점에, 최악의 것을 극복하는 것만큼 최고의 삶을 설계하는 일에, 불행한 이들의 삶을 치유하는 것만큼 건강한 사람들의 삶을 충만하게 만드는 것에 관심을 가지라고 말합니다."[104] 이처럼 긍정심리학은 심리학의 자기반성에서 탄생했습니다. 심리학 연구의 편향성과 불균형을 해소하려는 목적이 등장한 겁니다. 그렇다고 해서 긍정심리학이 전통적인 심리

---

103 스티브 바움가드너 외, 안신호 외 옮김, 『긍정심리학』, 시그마프레스, 2013, p.2.
104 같은 책, p.26.

학을 반대하는 학문은 아닙니다. 긍정심리학의 목적은 '반대'가 아니라 '보완'입니다. 인간 성장을 위해 균형 있는 관점을 찾아가는 노력이죠. 지금까지 쌓아온 심리학 연구 결과들을 활용하되, 필요한 경우 관점을 전환시키고 장벽을 만나면 새로운 방향을 모색하겠다는 의미입니다. 긍정심리학은 심리학의 하위 분야 중 하나이기보다는 심리학 전반에 영향을 미치기를 희망합니다. 셀리그먼은 긍정심리학이 심리학 전체를 재조명하기 위한 학문이 되어야 한다고 강조했습니다. 긍정심리학의 가치는 생리심리학에서 임상심리학에 이르기까지 다양한 심리학 영역에서 긍정심리학의 요소를 발견하고 탐구하는 데에 있으니까요.[105] 1998년 셀리그먼을 중심으로 긍정심리학회가 출범한 이후 20년 동안 수많은 연구 결과들이 쏟아졌습니다. 행복과 성공에 관한 과학적 이론들이 탄생한 겁니다.

행복과 성공 그리고 삶의 질을 탐구하는 일에 긍정심리학만이 기여한다는 말은 아닙니다. 삶을 살아가는 데에는 철학이 안겨주는 지혜와 통찰이 여전히 필요하고, 철학적 사유의 힘은 인류가 존재하는 한 영원할 겁니다. 더군다나 긍정심리학이 진공 상태에서 탄생한 것도 아니죠. 칼 로저스와 같은 인본주의 심리학자의 연구를 참조하기도 했고 인문학에서 주장하는 견해에서 연구 주제를 발견하기도 하죠. 앞으로도 긍정심리학은 인류의 지적 유산에 힘입어 성장해갈 테고요. 저 역시 삶을 살아가는 데 필요한 힘을 얻고 인간 이해에 관한 통찰을 얻기 위해 문학과 역

---

105 같은 책, p.13.

교양인은
무엇을
공부하는가   158

사 그리고 철학을 기웃거리겠죠. 행복한 삶에 관한 동시에 실제적인 방법론을 찾을 때마다 긍정심리학의 연구 결과를 살필 겁니다. 제가 만약 건강관리에 대한 조언을 듣는다면 적극적이고 낙관적인 비전가를 찾기보다는 전문의를 찾을 겁니다. 마찬가지로 행복과 삶의 질에 관한 지혜를 찾는다면 열정과 선의로 가득 찬 멘토보다는 긍정심리학의 이론에 귀를 기울일 겁니다. 행복감을 높이는 과학적 방법론이라면 마다할 이유가 없으니까요. 이제 갓 20년이 된 이 신생 학문이 행복만 연구하는 것도 아니고 마냥 긍정적으로 살라고 권고하는 것은 더더욱 아니지만, 긍정심리학을 편의상 압축하여 말하면 '행복의 과학'이라 생각해도 좋겠습니다. 행복에 대한 어떤 견해가 아니라 '과학'이라는 말에 방점을 찍고 싶고요.

제가 긍정심리학을 접했던 시기는 20세기의 첫 번째 10년을 보내던 중이었습니다. IFM 이후, 자기 계발서 열풍이 불었고 많은 책들이 행복과 성공에 대한 견해를 내놓았습니다. 수많은 '의견'들이 등장했지만 과학적인 '이론'은 아니었죠. 임상 실험도 없고 과학적 검증도 없는 여러 주장이 난무했습니다. 몇몇 책은 유용했습니다. 꿈을 꾸게 만들었고 삶의 에너지를 갖도록 동기를 부여했으니까요. 아쉬운 것은 실천 지침이었습니다. 개인적인 일화나 자신에게만 적용되는 주장은 독자들의 삶에 실제적인 변화를 이끌어내지 못했습니다. 누구에게나 적용되는 과학적 이론을 담은 책이 드물었던 겁니다. 독자가 그 책의 저자와 비슷한 성향을 가졌을 때에는 도움이 되었지만 그렇지 않은 경우에는 적용하기 힘든 책들이었습니다. 2008년 이후 새로운 유형의 책들이 나타나기 시작했습니다. 『아웃라이어』와 『스위치』와 같은 과학적 이론을 담은 자기 계발서가 출간되었고 긍정심리학의 연구 결과를 담은 단행본들도 연이어 번역되었습니다. 일화와 주장에서 건져 올린 무책임한 조언 대신 실험과 연구를 거친 과학적 이론들을 제시한 책들입니다. 저는 과학적 연구에 근거한 자기 계발서의 유익과 저력을 한껏 체험했습니다. 당시 가장 큰 유익을 느낀 책은 2008년에 읽었던 소냐 류보머스키의 『행복도 연습이 필요하다』였습니다. 목표를 어떻게 설정해야 하는지, 감사 일기는 매일 쓰는 게 좋은지 간헐적으로 쓰는 게 좋은지에 대한 연구 결과들은 삶의 질을 높이려면 '무엇을 해야 하는지'뿐만 아니라 '어떻게 해야 하는지'를 알려주었습니다. 30대 후반 상실의 아픔을 혹독하게 겪을 때의 일입니다. 수개월 동안 아파했습니다. 삶을 포기하고 쉬고 싶을 정도로 지쳤습니다. 낮아진 행복감은 세월이 지나도 여전했습니다. 아리스토텔레스의 말이 절실하게 다가온 날들이었죠. 살기 위해서라도 불행한 감정에서 벗어나야 했습니다. 그때 선택한 책이 바버라 프레드릭슨의 긍정 정서 이론을 담은 『내 안의 긍정을 춤추게 하라』입니다. 행복을 열 개의 구체적인 정서로 구분한 그녀의 이론은 일상에서 소소하지만 확실한 행복을 감지하고 음미하도록 도와주었습니다. 단박에 고통으로부터 벗어난 것은 아니지만 은은한 방식으로 다시 일어설 날들을 희망하게 만들었습니다. 이렇게 믿어도 좋을 겁니다. 새로운 목표를 수립할 때, 인간관계도 힘거워질 때, 영혼의 건강을 돌보고 싶을 때, 성취의 비결이 궁금할 때, 불행한 감정을 떨쳐내고 싶을 때마다 긍정심리학이 도움을 주리라고.

한병철 교수는 『피로사회』에서 "시대마다 고유한 질병이 있다."고 했습니다. 그에 따르면 21세기는 '신경증적인 질병'이 지배하는 시대입니다. "신경성 질환들, 이를테면 우울증, 주의력결핍과잉행동장애, 경계성성격장애, 소진증후군" 등이 이 시대의 질병이라는 겁니다. 그는 이러한 상황이 '긍정성의 과잉'으로 빚어졌다고 주장합니다. 한병철 교수의 견해를 왜곡하거나 긍정심리학과 잘못 연결하는 경우가 종종 있더군요. '하면 된다.'는 신화와 미국에서 건너 온 '개척 정신'이 삶의 불확실성과 인생의 어두운 측면을 간과하기도 했습니다. 긍정이란 무엇일까요? 제게는 '현실 받아들이기'와 '낙관을 잃지 않기' 사이에서 균형을 이루는 것이라 생각합니다. 지나친 낙관으로 현실을 외면하지도 말고 동시에 현실에 매몰되어 낙관을 잃어버리지도 말 것! 온 몸으로 현실을 인식하되 온 정신으로 명랑을 실현할 것! 이런 것이 '긍정'이겠지요. 현실에 눈 감은 채로 "아자, 아자, 파이팅"을 외치는 것은 긍정이 아닐 테고요. 긍정심리학에서 말하는 '긍정'은 더더욱 아닙니다. 긍정심리학은 피상적인 낙관 또는 따뜻한 조언만을 건네는 사이비 학문이 아닙니다. 실증적인 연구를 중시하는 과학적인 학문입니다. 긍정심리학은 즐겁고 긍정적인 주제를 탐구하지만 행복 연구는 웃음과 즐거움 외에도 여러 가지 주제에 대한 이해를 요구합니다. 재능·가치·덕목뿐만 아니라 교육·결혼·거주지·종교·사회제도 역시 긍정심리학의 주요한 연구 주제입니다. 몰입 연구로 유명한 미하이 칙센트미하이 등 뛰어난 역량을 지닌 긍정심리학자들도 많습니다. 제가 즐겨 읽는 류보머스키 교수는 하버드대학을 최우등으로 졸업하여 스탠퍼드대학교에서 사회심리학 박사 학위를 받았습니다. 이후 행복을 20년 넘게 연구하면서 긍정심리학에 기여했고요. 저는 지금 긍정심리학이 한병철 교수가 말한 '긍정성 과잉'과는 아무 관련이 없는 학문임을 말하는 중입니다. 동시에 시대별로 고유한 질병이 존재한다는 그의 진단에는 동의하고요. 21세기에는 신경증적인 질병이 만연할 거라는 진단이 유효하다면, 행복을 탐구하는 긍정심리학은 앞으로 더욱 떠오를 수밖에 없는 교양이 아닐까요?

6. 과학 교양을 쌓아간다는 것

부담을 드리고 싶진 않지만 거창해 보이는 의견을 내놓았네요. 21세기의 교양인이 되려면 전통적인 교양, 또 다른 교양, 새로운 교양에다 은근히 간과해온 교양과 떠오르는 교양까지 일별하라고 말한 셈이니까요. 인문학과 예술, 자연과학, IT 지능과 세계시민 의식, 지리학 그리고 긍정심리학입니다. 다섯 가지 키워드들은 모든 학문 분과에 맞닿아 있습니다. 인문학, 예술, 자연과학, 사회과학적 접근인 셈입니다. 통합적 접근이야말로 리버럴 아츠죠. 문학을 중심으로 한 인문 고전과 중요한 클래식 작품들, 기초적인 과학 소양, 환경문제를 비롯한 전 지구적인 문제와 IT 동향에 관한 감각, 지리학을 비롯한 법률과 경제에 관한 교양, 긍정심리학을 삶에 활용하는 능력 등이 21세기의 리버럴 아츠요, 교양인들의 놀잇감입니다.

교양이란 모든 지식을 디테일하게 알기보다는 맥락과 본질을 잡아서 알아야 할 지식과 건너뛰어야 할 지식을 구분하는 힘이라고 줄곧 말씀드렸습니다. 이 말이 무슨 의미인지 두 장에 걸쳐 자연과학과 예술을 사례로 들며 설명하겠습니다. 먼저 과학 교양을 쌓아간다는 것이 무엇을 의미하는지 살펴보죠. 과학의 본질을 묻고 과학적 탐구의 네 가지 특징을 고찰하겠습니다.

'과학적'이라는 말은 구르는 돌처럼 어디에나 쓰이고 자주 들립니다. 과학이 현대사회에서 지적 권위를 갖기 때문입니다. 이를 잘 보여주는 예가 있어 오래된 광고 하나를 소개합니다. 에이스 침대 CF입니다. "침대는 가구가 아닙니다. 침대는 과학입니다." 1993년 처음 방영했던 CF인데 엄청난 히트를 쳤었죠. 어린이들이 침대를 가구가 아니라고 오인할 소지가 있다며 서울시교육청이 광고 메시지 변경 요청까지 했었습니다. 1992년 18.3퍼센트에 불과했던 에이스 침대의 시장점유율을 1년 만에 27.8퍼센트까지 성장시켰기에 광고계에서는 전설이랄 부를 만한 카피였죠.[106] 어떤 개념이 널리 유행한다고 해서 본질이 탐구되는 것은 아닙니다. 과학적이라는 말도, 과학적인 개념들도 마찬가지입니다. "침대는 과학입니다."라는 말이 널리 회자되는 일과 과학의 본질이 탐구되는 일은 별개라는 말입니다. 우선 카피의 전문을 읽어보죠. "침대를 구입하실 때에는 반드시 속을 확인하신 후에 고르셔야 합니다. 에이스는 보이지 않는 곳에 품질과

---

106 곽준식, 『브랜드, 행동경제학을 만나다』, 갈매나무, 2012.
에이스 침대에 관한 이야기는 『광고, 욕망의 연금술』(강준만/전상민, 인물과사상사, 2007)의 135~145쪽에도 나와 있습니다.

과학이 있어서 허리가 편안하고 잠을 푹 잘 수가 있습니다. 침대, 신중하게 고르십시오. 침대는 가구가 아닙니다. 침대는 과학입니다."

에이스 침대 회사가 광고를 만든 의도와는 관계없이 대중은 나름의 이해를 갖습니다. 아직도 인터넷 포털에는 "침대는 과학인가요, 가구인가요?"를 묻는 어린아이들이 있고요. 저는 이 광고 카피를 통해 과학적 방법론(지식으로서의 과학)과 과학의 한계(사용으로서의 과학)에 대한 이야기를 하고 싶습니다. "침대는 과학입니다."의 본뜻은 '침대=과학'이 아니라 '침대를 만드는 과정이 과학적으로 진행되었다.'는 의미입니다. 한양대학교 철학과 이상욱 교수는 이를 재미있게 설명합니다. "아무 나무나 골라 대강 대패질을 한 다음 적당히 잘라서 침대 크기 정도로 만든 다음 그 위에 스프링이 달린 이불을 올려놓아 대충 만든 침대가 아니라, 어떤 재료를 어떻게 결합하여 침대를 만들었을 때 그 위에서 자는 사람이 가장 편안함을 느끼고 숙면을 취할 수 있는가를 체계적인 연구와 실험을 거쳐서 만들었다는 의미일 것이다.(…)이런 의미를 잘 생각해보면 '과학적 방법'을 강조하는 것임을 알 수 있다."[107]

모든 학문은 본질과 내용으로 나누어집니다. 철학의 본질은 묻고 사유하는 것이고, 플라톤의 이데아론과 같은 철학적 지식은 철학자들이 묻고 사유함으로 얻어낸 내용입니다. 철학의 본질적인 활동, 다시 말해 근본적으로 묻고 체계적으로 사유함(본질)으로 인해 수많은 철학적 지식(내용)이 탄생하는 겁니다. 인문

---

107 김용석 외, 『한국의 교양을 읽는다』, 휴머니스트, 2003, p.99.

학도 마찬가지입니다. 인문학의 본질은 '개별 지식의 내용'이 아니라 '비판적이고 종합적인 접근법'입니다. 어떤 대상을 얼마나 종합적이고 비판적으로 다루는가가 인문학의 본질입니다. 과학도 '본질'과 '내용'으로 구분할 수 있습니다. 커피가 몸에 좋은가 아닌가에 대한 기사는 과학의 내용입니다. 과학적 탐구의 결과물이죠. 과학의 본질은 커피와 건강의 관계에 대한 이론 도출의 절차가 얼마나 엄정하게 진행되었느냐에 있습니다. 이를 흔히 과학적 방법 또는 과학적 절차라고 부르고요. 과학의 본질은 어떠한 '과학 지식'이 아니라 과학적 '절차 또는 방법론'입니다. 과학적 방법이야말로 과학의 본질입니다. 과학적 연구 결과로 탄생한 '하나의 이론'은 본질이 아닙니다. '엄밀한 검증 절차'가 과학의 본질입니다. 과학의 본질을 멋지게 표현한 김대식 교수의 말을 보시죠. "과학기술의 성공은 '과학기술을 하는 사람들의 성공'이 아니라 인간의 본능과 편견이 결정적 선택을 좌우할 수 없도록 유도하는 '과학기술 방법론의 성공'이라고 할 수 있다."[108] 인문학 공부의 최대 유익이 종합적인 접근법을 익히는 것이라면 과학 공부의 최대 결실은 과학적 방법론을 배우는 겁니다.

인간이 과학을 통해 자연을 이해하고 활용할 수 있었던 이유는 과학적 방법으로 얻어낸 결과들이 인간 사회를 안전하게 지탱했기 때문입니다.[109] 과학이 만들어낸 '지식'도 중요하지만 문명을 지속 발전시키기 위해서는 '과학적 방법론'을 더욱 연마해

---

108 김대식, 『이상한 나라의 뇌과학』, 문학동네, 2015, p.10.
109 후마니타스 교양교육연구소, 『우리가 사는 세계』, 천년의상상, 2015, pp.29~31.

야 합니다. 과학적 방법론을 익힐수록 더욱 객관적이고 정교한 지식을 쌓아갈 수 있으니까요. 이는 인류 문명의 차원이 아니라 개인의 건강과 삶의 질을 위해서도 중요합니다. 누구나 더 높은 삶의 질을 원할 겁니다. 어떻게 삶의 질을 높일 수 있을까요? 가장 훌륭한 답변을 얻으려면 인문학의 지혜에도 귀를 기울이고 과학의 연구 결과에도 귀를 기울여야 합니다.(좀 더 적극적으로 공부하고 싶다면 인문학적 접근 방식과 과학적 방법론을 익히면 좋겠지요.) 철학적 지혜와 긍정심리학의 지식은 서로 다른 방식으로 삶의 질을 향상시킵니다. 학습력을 높이고 싶다면 인지심리학의 연구 결과를 적용하면서 공부하면 더욱 효과적일 테고요. 건강에 관심이 많다면 영양학과 운동에 관한 과학 교양을 쌓을수록 실천의 질을 높일 수 있습니다. 과학적 탐구의 특징을 이해하면 과학의 본질이 더욱 눈에 들어오실 겁니다.(과학적 방법·과학적 탐구·과학적 절차는 같은 의미로 사용했습니다.)

과학적 탐구의 첫 번째 특징은 예측 가능성입니다. 과학은 합리적인 가설을 세울 수 있어야 합니다. 가설을 세울 수 없다면 과학이 출발하지 못합니다. 문제 제기가 없는 셈이니까요. 자연적 원인만이 과학 연구의 대상이 됩니다. 귀신의 존재와 같이 초자연적인 현상은 과학이 다룰 수가 없습니다. 초자연적 현상이라고 해도 그 중의 자연적 원인은 과학적 탐구 대상이 될 수 있고요.

둘째는 검증 가능성입니다. 관찰·측정·실험을 통해 검증할 수 있어야 과학입니다. 에드워드 윌슨은 과학은 "세상에 대한 지식을 모아서 검증 가능한 법칙과 원리로 요약하는 체계적이고 조직적인 학문"이라고 정의했습니다. 검증을 통과한 가설만이 이론과 법칙이 되는 겁니다. 객관적 검증을 위해 자신의 가설에는 비판적으로 접근해야 합니다. 칼 포퍼는 한 강연에서 "과학을 진정한 과학으로 만드는 결정적 요소는 비판적 접근"이라고 말한 바 있습니다. 인문학적 비판이 대상을 근원적이고 통합적인 사유로 고찰한다면, 과학적 비판은 실험의 엄밀함으로 가설을 검증하는 겁니다.

과학적 탐구의 세 번째 특징은 보편성입니다. 실험은 매번 같은 결과가 나와야 하고, 다른 사람들에게도 적용되어야 합니다. 자연과학의 이론에는 '나'라는 주어가 없습니다. 물리학자 김범준 교수의 말처럼, 여기서는 맞지만 저기에서는 틀린 물리학(자연과학)도 없습니다. 시간이 지나도 변함이 없고, 장소가 바뀌어도 같은 결과를 도출해야 과학입니다. 과학에서 말하는 '이론'은 검증가능성과 보편성을 통과했음을 뜻합니다. 엄정한 절차를 통과한 가설만이 이론이 되는 겁니다. 과학적 이론은 일상적으로 말하는 이론과는 구별할 줄 알아야 합니다. 에른스트 페터 피셔도 '이론'이라는 말의 남용에 대해 염려한 바 있습니다. "많은 문화 이론가들은 자연과학에서 하나의 가설이 '이론'으로 명명되기 위해서 얼마나 심도 깊은 사고를 필요로 하는지 알지 못한다. 이와 같은 경솔한 태도는 사람들이 일상적으로 '철학'이라는 말을 쓸 때도 발견된다.(…)가령, 소설 이론이나 평화 이론이라고 말할 때의 이론은 개별 관측 자료 간의 연관성을 파악해내고 추상적으로 서술하는 행위일 뿐이다. 과학적 의미에서의 상대성

이론은 이러한 이론과는 전혀 다른 종류다. 그런데 우리 사회에 만연한 교양의 빈곤으로 인하여 자연과학의 이론들과 그에 비해 덜 발달한 여타의 이론들이 천편일률적으로 취급되고 있다."[110] 누구나 철학(묻고 생각하는 활동)을 하지만 그것이 철학자들의 근본적이고 체계적인 사유와는 다릅니다. 마찬가지로 누구나 이론(자신만의 정돈된 생각)을 갖고 있지만 그것 또한 과학에서 말하는 실험과 검증을 거친 보편적인 이론과는 격차가 큽니다.

네 번째는 '반증 가능성'입니다. 이는 과학철학자 칼 포퍼의 견해입니다. 과학적 연구가 검증 가능성을 지닌다면 자연스레 다른 연구자들이 반증할 가능성도 존재합니다. 유령이 존재하는가 하는 문제는 반증이 불가능합니다. 반면 커피를 하루 세 잔가량 섭취하면 하루 한 잔 미만 마시는 사람에 비해 사망 위험이 절반으로 낮아진다는 연구 결과[111]는 검증과 반증이 가능하죠. 언젠가 뒤집힐지도 모릅니다. 칼 포퍼는 반증이 가능하다는 사실이야말로 과학의 조건이라고 본 겁니다. 인문학적 견해와 달리 과학적 지식은 반증이 가능합니다. 수학 문제를 풀 때의 과정을 생각해보시면 이해되실 겁니다. 수학 문제는 풀이 과정을 작성할 수 있고 오답이 나왔다면 풀이 과정의 어디에서 오류가 발생했는지 찾아낼 수 있습니다. 과학적 연구 결과가 새로운 연구

---

110 에른스트 페터 피셔, 『또 다른 교양』, 이레, 2006. pp.25~26.

111 2015년 11월 16일 한국식품커뮤니케이션포럼에 따르면 고려대 안산병원 호흡기 내과 신철 교수팀이 경기도 안산·안성시에 사는 40~69세 남녀 8075명을 12년간 (2001~2012년) 추적 조사한 자료를 이용, 커피 섭취와 사망의 관계를 분석한 결과 이같이 드러났다. 이 연구 결과(커피 섭취와 수면과 관련된 사망 위험도 연구)는 『대한지역사회영양학회지』 최근 호에 발표됐다. (m.post.naver.com/viewer/postView.nhn?volumeNo=2946804&memberNo=3939441&vType=VERTICAL)

로 반증 가능한 이유는 과학적 연구 절차가 객관적이고 엄밀하기 때문입니다. 인문학적 사유에서는 어디에서 무엇이 오류였는지 찾아내기가 수학만큼 명료하지 않죠. 엄정하고 정확한 반증이 곧 과학의 진보입니다. 포퍼의 얘기를 들어보시죠. "과학적 진보는 본질적으로 새로운 학설이 기존 학설을 대체하면서 이뤄진다.(…)과학의 진보가 이런 식으로 이뤄진다는 것을 이해한 과학자는 자신이 애지중지 키워온 이론에 대해 비판적 태도를 취할 수밖에 없다. 비평가들의 손에 당하느니 차라리 스스로 반증하기를 원할 것이다."

포퍼의 통찰에 무릎을 친 이가 저뿐만은 아닐 겁니다. 인간의 뇌를 연구하여 노벨상을 수상한 존 에클스 경도 그 중 한 사람입니다. "포퍼의 도움으로 반증당하는 것이 과학자에게 전혀 수치스러운 일이 아님을 깨달았다. 그것은 수십 년 동안 내가 들어본 최고의 소식이었다. 포퍼는 신경 자극 물질과 신경 억제 물질의 시냅스 전달이 전기로 이루어진다는 내 가설을 아주 엄정하고 철저하게 체계화해 다른 학자들의 반증을 오히려 부추기라고 나를 설득했다. 실제로 몇 년 후 내 가설은 보기 좋게 반증되었다. 포퍼의 조언 덕분에 나는 내가 거의 20년간 자식처럼 품어온 가설의 죽음을 기쁘게 받아들였고, 곧 데일과 뢰비가 주장해온 화학 전달 이론에 최대한 기여할 수 있었다." 과학이 바뀌어도 과학적 방법론과 절차의 엄정함을 유지한다면, 그것은 여전히 과학입니다.

'반증 가능하다고? 그럼 무엇 때문에 과학을 해?' 하는 의문이 들지도 모르겠습니다. 언젠가는 오류로 증명이 난다고 해도 과학적 지식은 신화적인 지식과는 다릅니다. 과학적 엄밀함을 유지한 연구 결과라면, 그 과학이 왜 실패했는지에 대해 이론적 설명이 가능합니다. 신화적 지식은 이론적 엄밀함이 없습니다. 비유적이고 직관적입니다. 과학 사상사의 걸작 『객관성의 칼날』을 쓴 찰스 길리스피는 "과학이 전지전능하지는 않다 할지라도 무지, 미신, 독단, 약탈에 맞서는 유력한 무기"라고 말했습니다. 지금 말한 '신화적 지식'이란 널리 알려졌지만 과학과는 무관한 거짓 지식을 뜻합니다. 그리스·로마신화처럼 신에 관한 이야기를 말한 게 아닙니다. 그리스·로마신화는 과학은 아니지만 우리에게 이론이나 정답이 아닌 중요한 물음을 던져주어 삶의 통찰을 안깁니다.

과학 교양을 쌓는다는 것은 지금까지의 과학이 이뤄낸 연구 결과를 모두 이해하는 일이 아닙니다. 과학이 다른 학문과 어떻게 다른지 파악하여 과학의 효용을 이해하는 일이죠. 과학을 오해하고 있는 이들을 만나면 과학의 유용함에 대해 그리고 과학이 인류에게 어떤 선물을 안겼는지에 대해 몇 마디를 건네는 일이 과학 교양의 결실이겠죠. 과학만능주의에 빠진 이들을 만나면 과학의 공적과 과실을 따지며 과학만이 진리가 아님을 얘기하는 일이겠고요. 또한 과학에서 말하는 이론이란 철저한 검증 절차를 거친 결과임을 이해하는 일도 과학 교양에 속하겠습니다. 커피가 건강에 좋은지 나쁜지에 대해 예전과는 다른 연구 결과가 나오더라도 과학에 짜증을 내지 않는 일도 과학 교양입니다.

7. 예술의 본질은 무엇인가

　　　　　　　　　　이제 예술에 관한 교양을 쌓
아간다는 것이 무엇을 의미하는지 살펴보겠습니다. 예술의 본질
을 고찰하고 예술 교양이 일상에서 어떤 역할을 하는지 들여다
보는 겁니다. 예술이라는 말은 일상에서도 자주 쓰입니다. 누군
가의 운동 실력을 보고 "와! 예술이네."라고 할 때는 탁월하다는
비유적인 의미로 사용한 겁니다. 예술의 본질적인 정의와는 거
리가 있는 용법이죠. 예술의 본질은 무엇일까요? 우선 내용과 형
식의 차이부터 이해해야 합니다. 표준국어대사전은 내용과 형식
을 이렇게 구분합니다.

> 내용: 그릇이나 포장 따위의 안에 든 것. 사물의 속내.
> 형식: 사물이 외부로 나타나 보이는 모양.

　예술의 본질은 '내용'이 아니라 '형식'에 있습니다. 이 때의 형
식이란 표현 양식을 뜻합니다. 흥겨운 기분을 악기를 연주하거
나 노래를 부르면서 만끽했다면, 사진을 찍기 위해 구도를 이리
저리 돌려보았다면, 또는 어떻게 표현해야 내 의도가 잘 전달될
까를 고민했다면 그때가 바로 예술이 발현된 순간입니다. 예술
의 본질이 '형식(표현 양식)'에 있으니까요. 노래는 흥겨운 기분을
리듬과 운율이 깃든 소리로 '표현'한 것이고, 좋은 구도로 피사
체를 찍으려는 노력도 무언가를 '표현'하고 싶은 거겠죠.
　어떻게 표현할 것인가? 이것이 예술을 예술답게 만드는 질문

입니다. 사진작가와 제가 같은 카메라를 들고 같은 나무를 찍는다고 해서 동일한 결과물이 나오지는 않습니다. 피사체는 같은데 결과물이 다릅니다. 이때 사진의 내용은 '나무'입니다. 만약 예술의 본질을 '내용'이라고 한다면 두 사람의 차이는 사라집니다. 같은 나무를 찍었으니까요. 사람들은 두 장의 사진 중 어느 쪽이 더 아름다운지를 구별할 겁니다. 두 사진의 차이는 무엇을 찍었는가(내용)에 있지 않습니다. 어떻게 찍었는가(형식)에 달렸습니다. '무슨 내용'을 선택할 것인가도 예술가의 주요한 관심사지만 '어떻게 표현'하느냐가 더 중요한 본질입니다.

한 오디션 프로그램에 고등학생 참가자가 등장했습니다. 그는 자신만의 창법과 스타일을 좇아 〈사랑에 빠지고 싶다〉는 노래를 불렀죠. 심사위원들의 격찬이 이어졌습니다. 심사위원 중 박진영 씨는 이렇게 말했습니다. "이렇게 노래하는 가수가 없기 때문에 가요계에 나와야죠. 이 뻔한 발라드, 사실 전형적인 발라드인데 누구도 생각나지 않잖아요. 그런 사람을 찾는 거예요. 새롭게 표현하는 사람! 자기 색깔이 딱 있어 가지고 모든 노래가 들어가면 자기 방식으로 나오잖아요. 기존 가수처럼 하지 말고 이렇게 부르라는 거예요." 예술의 본질을 간파하는 말입니다. 그 참가자는 노래를 부름으로써 하나의 예술을 창조해낸 겁니다. 여기서 내용이란 〈사랑에 빠지고 싶다〉라는 노래가 되고, 형식이란 그가 노래를 부르는 창법과 스타일을 말합니다. 같은 노래를 누가 부르든 '내용'은 같습니다. 하지만 '형식'은 저마다 달라집니다. 예술이 되느냐 마느냐는 이렇듯 형식(표현 양식)에 달린 문제입니다.

예술의 본질은 형식입니다. 예술 행위란 곧 형식에 관한 고민과 창조입니다. 이 말을 이해해야 예술에 한층 가까워질 겁니다. 예술을 '형식'이 아닌 '내용'으로만 이해하는 경우가 많아서 하는 말입니다. 내용으로 예술을 대하는 태도가 무조건 틀렸다는 게 아니라 예술을 이해하는 접근 방식은 아니라는 겁니다. 예술가는 자신이 본 것을 어떻게 표현할까를 고민하는 사람들이니까요. 한 개인이 '감각'한 것들을 '표현'해낸 창의적 '행위'가 예술입니다. 표현하려는 대상이 물체든, 영감이든, 기운이나 분위기든, 관념이든 자신이 감각한 대로 표현하기 위해 갖가지 형식을 고민하는 이들이 예술가들이죠.

2014년에 개봉한 〈또 하나의 약속〉은 실화를 소재로 한 영화입니다. 2007년에 백혈병으로 숨진 삼성반도체 노동자 황유미 씨를 둘러싼 논란을 담았습니다. 이 영화에 대해서 우리는 "무슨 영화야?"라고 물을 수 있습니다. 내용을 묻는 거죠. 만약 예술이 '내용'에 불과하다면 이 영화를 감상하지 않고 신문 기사를 읽어도 될 겁니다. 이미 언론에 상세히 보도된 사연이기 때문입니다. '삼성반도체 백혈병 사태'라고 검색하면 수많은 기사를 접할 수 있습니다. 천만 관객을 불러들이는 영화는 있지만 천만 독자에게 읽히는 기사는 지극히 드뭅니다. 신문 기사는 문학이나 영화와 같은 예술처럼 상상과 공감을 불러일으키지는 않으니까요. 같은 내용이라도 예술적으로 표현하면 내용의 영향력이 달라집니다. 예술이 지닌 고유한 저력을 통해 독자를 빨려 들게 만드니까요. 이것이 예술의 힘입니다. 소설이라면 서사와 묘사, 그리고 캐릭터를 통해 독자에게 메시지를 전합니다. 영화라는 예술은 미장센·조명·음악·카메라 촬영 기법 등의 영화만의 표현 양식(형식)을 통해 메시지를 새롭게 표현하죠. 신문 기사와 똑같은 내용의 실화가 영화라는 예술이 되었다면 내용이 아니라 예술적 표현 양식을 충족했기 때문입니다.

영화의 내용에 대해서만 언급하는 것은 그 영화의 시나리오를 읽는 것과 다를 바가 없습니다. 영화의 내용에 대해서만 이야기 나눈다고 해서 문제될 것은 없지만 예술을 이해하는 분들은 어떻게 표현했는지에 대해서도 관심을 기울입니다. "흔치 않긴 하지만 최상의 비평은 내용에 관한 언급 안에 형식에 대한 언급을 녹여낸 비평"이라는 수잔 손택의 말도 이해되리라 생각합니다. 그녀는 좋은 예술비평이 되기 위한 조언도 건넵니다. "예술의 형식에 더 주의를 기울어야 한다. 내용만으로 예술을 평가하는 편협한 태도는 해석의 오만을 야기하는 동시에 형식에 대한 더욱 확장되고 철저한 설명을 간과하게 될 것이다. 우리에게 필요한 것은 형식을 위한 어휘, 규정적인 것이 아니라 묘사적인 어휘다."[112] 예술의 본질이 형식에 있음을 간파한 발언입니다. 〈또하나의 약속〉은 〈도가니〉와 함께 영화가 세상의 변화에 기여할 수 있음을 보여주었던 감동적인 사례입니다.

예술의 본질은 '형식'에 있다! 이 말은 삶의 어디에서나 필요하고 자주 적용되어야 할 말입니다. 어머니의 애정 어린 말이 잔소리로 전락하고 마는 이유는 그 말이 예술적이지 않기 때문입니다. 어머니는 '이게 얼마나 중요한 말인데…'라고 생각하겠지

---

112 수잔 손택, 이민아 옮김, 『해석에 반대한다』, 이후, 2009, p.32.

만 듣는 입장에서는 내용이 좋더라도 표현하는 방식에서 마음을 닫을 수도 있습니다. 너무 자주 반복하거나 타이밍이 부적절하거나 알아듣지 못하는 표현이라면 예술적으로 표현하도록 노력해야 합니다. 예술적이어야 더 많은 사람이 듣고, 더 주의를 기울여 듣습니다. 삼성반도체 백혈병 사태를 다룬 기사보다 〈또 하나의 약속〉을 더 많이 보는 이유는 듣는 사람의 마음을 사로잡는 방식으로 전달했기 때문이겠죠. 기사라고 해서 무조건 예술성이 떨어지는 것도 아닙니다. 어떤 기사는 여느 기사와는 달리 독자의 시선을 붙잡아두겠죠. 일급의 글쟁이들은 모두 내용뿐만 아니라 표현하는 형식을 고민하는 예술가들입니다. 표현 방식을 고민하는 게 쉬운 일은 아니죠. 아이에게 전할 메시지의 내용이 불현듯이 떠오르지만 어떻게 표현해야 좋은지는 따로 고심해야 하니까요. 언제 어떻게 전달할까를 고민해야 소중한 당부가 잔소리로 전락하지 않습니다. 모든 얘기를 예술적으로 표현해야 한다는 뜻은 아닙니다. 그렇다면 우리는 묵언 수행을 해야 할 테니까요. 자녀에게 반드시 전달하고 싶은 메시지라면 그것만 예술적으로 표현해도 소통이 일어날 겁니다. 예술적으로 표현되는 내용에는 귀를 기울이니까요.

예술이 일상에서만 필요한 것도 아닙니다. 중요한 것이라면 무엇이든 예술이 필요합니다. 각 학문마다 최고의 이론들은 논문 속에서 잠자고 있습니다. 훌륭한 이론이라면 좀 더 많은 사람들이 달려들어야 할 텐데 딱딱한 논문을 읽는 사람들은 많지 않습니다. 여기에서 예술적 감각을 지닌 작가들이 필요합니다. 말콤 글래드웰, 다니엘 핑크, 마이클 루이스, 로렌 슬레이터, 데이비드 보더니스, 찰스 핸디 등은 각 학문의 이론이나 자기 분야의 구석구석을 예술적 필치로 그려낸 일급의 작가들입니다.(황현산, 신형철은 학계에 몸을 담았으면서도 일급의 필력을 지닌 분들이고요.) 무엇이든 예술을 만나면 훨씬 정교하고 아름다운 '형식'으로 표현되어 좀 더 많은 사람들이 그 '내용'을 잘 이해하게 될 겁니다. 과학이 예술을 만나면 과학의 대중화가 이뤄집니다. 과학의 질적 저하가 아닌 대중들의 과학 교양이 높아진다는 말입니다. 이처럼 예술에 관한 교양을 갖춘다는 것은 예술의 본질을 간파하고 예술이 우리 삶에 얼마나 유용한지를 폭넓게 이해해간다는 뜻입니다.

V

교양인의
7가지 공부법

- 교양 교육을 위해 필요한
지식 인프라

"책을 읽었다고 말만 하지 말고 당신이 그 책을 통하여 생각을 더 잘하게 되었음을 보여주십시오. 더 분별력 있고 더 사려 깊은 태도로 살게 되었다는 것을 보여주십시오. 내용을 알았다고 해서 진보를 이뤘다고 생각하는 것은 큰 착각입니다."

에픽테토스

1. [태도] 교양인의 태도부터 갖춰라
2. [언어] 적확한 언어로 표현하라
3. [문법] 22개의 근본 개념을 익혀라
4. [얼개] 지적 얼개를 구축하라
5. [독해] 위상과 개요를 파악하라
6. [토론] 자신의 관점을 확장하라
7. [공감] 서사적 상상력을 키워라

1. [태도] 교양인의 태도부터 갖춰라

취업 전문 사이트 〈잡코리아〉
가 직장인 343명을 대상으로 '뽑고 싶은 신입 사원 유형'에 관해
설문 조사한 바에 따르면, 성실하고 책임감 있는 사람이 77.3퍼
센트였고, 열심히 배우려는 자세를 갖춘 사람이 59.5퍼센트였습
니다. 회사가 신입 사원에게 요구한 조건 1, 2위는 '역량'이 아닌
'태도'였습니다. 신입 사원에게만 적용되는 결과는 아닐 겁니다.
올바르고 적절한 태도야말로 처음 시작하거나 새롭게 공부하려
는 이들에게 절실한 덕목이니까요. 달리기 시합을 하거나 먼 길
을 떠나는 사람은 신발 끈부터 고쳐 맵니다. 평생 학습을 통해
교양을 갖추고자 한다면 마음가짐부터 갖춰야 합니다. 성실하
게 배우려는 태도 말입니다. 평생 공부를 통해 지혜로운 교양인
이 되고 싶은 분이라면 세 가지 태도를 강조하고 싶습니다. 능
동성·개방성·호기심이 그것입니다. 제게는 교양인의 필수 태도

(essential attitude)라 여겨지는 미덕들입니다. 하나씩 자세히 들여다보겠습니다. 개념을 또렷하게 인식하면 달려갈 푯대가 되죠.

첫째는 능동성입니다. "다른 것에 이끌리지 아니하고 스스로 일으키거나 움직이는" 태도 말입니다. 누군가가 책을 읽으라고 해서가 아니라 스스로 독서 시간을 확보하고, 저자의 주장을 비판적으로 사유하고, 읽는 행위로 끝내지 않고 읽으면서 느낀 것들을 정리하고 실천하는 일 등은 능동적인 학습자의 모습입니다. 많은 사람들은 감나무 아래에서 감이 떨어지기를 기다리는 태도로 책을 읽습니다. '책이여! 나는 읽기만 할 테니, 내게 변화와 성장을 안겨주시게.'하는 식입니다. 저에게 책을 읽는 행위는 곡괭이 한 자루를 어깨에 메고 산으로 올라 금광을 캐는 느낌입니다. 『조윤범의 파워클래식』으로도 유명한 바이올리니스트 조윤범은 능동성의 중요성을 간파한 예술가입니다. 예술적 감동은 '받는 것'이 아니라 '하는 것'이라 말하며 예술 감상자의 능동성을 강조했습니다. 예술은 '감동받는' 대상이 아니라 능동적으로 '감동하는' 대상이라는 겁니다. TV는 수동적인 태도로도 즐길 수 있는 매체입니다. 전원을 켜는 것과 채널을 돌리는 것 정도가 능동적일 뿐, 우리는 브라운관이 보여주는 영상대로 따라가면 됩니다. TV 예능 프로그램이나 드라마는 아무런 준비 없이 수동적으로 시청하기만 해도 웃음과 감동을 받을 수 있지만, 예술은 다릅니다. 예술을 향유하려면 얼마간의 지식이 필요할 수도 있고 이해하고 느끼려고 하는 능동성이 요구됩니다. 예술 작품을 감상하고 즐기려면 약간의 노력이 필요하듯이 독서에도 능동성이 필요합니다. 책을 펼치는 일에도, 책을 읽는 중에도, 책을 읽고 나서도 능동적으로 무언가를 해야만 책을 통해 성장하고 발전할 수 있습니다. 예술과 마찬가지로 독서 또한 '감동받는' 대상이 아니라 '감동하는' 대상입니다. 잘 표현된 책은 수동적인 독자의 마음도 움직이긴 하지만, 능동적인 태도를 취하면 훨씬 더 많은 깨달음과 감동을 얻습니다. 능동적으로 독서하는 태도가 지적인 삶을 만듭니다. 생각하지 않고 실천하지 않고 노력하지 않으면 변화와 성장이 더딜 수밖에 없습니다. 능동성은 그런 노력을 기꺼이 감당하겠다는 태도고요.

- 학습하는 동안 어느 정도의 어려움은 지식을 확실히 배우고 잘 기억하는 데 도움이 된다.
- 어떤 지식을 배우기가 쉽다면 그 지식은 깊이 남지 않고 금방 사라질 가능성이 크다.
- 해법을 보기 전에 낯선 문제를 풀어보려고 애쓰는 경우, 그렇지 않았을 때보다 학습 내용을 더 잘 배울 수 있다.

최신 인지심리학 연구 결과[113]들이 말하는 효과적인 학습법입니다. 제 눈에는 능동성을 강조하는 다양한 사례로 보이더군요. 과학적인 연구 결과마저 능동성의 학습 효과를 지지하고 있지만, 기실 능동성은 부담스러운 단어입니다. 능동성이란 얼마간의 수고로움을 요구하니까요. 누구나 책을 읽으면서 지식을 쉽게 얻으려고 하지, 스스로 생각하거나 해결되지 않은 문제에 매

---

113 헨리 뢰디거 외 『어떻게 공부할 것인가』, 와이즈베리, 2015, p.289.

달리는 사람은 드뭅니다. 대다수의 모습이라면 자책하기보다는 해결책을 모색하면 될 일입니다. 능동성이 부담스러운 이유는 수고를 기꺼이 감수하게 만드는 비전이 없기 때문입니다. 누군가가 시키는 공부나 목적의식이 부족한 공부는 재미없고 부담스러워지기 십상입니다. 스스로 학습 비전을 세운다면 공부에 의미가 생기고 즐거움이 더해질 겁니다. 과정에서 만나는 장애물을 넘어설 확률도 높아질 테고요. 비전은 장애물을 앞세우고 온다는 사실을 이해하고 나면, 다시 말해 우리는 장애물을 통과하면서 비전을 실현할 만한 인물로 성장한다는 사실을 깨닫고 나면 예전보다 적극적인 태도를 취할 수 있습니다. 목표를 달성하려면 기꺼이 감수해야 할 수고들이 있으니까요. '필연적인 수고'들을 마다하지 않는 능동성이 우리를 성장시킵니다. 능동적으로 공부할수록 학습의 효과가 커집니다.

능동적인 태도를 갖추기 위한 연습거리는 어디에나 존재합니다. 읽을 책의 선택에서부터 텍스트를 실천하는 일까지 우리는 언제나 능동성과 수동성 사이의 갈림길에 섭니다. 능동성을 선택한다는 것은 책을 고를 때 누군가의 추천을 무작정 따라가지 않고 자신에게 도움이 될 만한 책인지 스스로 검토하는 태도입니다. 자신의 화두나 고민이 어떤 책과 연결되는지 손수 찾아야 함을 의미합니다. 책을 읽다가 모르는 내용이 나오면 슬그머니 넘어갈 게 아니라 의문을 품고 조사하거나 도움을 구하면서 적극적으로 해결하는 태도가 능동성이죠. 책에서 통찰과 지혜를 만나면 삶으로 실천하려는 태도 역시 능동성이겠습니다. 능동적인 태도가 학습의 질과 성장의 속도를 높여줍니다.

둘째는 개방성입니다. 새로운 지식이나 새로운 분야에 대한 열린 마음을 뜻하죠. 누구에게나 낯선 관점과 새로운 지식이 필요합니다. 사람이라면 인지 편향에 빠질 수밖에 없으니까요. 우리는 비논리적으로 추론하고 중요한 사실을 놓치고 잘못된 판단을 내리기 일쑤입니다. 그럼에도 불구하고 우리가 잘못 생각하고 있다는 사실을 알아채지 못하죠. 개방성은 비본성적인 미덕으로 보이기도 합니다. 치우친 관점을 가졌음에도 자기 관점에서만 바라보고 자신이 알고 있는 것이야말로 중요하다고 착각하니까요. 자신의 인지 편향과 무지를 인식하면서 비로소 공부가 시작됩니다. 여기서부터 난관입니다. 무지한 사람에게 그들이 모른다는 사실을 깨우치기란 어려운 일이니까요. 지식이 쌓여야 비로소 자신이 모르고 있었음을 깨닫습니다. '나는 무엇을 모르는가?' 역설적이게도 이 질문은 아는 것이 조금은 있어야 답변이 가능해집니다. 아무것도 모르면 자신이 무엇을 아는지 모르는지 파악하기 힘듭니다. 대부분의 사람들은 자신이 모르고 있다는 사실을 모릅니다. 이중의 무지에 빠져 있는 거죠. 소크라테스는 자신의 무지함을 알았습니다. 세상에서 가장 지혜로운 자라는 신탁을 받았던 이유입니다.

개방성은 결국 알아차림입니다. 개방성은 자신이 모른다는 사실을 알아차림으로 맺는 결실입니다. 내가 알고 있는 지식은 내가 정말 알아야 할 지식의 백분의 일도 되지 않음을 깨닫는 것, 지금 알고 있는 지식이 내일이면 오류로 증명될 수도 있음을 염두에 두는 것, 알아야 할 가장 중요한 앎 대신 사소한 앎에 둘러싸여 있을 가능성을 인식하는 것! 모두 알아차림입니다. 알아차릴수록 개방성을 갖게 됩니다. 새로운 지식의 필요성을 느끼고 열린 마음으로 필요한 지식을 배워간다는 말입니다. 개방성이 인지 편향과 무지로부터 우리를 구원합니다. '개방'의 뜻이 의미심장합니다. '개방'은 어떤 공간을 자유롭게 드나들게 한다는 개념입니다. 교양인의 개방성이란 자신의 지성에 다른 사람의 관점과 새로운 문화가 자유롭게 드나들도록 만든다는 뜻이겠지요. 오만한 태도로는 개방성을 갖기 힘들죠. 지적인 겸손이 개방성을 부릅니다. 겸손한 자가 마음을 열어 새로운 배움을 구하고, 겸손이 자신보다 나은 사람을 찾아 지혜를 얻습니다. 교양인이라면 폐쇄적인 느낌을 주진 않을 겁니다. 열려 있음이나 유연함 또는 관용이 교양인의 분위기일 테죠. 개방적인 태도가 우리에게 교양을 선사합니다.

셋째는 호기심입니다. 알고자 하는 욕구 말입니다. 기꺼이 배우는 사람이 된다는 것은 호기심을 갖고 일상을 산다는 의미입니다.[114] 호기심은 지식의 산파입니다. 최고의 학습자들은 어린 시절의 호기심을 잃어버리지 않은 사람들입니다. 잃기는커녕 호기심의 싹을 정성스럽게 키워 지성의 꽃을 피워냅니다. 열렬한 호기심이 위대한 사상가를 만듭니다. 성호 선생은 "나는 모든 것을 알고 싶다."고 했고, 아인슈타인은 자신의 관심사를 묻는 질문에 "만사(everything)"라고 썼습니다. 개방성과 달리 호기

---

114 Ronald L. Capasso and John C. Daresh, 『The School Administrator Internship Handbook』, p.116. "During your internship, you must commit yourself to being a willing learner. This means you must come to work each day with an inquisitive mind."

심은 본성입니다. 뉴스가 소비되는 것도 인간이 알고자 하는 욕구를 가졌기 때문이죠. 호기심은 근력과 같아서 훈련으로 키워집니다.

호기심을 회복하는 비결은 질문하는 삶에 있습니다. 어린 아이들처럼 눈앞의 세상을 궁금해 하며 사는 겁니다. 보들레르는 이렇게 말했습니다. "천재성이란 아이들의 세계로 돌아가는 것이다." 어린 아이의 눈에 비친 세상은 궁금한 것들이 가득합니다. 아이들은 부모님과 주변 사람들에게 묻습니다. 그들의 답변이 시시해지기 전까지는 그들 모두가 선생입니다. 어떻게 하면 아이의 호기심을 회복할까요? 미래에 대한 걱정이나 과거에 대한 후회는 호기심을 앗아갑니다. 지금 여기에 집중하되, 모르는 것들을 지나치지 않고 관심을 갖거나 궁금해하는 것이 중요합니다. 호기심은 지식의 어머니임에도 불구하고 대다수 어른들은 호기심을 잃은 채로 살아갑니다. 모르는 것에는 점점 익숙해집니다. 호기심이 없더라도 인생살이에는 지장이 없죠. 오히려 호기심을 무시하면 삶이 편안해지고 안전해지기도 합니다.

호기심을 샘솟게 하는 일은 언제 어디에서나 가능합니다. 호기심과 동떨어져 살아갈수록 학습으로부터 멀어진다는 걸 느낀 후 저는 호기심을 회복하려고 노력했습니다. 신문을 보거나 책을 읽다가 모르는 개념이 나오면 사전을 찾거나 인터넷 검색으로 의문점을 해소했습니다. 운전하다가 교차로의 대형 광고판에서 흥미로운 내용을 접하면 관련 자료를 찾기도 했고요. 한번은 서울 서초동의 남부터미널을 지나가다 노후된 터미널 건물을 보며 궁금증이 생겼습니다. '왜 저런 상태로 방치할까?' 인터넷 검색을 했더니 1990년 개장 이래 30년이 다 되어가도록 가건물을 사용하는 중이더군요. 가건물로 임시 개장한 후 진로그룹에서 새 건물을 짓기로 했지만, 1997년 외환 위기 때 그룹이 해체되어 계획이 무산되었다고 하네요.

양질의 호기심을 좇아가는 것이 교양인의 삶입니다. 호기심을 유지하는 방법 하나는 질문 노트를 작성하는 겁니다. 의문이나 궁금증이 생길 때마다 노트에 질문형의 문장으로 작성하면 됩니다. 최근 저는 몇 가지 질문을 노트에 추가했습니다. 나는 왜 희랍 고전에 끌리는가, 공자는 어떻게 살았을까 같은 지적인 호기심도 있고 어떻게 사과하고 용서를 구할까 같은 삶의 고민을 담은 질문도 있습니다. 질문 노트에 좋은 질문이 쌓여갈수록 우리 삶에 긍정적인 영향을 미칩니다. 물론 호기심만으로 삶이 바뀌거나 지성이 쌓이지는 않습니다. 집중력과 실행력을 더해야 효과가 강력해집니다. 답변에 집중하는 능력과 실천으로 이어가려는 의지 말입니다. 좋은 질문을 던지고서 답변을 기다리지 못하는 사람들이 있습니다. 하나의 호기심에 집중하지 못해서 답변을 만나기 전에 다른 호기심으로 대체하고 마는 겁니다. 또한 호기심을 갖는 일과 실천하는 일도 별개죠. 호기심에 그치지 말고 실제로 고민하고 행동하는 것이 중요합니다. 답변을 구할 때까지 호기심에 집중하고, 발견한 답변을 실천해간다면 분명 학습의 결실이 커질 겁니다.

2. [언어] 적확한 언어로 표현하라

중세의 학생들은 트리비움의 문법 수업에서 기초 공식이나 필수적인 지식을 배웠습니다. 문법 익히기는 공부의 첫걸음이자 더 깊은 이해로 가는 디딤돌이죠. 문법은 각 학과마다 존재합니다만 리버럴 아츠 전체에 관한 문법도 구상할 수 있습니다. 모티머 애들러의 표현을 빌자면 '종합적 학식을 위한 문법'이 되겠고, 간단히 '교양인의 문법'이라 불러도 좋겠습니다. 저는 '언어 실력'과 '근본 개념'을 교양인의 문법이라고 생각합니다.

언어는 중요한 문법입니다. 교양인은 모국어를 적확하게 구사하려고 노력합니다. 언어는 소통과 인식, 그리고 사유의 수단이기 때문입니다. 적확한 언어 구사 없이는 사람들과의 정교한 논의나 깊은 이해가 어려워집니다. 언어로 개념화하기 전에는 대상을 인식할 수도 없고 사유할 수도 없습니다. 교양을 쌓기 바란다면 일상 어휘를 정확한 용법으로 사용하고 중요한 개념들을 조금씩 익히시길 권합니다. 언어 소양을 함양하려면 말을 하거나 글을 쓸 때 단어 하나 개념 하나를 세심하고 적확하게 표현하려고 노력하면 됩니다. 자신이 사용하는 단어가 표현하려고 하는 의도를 적절하게 반영했는지 사전을 찾아 확인하는 겁니다. 귀찮은 작업이지만 결실은 큽니다. 의사소통 능력과 교양의 기본기가 갖춰지는 과정이니까요.

많은 사람들이 사회적으로 합의된 정의가 아닌 자의적인 해석을 덧붙이는 바람에 엉뚱한 단어를 선택합니다. 한 술자리에서 K는 이렇게 말했습니다. "나는 착한 사람이 싫어. 그들은 너무 무능해." 여기에 대해 여러 사람들이 웃으며 반기를 들었습니다. 그럴 수밖에 없었죠. 착함과 무능의 상관관계에 의문이 생겼으니까요. 한참 얘기를 나눠보니 K는 자신만의 생각으로 착한 사람을 정의했더군요. 그가 말하는 '착한' 사람이란 다른 이들을 배려하느라 자신이 달성해야 할 성과를 놓치는 이를 일컫는 말이었습니다. 그의 말을 다시 표현하니 "남들 눈치 보느라 또는 착한 척 하느라 실행과 결정을 못하는 사람이 싫어." 정도가 되었습니다. 착하다는 말의 정의를 임의대로 해석해서 나온 말이더군요. 착한 사람을 싫어하는 사람은 거의 없을 겁니다. 마음이 곱고 상냥한 사람이 착한 사람이니까요. '착함'은 무능함이나 유능함과는 다른 차원의 개념이고요. 이처럼 단어를 사회적으로 합의된 정의가 아니라 주관적인 의미를 덧붙여 표현하면 소통을 방해하거나 오해를 살 확률이 높아집니다. 언어를 정확하게 구사하려는 노력은 교양의 기초 문법을 쌓아줄 뿐만 아니라 원만한 인간관계를 돕습니다. 의사소통에 실패해서 겪는 어려움을 생각한다면 적절한 어휘를 사용하려는 노력은 가치 있는 일입니다. 일상 대화에서는 이렇듯 자의적인 정의대로 단어를 사용하는 일이 흔합니다. 문제될 것도 없고요. 하지만 중요한 대화나 토론에서는 어떤 단어가 자기 의견을 잘 표현하는지 구별할수록 의견 개진이 쉬워집니다. 단어 선택이 정확함을 넘어 적확해질수록 효과적인 소통에 이롭습니다.

정확하다: 바르고 확실하다.

적확하다: 정확하게 맞아 조금도 틀리지 아니하다.

언어 실력에 더 큰 열망을 가진 교양인이라면 문화적 지배력을 가진 외국어 하나 정도는 익히기를 권합니다. 당대의 문화를 선도하는 외국어를 익히는 것은 문화 후진국에서 태어난 지식인의 숙명이었습니다. 그리스 문명이 유럽에 영향을 미치던 때에는 키케로를 비롯한 로마인들이 그리스어를 익혔고, 몽테뉴를 비롯한 중세의 유럽 지식인들은 라틴어를 배웠습니다. 우리나라 지식인들이 한자에 능통했던 것도 같은 맥락입니다. 저는 21세기의 교양 외국어로 두 가지를 꼽습니다. 영어가 단연 우선입니다. 영어를 읽고 말할 줄 알면, 세계인들과 교류하고 고급 텍스트에 접근할 수 있으니까요. 다른 하나는 한자입니다. 중국어 회화를 하진 못하더라도 한자를 읽을 줄 알면 동양 문화를 더 깊이 이해할 수 있습니다. 라틴어가 서양 언어의 중요한 기반이듯, 한자는 동아시아 국가들의 언어와 문화를 이해하는 기반이니까요.

한자에 대한 이해는 우리말 어휘력과 활용력을 풍성하게 만듭니다. 한국어는 세 겹의 언어로 나뉘죠. 고유어, 한자어, (한자어 이외의) 외래어가 그것입니다. 근본주의적인 입장을 취하는 국어순화론자들은 우리말 동의어가 있는 한자어는 추방하고 싶어 합니다만('혈액'은 추방하고 '피'만 남기자는 겁니다.), 사실 완전한 동의어는 드뭅니다. 피와 혈액은 같은 말이긴 하나 혈액은 의학적 뉘앙스를 가질 뿐이어서 다양한 뉘앙스를 가진 '피'처럼 비유적으로 사용되진 못합니다. "정말 피를 말리는구면." 또는 "피를 나눈 사이"와 같은 표현을 '혈액'으로 바꾸면 어색해지죠. "정말 혈액을 말리는구먼." 이건 이상하잖아요. 언어학으로 석사와 박사 학위를 받은 고종석은 고유어뿐만 아니라 한자어와 외래어까지 폭넓게 우리말로 받아들이자고 주장합니다. "한국어 어휘가 고유어로만 이뤄지지 않은 것이 어떤 독자들에게는 유감스러운 일일지도 모르겠다. 그러나 세상에 고유어로만 이뤄진 언어는 없다. 완전히 닫힌 사회가 존재할 수 없기 때문이다. 한자어와 유럽계 외래어 같은 차용어들 덕분에 한국어는 그 어휘를 크게 불렸고, 생각과 느낌의 결을 섬세하게 담아낼 수 있게 되었다. 이런 차용어들은 한국어가 받은 축복 가운데 하나다. 그것은 외국어 단어가 아니라 한국어 단어다."[115] 한자어는 우리말 어휘의 절반 이상을 차지합니다. 고유어와 함께 우리말의 근간을 이루고 있습니다. 기본 한자에 대한 이해를 가질수록 우리말 활용도가 높아질 수밖에 없습니다.

3. [문법] 22개의 근본 개념을 익혀라

언어 공부에 관심 없는 분들도 계실 겁니다. 언어 소양보다는 구체적인 학식을 쌓고 싶은 분들 말입니다. 교양의 기초 지식을 쌓고자 하는 분들에게는 모티머 애들러의 제안이 유용할 겁니다. 애들러는 교양인의 문법, 다

---

115 고종석,『국어의 풍경들』, 문학과지성사, 2010, pp.51~58. 인용문은 54쪽에서 옮겼고, 한국어가 세 겹의 언어로 구성되었다는 설명 전반이 이 책에 빚졌습니다.

시 말해 종합적 학식을 위한 문법을 정리하여 소개했습니다. 교양인의 문법은 수학의 구구단, 역사학의 연대기 등 개별 교과목의 문법과는 다릅니다. '단순한 지식 암기'가 아니라 더 깊고 넓은 공부로 이끌어주는 '기본 개념에 대한 이해'야말로 종합적 학식을 위한 문법입니다. 자신과 타인, 사회와 세계, 자연과 우주를 이해하는 데 기본이 되는 개념들부터 익혀야겠죠. 교양을 함양하는 데 더 요긴한 개념이 있을 테니까요. 필수 개념을 선별하는 일이 관건일 텐데 신뢰할 만한 교양인들이 이미 선정해놓았다면 도움이 되지 않을까요? 모티머 애들러를 중심으로 한 일단의 지성인들이 그러한 지적 유산을 남겨주었습니다.

시카고대학교 총장이었던 로버트 허친스와 같은 학교의 교수였던 모티머 애들러는 각각 편집장과 부편집장을 맡아 많은 학자들과 8년간 협업하여 쉰네 권의 『서양의 위대한 책들(Great Books)』(1952)을 출간했습니다. 서양 지성사의 명저를 선별한 교양인의 필독 목록입니다. 이들의 지적 작업은 더욱 친절한 지점까지 나아갔습니다. 필독서를 읽을 때 활용될 개념 사전을 편찬하거든요. "호메로스부터 프로이트까지 2,500년을 가로지르는 저자 일흔네 명의 443편의 저서의 개념 색인"을 만든 겁니다. 애들러를 비롯한 학자들은 1차적으로 700여 개의 개념을 선별했습니다. 논의를 거듭한 끝에 최종적으로 102개의 핵심 개념을 추려냈죠. 쉰네 권의 위대한 책들을 관통하는 개념이자 교양 공부의 핵심 주제입니다. 애들러는 102개의 개념을 "The Great Ideas"라고 불렀습니다. 우리말로는 '위대한 관념' 또는 '근본적 개념' 등으로 번역됐지요. 저는 쉽고 짧게 '근본 개념'이라 부릅니다.

아래는 일급의 교양인들이 추리고 또 추려낸 근본 개념들입니다.

천사·동물·귀족주의·**아트**·천문학과 우주론·**미**·존재 원인·기회·변화·시민·헌법·용기·관습과 관행·정의定義·민주주의·욕망·변증법·의무·교육(학습)·요소·감정·평등·영원·진화·경험·가족·운명·형식·하느님·좋음과 나쁨·정부·습관·행복·역사·명예·가설·개념·영원한 생명·귀납·무한·심판·정의正義·지식·노동(일)·언어·법·해방(자유)·삶과 죽음·논리·사랑·인간·수학·물질·기술·의학·기억과 상상·형이상학·마음·군주제·자연·필연과 우연·과두 정치·하나와 여럿·의견·반대·철학·물리·쾌락과 고통·시·원칙·진보·예언·분별·벌·질·양·추론·관계·종교·혁명·수사학·같음과 다름·과학·감각·기호와 상징·죄·노예·영혼·공간·상태·자제·신학·시간·진리·전제와 일반과 특·미덕과 악덕·전쟁과 평화·부·의지·지혜·세계

왜 한 개가 늘었냐고요? 애들러는 만년에 이 목록의 유효성에 대해 자문했습니다. "1940년대에 작성한 이 목록이 오늘날에도 만족스러울까? 다른 관념을 더해야 하지 않을까? 지금 내 판단으로는 추가할 후보는 셋밖에 없다. 평등을 빠뜨린 것은 바로잡아야 하고, 권력과 자산도 추가할 후보다."[116] 미국에서 1986년

---

116 모티머 애들러, 『평생공부 가이드』, 유유, 2018, p.151.

에 출간된『평생공부 가이드』에서 한 말입니다. 그런 고민 끝에 '평등'이 추가되어 백세 개가 되었습니다.

애들러와 학자들은『서양의 위대한 책들』1, 2권에 근본 개념을 담았습니다. 1, 2권의 제목은 '신토피콘'입니다.(애들러는 'the Great Ideas'를 '주제의 집합'이라는 뜻을 가진 신토피콘syntopicon이라는 신조어로 불렀죠.) 신토피콘에서는 근본 개념을 설명하고 색인을 제공했습니다. 특정 개념이 전집의 어떤 책에서 다뤄지는지 쪽수를 표기한 겁니다. 이러한 방대한 작업을 실행한 목적은 분명합니다. 애들러는 백과사전이 알파벳주의에서 벗어나지 못한다고 지적했거든요. '알파벳주의'란 알파벳순으로 나열하는 방식은 어떤 항목이 더 중요한지, 무엇부터 공부해야 하는가를 알려주지 못한다는 문제의식을 칭하는 애들러의 표현입니다. 단어 찾기에는 알파벳순이 편리하지만 교양 교육을 위해서는 "알파벳 순 배열 이상의 좋은 배열법을 궁리"해야 한다고 주장했던 겁니다. 개념들을 주제별로 나열하고 색인을 제공함으로 알파벳주의의 대안을 제시한 것이 신토피콘입니다.

근본 개념이 리버럴 아츠의 문법입니다. 근본 개념을 이해하면 위대한 책들을 읽어나가기가 수월해집니다. 모티머 애들러는 근본 개념의 중요성을 다음과 같이 설명합니다. "이 근본 개념들은 고대의 근본적 개념들과 같으며 그것은 증명할 수 있는 사실이다. 즉 이것들 가운데 '현대에 발견된 것'은 아무것도 없다. 고대 그리스인들도 백세 가지 근본 개념들 모두에 대해 각각 명칭을 갖고 있었다. 인간의 사상사에서 이 개념들은 줄곧 사색과 탐구의 대상이 되어왔다. 즉 그것들은 인간의 정신에 내재하는 공통의 자산이다. 근본 개념들 각각에 대해 존재하는 방대한 문헌은 개념들에 대한 인간 사상의 연속성뿐만 아니라 그런 사상이 필연적으로 불러일으키는 폭넓은 의견의 다양성을 반영한다. 우리는 근본 개념들을 배우면서 인간의 의견이 나타내는 근본적인 상호 불일치와 일치를 발견하게 된다."[117]

근본 개념을 익히기 위해 영어로 된 『서양의 위대한 책들』 전집을 구매하실 필요는 없습니다. 1, 2권(신토피콘이라 불리는 근본 개념 색인)을 제외한 거의 모든 책들이 우리말로 번역되어 있으니까요. 3권은 호메로스의 두 서사시입니다. 4권은 그리스의 세 비극 작가들과 희극 작가 한 명의 희곡들을 실었습니다. 5권은 헤로도토스와 투키디데스의 역사서고요. 헤로도토스의 『역사』와 투키디데스의 『펠로폰네소스 전쟁사』는 모두 두툼한 책입니다. 이를 한 권으로 엮은 게 전집의 다섯 권 째 책이니 전집 한 권, 한 권이 방대한 분량임을 알 수 있습니다.

근본 개념을 설명하는 『서양의 위대한 책들(Great Books)』 1, 2권이 번역되지 않은 것은 아쉽습니다. 신토피콘은 근본 개념에 해당되는 고전 텍스트를 찾아 읽을 수 있는 기회를 제공하니까요. 1, 2권만 번역한다고 해결되는 문제도 아닙니다. 전집을 모두 번역해야 색인 기능이 제대로 활용될 테니까요.(거대한 전집의 번역은 거기에 들이는 엄청난 수고의 가치를 따져볼 수밖에 없습니다.) 대안이 있습니다. 애들러는 만년에 미국인들이 근본 개념을 잘 이해하도록 돕기 위해 텔레비전 강연을 진행했습니다. 근본 개념

---

117 모티머 애들러, 『개념어 해석』, 모티브, 2007, p.9.

중에서도 대중적 논의에 적합하고 다른 개념에 비해 우선되는 스물두 개의 개념을 선별하여 설명한 프로그램입니다. 위 목록에서 볼드체로 표시한 단어들이 스물두 개의 근본 개념입니다. 아트, 미, 변화, 민주주의, 감정, 진보, 행복 등 스물두 개로 선별된 근본 개념에 대한 강의는 『How to Think about the Great Ideas』(2000)라는 책으로 출간되었죠. 애들러는 이듬해 세상을 떠났고요. 이 책이 2007년에 『개념어 해석』이라는 제목으로 번역되었습니다. 근본 개념 중에서도 핵심이 되는 개념들을 풀어 쓴 책입니다. 종합적 학식을 쌓으려는 '교양인의 문법' 교재로 삼아도 좋겠습니다. 사례 없이 연역적 추론만으로 설명하는 챕터가 많아 아쉽지만 중요한 근본 개념에 익숙해지는 것만으로도 이 책의 유익이 있으리라 생각합니다.

4. [얼개] 지적 얼개를 구축하라

종합적 학식을 쌓는 지름길은 지적 얼개를 구축하는 겁니다. 얼개란 '어떤 사물이나 조직의 전체를 이루는 짜임새나 구조'를 뜻합니다. 지적 얼개를 구축한다는 말은 어떠한 주제에 관해 전체적인 뼈대를 파악하고 주요한 골자를 짚어낸다는 뜻입니다. 하나의 주제를 공부한다고 가정해봅시다. 르네상스도 좋고, 고대 그리스도 좋습니다. 또는 역사학이라고 해도 괜찮습니다. 어떻게 공부를 시작해야 할까요? 지엽적인 소재나 디테일한 부분에 집중하는 공부도 재밌지만,

전체를 이해하게 만드는 큰 그림을 그리거나 굵직한 지식의 개요를 파악하는 일도 중요합니다. 특히 지성과 교양을 쌓고 싶다면 디테일한 지식에 파고들기 전에 지적 얼개를 구축해두면 좋습니다. 지적 얼개가 세부 지식을 기억하거나 특정한 주제를 이해하는 데에 도움을 주기 때문입니다. 지적 얼개의 중요성을 설명하기 위해 이야기 하나를 들려드리겠습니다. 갯장어 잡이와 책 읽기의 공통점에 대한 비유입니다.

고기잡이배 한 척을 상상해보자. 배는 바다로 나아갔고, 당신은 방금 낚싯바늘에 걸린 갯장어를 끌어올렸다고 하자. 갯장어를 산 채로 육지까지 싣고 가려면 신선한 물이 담긴 어창에 넣어야 한다. 하지만 당신은 갯장어를 배의 바닥에 던져놓고 만다. 어창에 집어넣는 일이 귀찮기도 했고 바다에서 갯장어를 끌어올리는 맛이 더 좋아서다. 갯장어의 생사에는 아랑곳 않는 당신은 연신 '주낙'이라 불리는 낚싯줄을 잡아당기느라 바쁘다. 당신의 배는 오늘 꽤 많은 갯장어를 끌어올렸지만, 육지로 돌아왔을 무렵 갑판 위의 갯장어들은 모두 죽고 말았다. 상품으로서의 가치가 크게 떨어진 것이다.

왜 죽었을까? 갯장어가 살아있을 어창을 마련하지 못했거나 어창이 있다고 해도 집어넣지 않았기 때문이다. 갯장어를 산 채로 육지까지 데려오려면 잡는 일뿐만 아니라 날카로운 이빨을 조심하며 갯장어를 어창에 집어넣는 일이 필요하다. 갯장어 잡이 이야기는 독서한 것들이 왜 우리의 내면에 쌓이지 않고 증발해버리고 마는지를 보여준다. 왜 읽은 책을 기억하지 못할까? 책에서

얻은 지식을 담아둘 만한 지적 창고를 설계해두지 못했거나 읽은 것들을 분류하여 저장하는 일을 건너뛰었기 때문이다. 읽은 책을 기억하여 활용하려면, 책장을 넘기는 일뿐만 아니라 잊어버리기 쉬운 내용들을 자신의 지식 창고에 분류하고 정리해야 한다.

어창이 잡은 물고기를 보관하는 창고라면 지적 얼개는 읽은 것들을 분류하여 정리해둘 머릿속 창고입니다. 파리8대학의 문학 교수 피에르 바야르는 지적 창고를 훌륭하게 설명합니다. "지식을 쌓았다는 말은 이런저런 책을 읽었다는 뜻이 아니라, 그 모든 책들 속에서 길을 잃지 않는다는 의미다. 다시 말해 그것들이 하나의 앙상블을 이루고 있음을 알고, 각각의 요소를 다른 요소들과의 관계 속에서 놓을 줄 안다는 것이다."[118]

지적 얼개를 구축하면 '총체적 시각'을 얻습니다. 바야르 교수는 로베르트 무질의 소설 『특성 없는 남자』에 등장하는 사서를 통해 총체적 시각이 어떤 것인지 보여줍니다. 소설에는 사랑하는 여인에게 환심을 사기 위해 방대한 사상을 공부하기로 한 스툼 장군이 등장하죠. 장군은 자신의 지적인 결심을 보여줍니다. "만약 내가 하루에 책을 한 권씩 읽어나간다면, 물론 그로 인해 많은 구속을 받게 되긴 하겠지만 언젠가는 책들을 모조리 섭렵하게 될 것이고, 그렇게 되면 지성계에 모종의 입지를 마련할 수 있을 거라고 생각했네. 어쩌다가 하루씩 독서를 거르는 일이 있

---

[118] 피에르 바야르, 『읽지 않은 책에 대해 말하는 법』, 여름언덕, 2008, p.31.

더라도 말이야."[119] 장군의 기대와 달리 이러한 접근으로는 진정한 교양을 쌓을 수 없습니다. 한 사서가 이렇게 말했던 겁니다. "책의 내용 속으로 코를 들이미는 자는 도서관에서 일하긴 글러먹은 사람이오! 그는 절대로 총체적 시각을 가질 수 없단 말입니다!" 교양이란 디테일한 지식을 모두 아는 것이 아니라 학문의 본질을 이해하고 전체와 비율에 대한 감각이라는 점을 상기한다면 이해하시리라 생각합니다. 바야르는 다음과 같이 설명합니다. "(이 사서가 가진 총체적 시각이라는 생각이 지혜로운 까닭은) 진정한 교양은 전체성(totality)을 지향해야 하며 국소적인 지식의 축적으로 환원될 수 없다는 전제 하에 '전체'라는 관념에 중요성을 부여한다는 데 있다. 더욱이 그러한 전체성의 추구는 개개의 책을 다른 눈으로 보게 한다. 책의 개별성을 넘어 그 책이 다른 책들과 맺는 관계들에 관심을 갖게 하는 것이다."[120] 교양인이 알아야 할 것은 바로 '책들의 관계'와 '지성사적 위상(그 책이 지성사에서 갖는 중요성이나 영향력)'이지 어떠한 책의 특정 내용이 아닙니다. 이것이 바야르 교수의 요지입니다. 어떤 책에 관한 대화는 대부분 그 책만을 대상으로 하기보다는 그 책과 연결되는 다양한 책에 관한 이야기로 이어지는 경우가 많습니다. 한 권의 책보다는 훨씬 폭넓은 지적 앙상블에 관한 대화가 더 잦다는 점을 감안하면 바야르 교수의 주장에 고개를 끄덕이게 됩니다. "내가 '집단 도서관'이라 명명하는 이러한 앙상블이야말로 정말 중요

---

119 같은 책, p.25.
120 같은 책, p.29.

하다. 책들에 관한 담론에서는 이 '집단 도서관'을 숙지하고 있느냐의 여부가 관건이다. 여기서 숙지란 고립된 요소가 아닌 관계들을 잘 알고 있느냐 하는 점이다."[121]

바야르가 말하는 태도는 각 권의 책에 대한 무관심이 아닙니다. 지성의 전당에 입성하려면 모든 책에 관심을 가짐으로써 얻는 총체적 시각이 중요하다는 주장입니다. 이것은 '한 권의 책에만 관심을 기울이다가 다른 책들을 경시하게 되면 어떡하지.'하는 염려의 마음입니다. 그리하여 '한 권의 책'이 아니라 '전체의 책들'에게 골고루 관심을 주는 태도입니다. 바야르는 이러한 독서가야말로 "무수한 일반 독서가보다 훨씬 지혜로운 태도요, 그들보다 책을 훨씬 더 존중하는 태도"를 지녔다고 말합니다. 저도 동의하고요. "개념들 자체보다 총체적 시각을 통해 개념들 사이의 관계를 파악하는 것이 더 중요하다."는 말에 동의하고 나니 질문 하나가 떠올랐습니다. 어떻게 하면 총체적 시각을 가질수 있을까? 지적 얼개를 구축하면 됩니다. 저의 지난날들을 돌아보니, 20대의 공부는 줄곧 지적 얼개를 구축하려는 노력이었더군요. 얼마간의 노하우가 생긴 것도 같아 지적 얼개를 구축하는 방법론들을 정리해보았습니다. 키워드는 지식의 역사·학문의 본질·주요한 지식·세계사·카탈로그입니다. 하나씩 설명해보겠습니다.

① 지식과 문명의 역사에 대한 이해는 중요한 지적 얼개입니

---

121 같은 책, p.32.

다. 교양을 쌓고 싶다면 지식의 역사, 문명의 역사, 문예사조 등을 주제 삼아 공부할 필요가 있습니다. 인류가 창안, 발견, 정리, 발전시켜 온 지식과 문명의 흐름에 대한 이해가 교양의 밑거름이기 때문입니다. 지식과 문명의 역사를 개관하는 세 권의 책을 소개합니다. 찰스 반 도렌의『지식의 역사』, 폴 존슨의『생각의 역사』, 윌 듀랜트의『문명 이야기』를 차분히 읽어간다면 지적 얼개를 갖출 수 있습니다. 지적 얼개는 총체적 시각을 제공합니다. 그리하여 세부 지식들에 휘둘리지 않도록 도와주죠. 위 책들은 지적 얼개와 총체적 시각을 안기는 명저들입니다. 관건은 교양을 향한 열정입니다. 책의 분량이 방대하거든요. 긴 호흡으로 공부하고 싶다면 존슨이나 듀랜트의 책도 추천 드리고 싶지만 리버럴 아츠의 주요한 흐름을 단시간에 훑어보기엔『지식의 역사』가 제격입니다. 교양의 세계에 입문하려는 분들에게 권하고 싶습니다. 17~18세기, 이성과 과학이 일으킨 혁명에 대한 챕터도 있기에 두 문화를 모두 다룬 책입니다. 무엇보다 내용이 쉽고 비교적 분량도 적습니다.(적은 분량의 책으로는『예일대 지성사 강의』도 떠오릅니다. 루소, 토크빌, 다윈, 마르크스, 바그너, 예술가들, 니체 등을 다뤘습니다. 리버럴 아츠 이념대로 인문, 과학, 예술 모두를 다뤘지만 입문자에겐『지식의 역사』보다 난해하리라 생각되네요.)

② 여러 학문의 본질을 파악하세요. 개별 학문들의 관점과 탐구 방법이 어떻게 다른지를 이해하는 겁니다. 문학, 역사, 철학이 서로 어떻게 다른지, 크게는 인문학, 사회과학, 자연과학이 무엇을 다루는지에 대해 이해하면 책을 읽는 안목과 생각하는 지평이 넓어집니다. 4부에서 살폈듯이 예술의 본질이 표현 양식에

있고, 과학의 본질이 엄밀한 방법론에 있음을 이해할수록 학문 세계가 다르게 보였던 이치입니다. 이처럼 학문끼리 대조하고 비교하는 것은 인문학적인 접근입니다. 애들러는 인문학의 본질은 학문의 내용이 아닌 종합적 접근을 시도하는 방법론이라고 말했죠. "전문 분과에 인문학적으로 접근함으로써 그 분과를 종합적 교육에 적합한 재료로 바꿀 수 있다. 어떤 전문 분야든 그 분야에 관한 역사와 철학을 고려함으로써 교양인에게 중요한 분야로 바꿀 수 있다."[122] 학문의 본질을 파악하는 방법은 어렵지 않습니다. 어떤 학문을 공부하기 전에 우선 그 학문의 본질, 가치, 공과를 묻는 책부터 읽으면 됩니다. 이를테면, 역사를 공부할 때 카의 『역사란 무엇인가』를 읽고(포스트모던 역사학에서 내놓은 카에 관한 비판적인 저술까지 읽으면 더욱 좋겠죠.), 과학을 공부하기 전에는 에른스트 페터 피셔의 『과학한다는 것』이나 프리먼 다이슨의 『과학은 반역이다』[123]를 읽는 겁니다. 두 권 모두 읽기 쉬운 대중 교양서입니다. 좀 더 학술적으로 쓰인 입문서를 찾는다면 장하석 교수의 「과학, 철학을 만나다」나 창비에서 출간한 『과학철학』을 권합니다. 이러한 책들을 역사철학서, 과학철학서라고 부릅니다. 한국학술협의회가 펴낸 『우리 학문이 나아갈 길』이나

---

122 모티머 애들러, 『평생공부 가이드』, 유유, 2014, p.200.

123 『과학은 반역이다』는 세계적 물리학자인 프리먼 다이슨이 『뉴욕 리뷰 오브 북스』에 기고했던 서평들과 에세이를 엮은 책입니다. 한국 번역서의 부제 '물리학의 거장이 제시하는 과학의 길'은 다소 과장된 제목입니다. 일급된 논지가 과학철학서가 아니기에 그렇습니다. 표제 글은 과학자가 반역자이어야 한다는 주장을 통해 과학을 인문학적으로 모색합니다만 책에는 이런 주제 의식과는 별개의 서평들도 많습니다. 역설적이게도 저는 이 책에 실린 글의 다양성 때문에 과학 책을 한 번도 읽지 않은 분들에게 추천하고 싶습니다. 학술적인 과학철학서보다 쉽게 읽히니까요. 책에 실린 '리처드 파인만'에 관한 세 개의 에세이 모두 재밌습니다.

이매뉴얼 월러스틴의 『지식의 불확실성』도 여러 학문의 본질을 다루는 책입니다. 각 학문의 인물사를 읽는 것도 좋습니다. 철학이라면 윌 듀랜트의 『철학이야기』, 경제학이라면 로버트 하일브로너의 『세속의 철학자들』 등이 해당되겠습니다. E. H. 카에서 하일브로너에 이르기까지 모두 학문의 본질에 대한 이해를 높여 그 학문을 공부하는 효과를 드높이는 책들입니다.

③ 분야마다 중요한 지식을 개괄하세요. 지성사의 흐름을 쫓아가면서 세부 지식을 쌓아가는 겁니다. 인문학이라면 우선 고대 그리스와 로마의 고전들을 살피고 르네상스의 본질을 이해하기를 권합니다.(인문주의와 개인주의가 르네상스의 정신이었죠.) 모든 고전을 읽을 수는 없습니다. 주요 고전을 살핀다는 제 표현은 앎이 쌓여가면서 그리스비극이든 스토아학파 철학자든 관심 주제가 생겨나 읽고 싶어진 작품을 손에 잡는다는 뜻입니다. 이를테면 그리스비극에 관심이 생겨 소포클레스의 『오이디푸스 왕』을 읽는 겁니다. 글로 설명하니 어려워 보이지만 실상은 그렇지 않습니다. ①번을 실천하여 지적 얼개를 구축했다면(최소한 찰스 반 도렌의 『지식의 역사』를 읽었다면) 그리스 문명이 왜 중요한지, 로마의 저력은 무엇인지, 과학은 어떠한 특징을 지녔는지 이해하셨을 겁니다. 그 결과 읽고 싶은 텍스트가 생겨났을 테고요. 인문학 공부를 문예사조로 접근한다면 르네상스, 고전주의, 낭만주의, 사실주의, 모더니즘, 실존주의, 포스트모더니즘의 정신을 이해한 후 문예사조별 대표 작품 하나씩을 감상하면 되겠습니다. 셰익스피어·몰리에르·노발리스·플로베르·카프카·카뮈 등의 대표작을 읽으며 당대의 시대정신을 공부하는 거죠.

사회과학 공부로는 고전적인 학자의 업적을 살핀 후 현대의 거장이 쓴 교과서를 훑어보면 될 겁니다. 사회학의 경우라면 맑스, 베버, 뒤르켐이 어떤 역할을 했는지 개괄한 후 앤서니 기든스가 쓴 교과서를 읽어보는 식입니다. 교과서의 모든 개념을 꼼꼼하게 이해해야 한다는 뜻은 아닙니다. 지적 얼개를 세울 때에는 주요한 흐름과 핵심 개념을 파악하는 게 중요합니다. 이를테면 기든스의 『현대 사회학』을 펼쳐 목차를 살피면서 사회학의 탐구 주제를 개관하고 관심 있는 개념 몇 가지를 정확하게 이해하여 취하면 됩니다. 자연과학이라면 17~18세기 과학혁명의 시대를 조사한 후, 현대의 명저들을 맛보면 되겠습니다. 어려운 학술서를 독파할 필요는 없습니다. 필력이 뛰어난 거장들의 어깨에 걸터앉아 과학의 저력을 맛보는 느낌으로 즐기시면 됩니다. 올리버 색스의 전작을 음미하거나(굳이 한 권을 꼽자면 오늘은 『의식의 강』이 떠오르네요.) 칼 세이건의 『코스모스』나 『에필로그』를 읽는 거죠. 콜린 캠벨의 『무엇을 먹을 것인가』를 읽으며 교양 과학서의 실용적인 유익과 과학적 탐구의 엄격함을 동시에 맛볼 수도 있겠습니다.

④ 세계사에 대한 지식은 그것 자체로 지적 얼개입니다.(문명의 역사와 겹치는 대목도 있지만, 세계사에는 문명을 일구지 못한 나라들의 역사도 포함되죠.) 서양사에서는 다섯 국가가 중요합니다. 고대 그리스, 고대 로마, 대영제국, 미국, 그리고 이스라엘입니다. 당대에 가상 상력한 영향력을 미쳤던 국가들입니다. 이스라엘은 광대한 영토나 헤게모니를 갖진 못했지만 전 세계의 문화와 경제에 강력한 영향력을 행사하는 민족이죠. 그런 점에서 유대인에 대한 이해는

필수적인 지적 얼개이자 교양입니다. 다섯 국가의 역사를 개관적으로 이해하면 서양사의 얼개가 잡힙니다. 술술 읽히는 책으로 추천하자면 맥세계사편찬위원회에서 지은 『그리스사』와 『로마사』로 고대 서양사를 정리할 수 있겠습니다. 학술적인 교양서로는 토마스 마틴의 『고대 그리스사』와 『고대 로마사』를 추천드립니다. 이스라엘에 관한 교양서로 홍익희 선생의 『유대인 이야기』와 『세 종교 이야기』도 기억해두시면 좋겠네요.

　동양사에 대한 이해도 빼놓을 수 없습니다. 한국·중국·일본의 역사에 대한 지식은 중요한 교양입니다. 동양사의 얼개를 세울 때에도 디테일로 빠져들지 말고 삼국의 역사를 비교하면서 정리하면 좋겠지요. 지도와 연표를 확인하면서 세 국가의 왕조를 일별해두길 권합니다. 남경태 선생의 『종횡무진 동양사』와 한국사, 동양사, 세계사를 함께 서술한 『종횡무진 역사』를 추천합니다. 역사 공부의 궁극적인 목적은 내 나라의 현재를 통찰하기 위함이라고 생각하는 저로선 한국 현대사야말로 역사 교양의 지향점입니다. 감동하며 읽은 한국 현대사 교양서를 추천합니다. 유시민의 『나의 한국현대사』, 박태균의 『이슈 한국사』, 박세길의 『한국 현대사 열한 가지 질문』 그리고 서중석의 『사진과 그림으로 보는 한국현대사』가 그런 책들입니다. 한국사 통사로는 이기백 선생의 『한국사 신론』이 저명한데, 십여 년 전에 중간쯤 읽다가 관둔 제겐 숙제처럼 남은 책이네요. 쉽고 재밌게 한국사 공부를 시작하고 싶다면 김진명 작가의 『고구려』를 한 권씩 읽어보기를 추천합니다. 이 책을 읽기 전 영화 〈안시성〉부터 관람하셔도 좋겠습니다.

⑤ 책에 대한 책이나 책에 관한 카탈로그 읽기를 권합니다.(앞서 무질의 소설 속 사서도 카탈로그 읽기를 추천했죠) 저명한 서평가들이 쓴 에세이나 서평집도 좋습니다. 마이클 더다, 해럴드 블룸은 훌륭한 비평가요 서평가입니다. 우리나라에서는 이현우의 『책을 읽을 자유』, 고명섭의 『즐거운 지식』이 일급 서평가의 책이고요. 금정연의 『난폭한 독서』도 탐나는 책입니다. 이러한 책을 읽으면 책의 위상과 개요를 파악하는 서평가들의 능력을 체험하게 되죠. 톰 버틀러 보던이라는 이름도 기억해두시기 바랍니다. 『내 인생의 탐나는 심리학 50』이나 『짧고 깊은 철학 50』을 읽으시면, 왜 책에 관한 책을 읽으라고 권하는지, 책들의 관계를 파악한다는 것이 무엇을 뜻하는지 감을 잡으실 겁니다. 너무 많은 책을 나열했네요. 책에 대한 책으로 한 권을 꼽으라면 여기서는 『한국 작가가 읽은 세계문학』을 택하겠습니다. '문학동네' 출판사의 세계문학을 소개하는 서평집입니다. 왜 이 책이냐고요? 제가 좋아하는 분야인 '문학'을 소개하니까요. 김영하·신형철·김애란·강정·황석영·권희철 같은 평론가와 작가들이 말이죠. 책의 성격상 값도 저렴합니다.

바야르의 말로 이번 장을 맺겠습니다. "무질의 이 사서가 내게 현명한 사람으로 여겨지는 까닭은 그의 '총체적 시각'이라는 관념 때문인데 나는 이 견해를 문화 전체에 응용해보고 싶다. 말하자면 책 속으로 코를 들이미는 자는 교양에는 물론이요 심지어 독서에도 틀려먹은 사람이라는 것이다. 존재하는 책들의 수를 고려할 때, 우리로서는 사서처럼 총체적 시각을 가질 것인지 아니면 책들을 하나씩 읽어나갈 것인지 하는 선택이 불가피하

며, 전체를 통제한다는 측면에서 보자면 독서는 힘이 들고 시간
도 많이 걸리는 에너지 낭비다."**124**

5. [독해] 위상과 개요를 파악하라

　　　　　　　　　스물두 개의 근본 개념을 익
히지 못했고 지적 얼개가 없더라도 소수의 위대한 책들을 읽으
면서 교양을 쌓아갈 수 있습니다. 지금 제안드리는 공부법들은
하나를 완결해야 다음을 시작할 수 있는 단계별 지침이 아니니
까요. 오히려 다양한 교양 공부법들이 서로 유기적으로 영향을
주고받으면 공부의 효과가 높아질 겁니다. 근본 개념과 지적 얼
개가 어렵게 느껴진다면 올바른 책읽기를 교양 공부의 첫걸음으
로 삼아도 좋습니다. 독서는 실로 중요하고 확실한 공부지요. 이
말이 바야르 교수의 견해와 상충되는 것처럼 느껴질지도 모르겠
네요. 한 권의 책을 파고들지 말고 책 전체를 바라보면서 총체적
시각을 가지라는 조언 말입니다.

　교양이 전문성과 상반되는 개념이라는 사실을 상기하면 조
화롭게 이해할 수 있습니다. 전문성을 쌓으려면 해당 분야의 중
요한 책들을 독파하고 최신 논문을 읽으며 디테일한 지식까지
갖춰야겠지만 교양을 쌓는 여정은 이와는 다른 노력을 요구하
죠. 총체적 시각과 지적 얼개를 갖춤으로 균형 있는 사고와 폭

---

124 피에르 바야르, 『읽지 않은 책에 대해 말하는 법』, 여름언덕, 2008, p.28.

넓은 이해력을 발휘하는 힘이 교양이니까요. 전문성이 좁은 땅을 깊이 파는 작업이라면 교양은 넓고 광범위하게 경작하는 작업이겠죠.

취미로 책을 읽거나 전문성을 쌓으려는 독서와 달리 교양 공부에서는 많은 책들을 무시해야 합니다. 바야르가 옳습니다. 그의 말에 동의하면서 그가 언급하지 않은 독서의 유익을 강조하고 싶습니다. 교양 공부를 돕는 독서가 있기 때문입니다. 어떤 독서는 교양에 속하고 어떤 독서는 교양이 아닙니다. 세월의 검증을 통과한 명저 읽기는 교양으로 쌓이지만 시간이 지나면 잊히고 말 책을 읽는 일은 교양과 무관합니다. 교양으로 직결되는 소수의 위대한 책들이 존재합니다. '사고력과 이해력을 키워주는 명저'와 '지적인 대화의 기반이 되는 고전'이 그렇습니다. 전자로는 재러드 다이아몬드의 『어제까지의 세계』, 엘리자베스 퀴블러 로스의 『인생수업』처럼 사고의 지평을 넓히고 삶에 대한 이해를 넓혀주는 책들입니다. 후자는 인류의 지성들이 남긴 소수의 고전이 되겠고요. 서양 문학으로는 호메로스 서사시, 그리스비극, 셰익스피어, 괴테, 카프카 등이 되겠고 철학으로는 플라톤, 마르크스, 니체, 『논어』 등을 꼽고 싶네요. 바야르 교수의 견해를 좇는 동시에 교양으로 기능하는 소수의 위대한 책들은 진지하게 읽을 필요가 있습니다. 아래와 같이 정리해둘게요.

총체적 시각과 지적 얼개 갖추기: 이것은 교양입니다.

소수의 위대한 책들을 독파하기: 이것 역시 교양입니다.

시간이 지나면 잊힐 책들을 읽기: 교양이 아닙니다.

독서는 누군가에겐 즐거운 취미이며 누군가에겐 고차원적인 학습입니다. 결국 책을 읽는다는 것은 삶을 풍요롭게 만드는 행위입니다. 취미와 학습 모두 삶의 중요한 영역이니까요. 어떤 이는 휴가지에서 느긋한 기분으로 닉 혼비의 책을 읽으며 천국을 누립니다. 다른 이는 서재에 앉아 몽테뉴를 읽으며 자기 이해의 기쁨을 만끽합니다. 양쪽 모두 기쁨이요, 품격이자, 창조적인 행위입니다. 책을 읽어 삶의 고민을 해결할 힌트를 얻는다면 얼마나 유익한 일인가요! 즐거운 취미로 책을 읽는 '유희적 독서'와 문제 해결에 도움을 얻는 '실용적 독서'를 논외로 하면 교양과 지성을 쌓는 '지적 독서'가 남습니다. 지적 독서에 대해 이야기해보겠습니다.

"부주의하게 읽은 책치고 유익을 줄 책은 하나도 없다." 고대 로마의 철학자 세네카의 말입니다. 지적 독서는 책을 읽는 태도와 방법에 따라 책이 쓸모없는 종이 더미가 될 수 있음을 경고했던 현자의 말을 진지하게 받아들이면서 시작됩니다. 책을 어떻게 읽어야 지성을 쌓아갈 수 있을까요? 지적 독서의 키워드는 '이해'입니다. 많은 사람들이 읽는 행위에서 만족하지만(유희적 독서에선 전혀 문제될 게 없죠.) 교양인들은 읽은 내용을 이해하려고 노력합니다. 내 생각과 다른 주장을 만나더라도 섣불리 비판하거나 예단하지 않습니다. "먼저 이해하는 것이야말로 삶의 모든 분야에 적용되는 원칙입니다. 판단부터 하는 사람은 결코 이해하지 못합니다. 이해야말로 훌륭한 판단의 열쇠입니다."[125] 독

---

125 스티븐 코비, 『성공하는 사람들의 7가지 습관』, 김영사.

서도 마찬가지입니다. 책의 내용을 자기 취향이나 관점에 따라 선택적으로 받아들이지 말고 내용을 있는 그대로 이해해야 합니다. 책을 읽는 사람은 어디에나 존재하지만 내용을 이해하고 생각하면서 읽는 사람은 드뭅니다.

책의 내용 중 자신이 동의하거나 이해한 내용만을 받아들이는 책 읽기를 저는 '선택적 독서'라고 부릅니다. 선택적 독서로는 저자의 주장을 이해하기 어렵습니다. 자기 관점의 확장이나 생각의 진보도 요원해집니다. 밑줄을 긋고 내용을 정리하고 읽은 후에는 리뷰도 쓰는 책 읽기를 '적극적 독서'라 불러보죠. 적극적 독서만으로는 교양인의 책 읽기를 완성하지 못합니다. 적극성이 나쁘다는 말이 아닙니다. 읽기의 결실이 '이해'여야 한다는 뜻입니다. 이해하지 못했는데도 적극성을 발휘했다는 이유만으로 만족하지 말자는 의미고요. 밑줄 긋고 메모하는 적극적 태도가 이해를 도울 수는 있지만 그러한 행위 자체가 곧 이해인 것은 아닙니다. 고개를 끄덕이며 맞장구를 치며 열심히 듣는 것과 상대의 말을 이해하는 게 다른 차원의 문제이듯 밑줄을 긋고 메모하는 행위와 책의 내용을 이해하는 것은 다르니까요.

교양인의 독서는 '이해'로 완성됩니다. 독자는 저자의 생각을 '이해'하면서 진보합니다. 열정, 성실, 지식, 집중은 중요한 요소이지만 결정적인 요소는 아닙니다. 이 모든 것들이 동원되었지만 결국 '오해'하고 말았다면 지적인 차원에서는 아쉬운 독서입니다. 읽은 책을 이해하려면 선택적 독서를 지양하고 능동적으로 읽어야 합니다. 모르면 넘어가지 말고, 회의적인 내용을 만나면 더 조사하고, 스스로 질문을 던지고 탐구하는 노력들이 능동적인 읽기입니다. 모티머 애들러에 따르면 능동적 독서는 깨어 있는 읽기를 뜻합니다. 책을 능동적으로 읽었는지 수동적으로 읽었는지 구분하는 일은 어렵지 않습니다. 눈과 정신이 모두 깨어 질문을 던지며 읽는 겁니다. 책의 내용에 대해, 스스로에게 그리고 저자에게 질문을 던지면서.

"사람들이 능동적 독서를 했는지 아니면 수동적 독서를 했는지를 보여주는 지표는 매우 분명해서 그것을 오인할 수는 없습니다. 능동적 읽기를 수행하면 피로를 느끼니까요. 정신적인 노동을 했기 때문이죠. 사람은 일을 하면 피로해집니다. 만일 책을 한두 시간 읽고도 전혀 피로를 느끼지 않는다면 능동적 독서를 하지 않은 것입니다."[126] 능동적 읽기의 본질은 행위의 적극성이 아닙니다. 활발하게 '생각했느냐'가 관건입니다. 밑줄 긋기 여부 자체는 중요치 않습니다. 생각하고 이해하기 위한 밑줄 긋기인가가 중요합니다. 내용을 이해하고 지적인 사유를 했다면 밑줄을 그었든 그렇지 않든 능동적 독서겠지요.

교양을 위한 독서라면 자기 수준보다 한 단계 높은 책을 읽는 것이 효과적입니다. 지적인 능력은 근력과 같은 원리로 강화됩니다. 근력 운동을 한다면 힘들기 시작할 때 그만두어서는 근력이 생기지 않습니다. 고통스럽더라도 두어 번 더 근력에 힘을 가해야 근력이 손상을 입습니다. 그 이후 건강에 좋은 음식을 섭취하고 휴식하면 손상된 근육이 회복되면서 근력이 생깁니다. 신체적인 통증이 동반되어야, 다시 말해 근육이 피곤해져야 근력

---

126 모티머 애들러, 『개념어 해석』, 모티브, 2007, p.107.

이 강화됩니다. 지력도 마찬가지입니다. 사고 활동으로 머리가 피로해지고 난 후 무의식의 시간에 지적 능력이 키워집니다. 지적 능력을 키우고 싶다면 한번쯤 운동하는 사람이 바벨을 드는 모습을 관찰하는 것도 자극이 될 겁니다. 쉽게 들 수 있는 바벨이 근력에 아무런 자극을 주지 못하듯이 술술 읽히는 책은 사고 활동을 자극하지 못합니다. 애들러의 설명을 보시죠.

"여러분이 방 안에서 책을 들고 앉아 있다고 가정해보세요. 이때 두 가지 가능성이 있습니다. 손에 들고 있는 그 책을 1) 어려움 없이 즉각적으로 이해하며 읽을 가능성과 2) 이해하는 데에 어려움을 느끼는 가능성입니다. 즉각적이면서도 쉽게 이해하는 경우에는 독서의 문제가 없는 것이지만 그 책은 여러분의 지적 성장에 아무런 도움이 되지 않을 겁니다. 여러분이 책을 그렇게 쉽고 빠르게 이해할 수 있다면 그 책을 읽음으로써 이해력을 증진시킬 수 없기 때문입니다."[127]

이해하기 어렵다는 말은 곧 지적 능력이 키워질 가능성 앞에 섰다는 의미입니다. 물론 모든 책 읽기가 어렵게 이뤄져야 한다는 말은 아닙니다. 애들러는 정보를 얻기 위한 독서와 깨달음을 위한 읽기를 구분하죠. "깨달음을 위한 독서의 목적은 더 많은 사실을 아는 것이 아니라 개념을 이해하고 이해를 증진하는 것입니다. 문제는 깨달음을 위한 읽기가 어렵다는 사실입니다. 이것을 할 수 있는 사람은 많지 않습니다. 학교에서 깨달음을 위한

---

127 같은 책, p.104.

책 읽기를 가르치지 않기 때문입니다."[128] 교양인의 독서는 곧 깨달음을 위한 독서입니다. 지적 수고로움 없이는 개념을 이해하고 생각하는 힘을 키우기가 어렵습니다.

이처럼 수고스럽기 짝이 없는 '지적 독서'를 권하면 많은 분들이 부담을 느낍니다. 부담의 유형도 다양합니다. 생각하는 일을 어려워하거나 책을 읽어내는 권수가 줄어들까 걱정합니다. 다른 염려도 있습니다. "그러면 책 읽는 속도가 너무 느려지지 않을까요?" 속도 얘기는 무척 반갑습니다. "괜찮습니다. '느린 속도'야말로 지적 독서의 정수니까요." 운동하는 분들에게 물어보아도 비슷한 답변을 하실 겁니다. "근력 강화를 위해서는 횟수와 속도보다 정확한 동작이야말로 중요합니다." 거듭 말씀드리지만 정보 습득이 아닌 지성을 위한 독서에서는 많은 권수나 빠른 읽기보다 정확한 이해가 중요합니다. 영국의 철학자 토마스 홉스는 이렇게 말했더군요. "만일 내가 대부분의 사람들처럼 많은 책을 읽었다면 그들처럼 우둔해졌을 것이다."

> 위상: 어떤 사물이 다른 사물과의 관계 속에서 가지는 위치나
>   상태.
> 개요: 간결하게 추려 낸 주요 내용.

저는 능동적으로 읽었는가를 두 가지 잣대로 판단합니다. '위상'과 '개요'가 그것입니다. 제가 읽은 책이 해당 분야나 지성사

---

128 같은 책, p.103.

에서 어떤 의미와 가치를 지녔는지 파악하고(위상), 책의 주제와 핵심 내용을 요약하는 작업입니다(개요). 중요한 책을 읽은 후 시도하는 두 가지의 지적 활동입니다. 한 권의 책에 대한 '위상' 파악하기란 그 책이 해당 주제의 다른 책들과 어떤 '차이'가 있는지를 살피는 작업이죠. 학술서라면 해당 학문의 역사에서 차지하는 중요도와 영향을 확인하는 일이고요. 위상 파악은 책 자체가 아니라 그 책을 둘러싼 담론을 이해하는 일입니다. 개요는 한 권의 책에서 요지를 간추려내는 작업이고요. 위상과 개요를 파악했다면 양질의 독서로 보아도 좋습니다. 위상과 개요 파악은 모든 책이 아니라 '소수의 위대한 책들'만 실천해도 충분합니다.(앞으로 3년 동안 읽을 저의 '소위책'은 『오디세이아』, 『소포클레스 비극전집』, 『신곡』, 『수상록』, 『돈키호테』, 『차라투스트라는 이렇게 말했다』, 『카프카 단편전집』, 『괴테와의 대화』입니다.)

'위상'이라는 낯선 단어를 괜히 어렵게 느끼지 않으셔도 됩니다. 위상 파악의 본질은 '비교'입니다. 둘 이상을 비교하면 자연스레 차이가 드러나기 마련입니다. 책을 리뷰하든, 냉장고를 리뷰하든 훌륭한 리뷰는 공정한 비교를 담습니다. 신제품이 출시될 때 고객들은 예전 상품과의 '차이'를 궁금해합니다. 단 하나의 냉장고만 사용한 사람의 평가는 한쪽으로 치우치거나 자기 경험에 머물 뿐이겠죠. 반면 세 개의 다른 냉장고를 사용한 사람은 진솔한 안목으로 각 제품을 비교하는 것만으로도 훌륭한 리뷰를 하게 됩니다. 굳이 비교한다고 생각하지 말고 제품 하나하나를 잘 설명하기만 해도 차이가 드러나기 때문입니다. 독서로 치면 한 분야에서 여러 책을 읽고서 개요를 추려내면 위상 파악은 절로 이뤄집니다. 훌륭한 개요들이 모일수록 위상 파악이 정확해지겠죠. 세 개의 개요만 모여도 위상이 가늠되기 시작합니다. 리뷰에 대해 말한 김에 제가 생각하는 '북 리뷰의 3요소'도 소개하겠습니다. 개요概要·감상感想·비교比較가 그것입니다. 책의 주요 내용을 간추려 요약하고(개요) 자기 소감이나 생각을 덧붙이세요(감상). 거기에다 같은 주제의 다른 책과 비교한 평가를 덧붙이면 금상첨화입니다(비교). 개요·감상·비교라는 세 명사를 동사로 표현하면 다음과 같습니다. "요약하고 표현하고 평가하라!"

6. [토론] 자신의 관점을 확장하라

자기 관점의 옹졸함을 인식하기는 힘듭니다. "많은 사람들이 생각하고 있다고는 하지만 실제로는 자기 편견을 재배열하는 것에 불과하다."는 심리학자 윌리엄 제임스의 말이 가슴을 칩니다. 자기 관점을 비판하고 검토할 줄 모른다면 우리는 자기 편견을 강화하는 지식만 받아들이겠지요. 편견을 이리저리 옮겨가면서 지적 활동을 한다고 착각할 테고요. 책 읽기마저 자기 편견의 확대재생산에 머물 수도 있습니다. 독단과 편견에서 벗어나려면 어떡해야 할까요? 논리적인 사고력을 훈련할 수도 있겠지만 토론의 장에 참여하는 게 좀더 쉬운 길이 아닌가 싶습니다. 열린 마음으로 참여하는 토론은 문제를 다각도로 고찰하고 검토하도록 이끄니까요. 자기비판 능력을 갖추는 일이 만만치 않음을 감안하면 토론은 곱씹을 가치가 있는 공부법입니다.

토론이란 어떤 문제에 관하여 여러 사람이 '의견'을 말하며 논의하는 대화를 말합니다. 중요한 단어는 '의견'입니다. 글을 쓸 때나 말을 할 때나 '사실'과 '의견'을 구분해야 합니다. 저는 방금 달력을 확인했습니다. "오늘은 수요일입니다." 이것은 사실입니다. 사실은 확인의 대상이지 토론 대상이 아닙니다. "여러분, 토론을 시작합시다. 오늘이 수요일이라는데 어떻게 생각하십니까? 모두들 의견을 말씀해주시기 바랍니다." 이런 토론은 없다는 뜻입니다. 토론은 '의견'을 주고받음으로 시작됩니다.

하나의 사안에 대해 참가자들이 자기 의견을 내놓고 상대의 의견을 경청하기 시작하면 놀라운 일이 벌어집니다. 보는 눈이 달라지고 생각의 범위가 확장됩니다. 참가자들로 하여금 지금까지와는 다른 관점으로 바라보고 새로운 접근방식을 취하게 만듭니다. 물론 모든 토론이 지적인 모습을 띠는 것도 아니고 누군가와 토론을 하는 일이 유쾌한 일만도 아닙니다. 어디에나 형편없는 토론이 난무하죠. 일상생활에서도 TV 토론 속에서도 자주 시시한 토론을 발견할 수 있습니다. 어떻게 하면 토론의 질을 높일 수 있을까요? 좋은 토론을 하려면 우선 세 가지를 실행해야 합니다. 1) 각자 자기 의견을 표현하고 2) 상대방의 의견을 이해하라. 3) 좋은 질문을 주고받으며 생산적인 논의로 나아가라! 이론적으로는 명료합니다. 좋은 토론이 드문 이유는 세 가지 모두 실천하기가 만만치 않기 때문입니다. 실천을 막는 장애물이 무엇일까요? 하나씩 살펴보겠습니다. 장애물을 파악하면 해결책을 찾기가 쉬워질 테니까요.

첫째, 자기 의견을 내놓는 일부터가 난관입니다. 토론 주제에 대해 별다른 의견이 없을 수도 있고 명료하게 자기 의견을 개진하는 일도 어렵습니다. 게다가 의견을 표현하는 일이 안전을 위협하기도 하죠. '사실'을 주고받는 대화는 안전합니다. 사실 여부는 간단히 확인하면 될 일이고 사실과 다르게 말했더라도 갈등의 여지가 적습니다. 사실에 반박하는 사람도 드물죠. "어제 프로야구 보셨어요? 두산 베어스가 이겼습니까?" "아니요, 두산이 4대 6으로 졌습니다." "그럴 리가요. 뭔가 잘못 생각하신 것 같습니다. 제가 보기에 두산은 질 팀이 아니거든요. 제 생각으로는 이겼을 것 같아요." 이런 대화가 진행될 리가 없죠. "아, 그렇군요. 알려주셔서 감사합니다." 이렇게 끝나는 게 보통입니다.

반면 토론은 '의견'을 주고받은 대화입니다. 그래서 위험해질 수 있습니다. "엊그제 정치인 ○○○ 씨가 국회에서 한 발언을 들으셨나요? 어떻게 생각하세요?", "요즘 교회가 대형화되어 개신교에서 여러 문제가 발생한다고 들었는데 교인으로서 하실 말씀이 있다면요?" 이런 질문을 받으면 멈칫할 수밖에 없죠. 의견을 말하기에 앞서 '어느 선까지 말할까.'를 고민하게 됩니다. 상대가 어떤 의견인지 살펴야 하고, 괜한 갈등이 생길까 염려되고요. 친하거나 신뢰하는 사이가 아니면 의견을 내기가 조심스럽습니다. 가벼운 질문도 조심스럽기는 마찬가지입니다. "어제 모임에서 ○○○ 씨가 오버해서 좀 별로였어. 넌 어땠어?" 이런 질문 앞에서 긴장감이 감돌았던 경험이 여러분에게도 있으리라 생각합니다. 사실을 확인하는 대화에서는 느끼지 못했던 감정이죠.

좋은 토론을 위해서는 의견을 주고받을 수 있는 안전망이 형성되어야 합니다. 상호 신뢰의 관계·서로의 발언을 존중하는 분위기·모두가 참여할 수 있는 토론 주제가 필요합니다. 토론의 질은 활발한 의견 개진에서부터 결정되니까요. 안전망의 형성 후에도 여전히 의견 개진이 힘들 수 있습니다. 자기 의견을 '적확한 언어'로 표현하는 일이 남았기 때문입니다. 자기 생각을 적확한 단어로 표현할 수 있다면 상대가 좀 더 빨리 이해할 수 있습니다만 적확한 의사 표현이 쉽지 않습니다. 사회가 약속한 정의가 아닌 자신만의 개념대로 단어를 사용하기 십상이니까요. 교양인은 자기표현에 능한 사람입니다. 문학의 영혼으로 적절한 비유를 사용하고 자기 의견을 적확한 단어로 표현합니다. 거듭 말씀드리지만 단어를 적확하게 사용하기 위해 자주 사전을 활용하는 일은 교양의 기반을 든든히 다지는 일입니다.

둘째, 상대방의 의견을 이해하는 일도 쉽지 않습니다. 자기 의견을 주장하느라 분주하고 상대방 의견을 경청하지 않은 채 섣불리 판단하기 때문입니다. 상대 의견에 답변하기에 앞서 먼저 상대를 이해해야 합니다. 이해가 선행되지 않으면 '찬성'도 좋은 토론을 방해할 수 있습니다. 어떤이는 상대방의 의견을 이해 못한 채로 찬성하기도 하니까요. 철수와 영희 두 사람이 의견을 주고받는 상황을 상상해보죠. 좋은 토론이 되려면 판단하고 비판하기에 앞서 서로의 생각을 이해해야 합니다. 철수의 의견이 영희의 머릿속으로 이동하고 영희의 의견이 철수의 머릿속으로 이동하면 좋은 토론이 진행되고 있다는 표지입니다. 의견 이동이 원활하게 이뤄지고 있는지 확인하면 좋습니다. 상대의 발언을 간추리면서 질문하는 겁니다. "방금 말씀은 이러이러한 내용이네요. 제가 이해한 것이 맞나요?" 개념의 '정의'를 확인해야 할 때도 있습니다. "이 단어는 어떤 의미로 사용하셨나요?" 발언의 '목적'을 묻는 질문도 유용하죠. "말씀하신 의도가 ○○○이 맞습니까?" 이러한 질문을 통해 상대방의 발언을 이해하고 자기 의견을 적확하게 표현함으로 토론의 질을 높일 수 있습니다.

상대방 의견을 이해하면 머릿속에 두 개의 의견이 존재하게 됩니다. 나의 의견과 그의 의견은 처음엔 두 개의 바위처럼 서로 떨어져 존재합니다. 토론이 진행되면서 두 생각은 서로 부딪치고 섞이면서 새로운 견해로 발전합니다. 토론이 우리의 두뇌를 사유의 실험실로 바꾼 겁니다. 타인의 관점이나 견해를 이해하여 받아들일 때 토론은 기존에 가졌던 편견을 깨부수는 망치가 됩니다. 그렇게 충격적이면서도 매혹적인 체험이 쌓여갈 때마다 교양을 한 움큼씩 쥐는 게 아닐까요?

셋째, 좋은 질문이 토론의 질을 높이지만 효과적인 질문을 던지기가 쉽지 않습니다. 공식 토론장에서는 사회자가 진행을 돕는 질문을 던지지만 일상에서는 대화를 나누는 이들끼리 사회자 역할을 할 때가 많습니다. 몇 가지 요령 있는 질문을 익혀두면 토론을 생산적으로 이끌 수 있습니다. 여러 의견을 발언한 경우라면 '우선순위'를 묻는 질문이 필요합니다. "무엇이 가장 중요하다고 생각하십니까?" 나와 생각이 다르거나 이해에 못 미친 부분에 대해 '추가 설명'을 요청하는 질문은 상대를 존중하면서도 오해의 여지를 없애는 중요한 도구입니다. 반대되는 의견에 대해 우회적으로 "제게는 낯선 의견인데 어떻게 이해해야 할까요?"라고 묻거나 모호한 의견에 "구체적인 사례를 들어주실 수 있을까요?"라고 물어도 좋겠습니다. 토론이라고 해서 반드시 허점을 찾아내거나 공격형의 질문을 할 필요는 없죠. '호기심'을 드러내는 질문도 효과적일 때가 있습니다. 무언가 궁금한 점이 생겼다면 진솔하게 물어보는 겁니다. 다만 호기심을 좇아 질문할 때에는 토론 주제를 벗어난 질문을 하지 않도록 주의해야 합니다. 호기심은 워낙 다양한 방향으로 날뛰기 마련이라 약간의 통제가 필요하다는 의미입니다. 개인적인 호기심이 아니라 주제를 심화시키거나 서로의 이해를 돕는 호기심에서 나온 질문이면 토론의 깊이를 더할 겁니다. 정리하면 우선순위, 추가 설명, 호기심을 묻는 질문 이렇게 세 가지 키워드네요.

위대한 답변으로 나아가게 만드는 질문을 던지면 좋겠지만 좋은 질문을 던지는 일은 훌륭하게 대답하는 것만큼 힘듭니다. 하나의 좋은 질문은 여러 가지 자질이 발휘된 결과입니다. 상대에 대한 관심, 본질과 논지를 찾아내는 감각, 자신의 앎이나 무지에 대한 자각, 대화 주제에 집중하는 힘이 어우러지면서 좋은 질문이 탄생하니까요. 질문의 깊이가 곧 토론의 깊이입니다. 도로시 리즈는 자신의 저서에서 '50가지의 현명한 질문'을 제공합니다.[129] 마음에 와 닿은 열세 가지 질문을 소개합니다.

---

129 도로시 리즈, 『질문의 7가지 힘』, 더난출판, 2002, pp.280~288. 열세 가지 외에도 다음과 같은 질문들을 제안합니다. 구체적으로 어떤 결과를 기대하는가·진짜 문제점은 무엇인가·얼마나 절실하게 느끼는가·당신에게 가장 중요한 것은 무엇인가·어떤 식의 피드백이 당신에게 가장 도움이 되겠는가·내가 조언을 해주기를 바라는가·그만한 가치가 있는 일인가·장기적인 결과는 무엇인가·어떤 선택을 할 수 있는가 등등.

-그 말은 구체적으로 무슨 뜻인가?

-내가 방금 말한 것에 어떤 의문을 갖고 있는가?

-당신은 어떤 관점에서 질문하는 것인가?

-그 문제에 대해 어떻게 느끼는가?

-나의 목적은 무엇인가?

-내가 짐작만 하는 것은 무엇인가?

-당신의 질문에 대해 내가 충분한 대답을 했는가?

-나는 잘 하고 있는가?

-내가 그냥 들어주기만을 원하는가?

-그것을 하지 않으면 나는 어떤 후회를 하게 될까?

-나의 목표를 달성하기 위해 필요한 것은 무엇인가?

-나는 무엇을 성취했는가?

-무엇을 질문할 것인가?

토론의 마무리에 대해서도 한마디 덧붙여야겠군요. 토론을 나눈 결과가 반드시 합의에 이를 필요는 없습니다. 생산적인 토론 후에도 서로 다른 입장에 도달할 수 있으니까요. 토론은 교육과는 다르죠. 가르치려들다가는 역효과를 부를 수 있습니다. 다른 사람에게 나의 비전을 강요할 수 없듯이 나의 의견도 강요할 수 없습니다. 토론의 자리에서 합의에 이르려고 애쓰지 않아도 됩니다. 각자가 상대방의 의견을 충분히 이해하는 상태야말로 훌륭한 결실입니다. 토론 참여자들이 자신의 관점을 점검할 기회를 준 셈이니까요. 토론 현장이 아니라 후일에라도 자기 의견을 교정할 수 있고요. 대다수 성인들은 자기 의견이 반박당하는 걸 좋아하지 않습니다. 자신과 다른 의견을 그 자리에서 받아들이기도 쉽지 않죠. 물론 자기 의견에서 발견된 오류를 얼른 인정하면 좋겠지만 현실은 다릅니다. 우리는 감정적이어서 의견이 반박당하면 방어기제를 발동하고 때로는 목소리를 높입니다. 그러니 상대 의견에서 오류가 보이고 자신의 견해가 훨씬 합리적으로 보이더라도 강요하거나 설득하려들기보다는 상대가 충분히 이해하도록 사례를 들어 설명하는 게 낫습니다. 교양인이 토론하는 목적은 설득이 아니라 상대에게 자기 점검의 기회를 제공하는 것이니까요. 합의의 위험성과 토론의 가치를 제대로 이해하고 있는 어느 리더의 말을 들어보시죠. 곱씹어볼 가치가 충분한 발언입니다.

"서로의 입장이 다른 채로 회의가 끝나도 우리는 개의치 않는다. 모두가 각자의 의견을 표현했을 때, 설령 그 의견에 찬성하지 않는 사람이 있다고 할지라도 충분히 고려한 끝에 내린 결론이기에 그 의견을 존중하는 게 가능하다. 이러한 까닭에 '저는 당신의 의견을 지지하지 않습니다.'라고 말해도 무방하다. 이는 대단한 일이라고 할 수 있는데, 합의에 도달해야 한다는 압박에 시달릴 때보다 오히려 원활한 협력이 이루어지는 때가 있기 때문이다."[130]

---

130 피터 센게, 『학습하는 조직』, 에이지21, 2014, p.266.

7. [공감] 서사적 상상력을 키워라

　　　　　　　　"우리가 누군가를 온전히 공감할 수 있을까요?" '공감의 인문학'이라는 주제로 강연을 시작하면서 청중에게 물었습니다. 공감을 이해하려면 타인을 공감한다는 것의 불가능성(또는 어려움)부터 인식해야 한다는 의도였지요. 더불어 공감의 가능성도 함께 타진하고 싶었습니다.

　제 경험을 돌아보니, 공감을 바라보는 서로 다른 두 시선이 존재하더군요. 하나는 공감을 손쉬운 성취로 보는 시선입니다. 상대를 이해하려는 노력이나 서로의 차이에 대한 인식 없이 "당신을 잘 이해해요"라고 말하는 사람들이 이에 해당합니다. 상대를 있는 그대로 이해하지 못하고 자기 눈에 보이는 면만 인식하는 경우인데, 정작 본인은 세상의 밝은 면만 본다고 착각하고 있을 때도 많더군요. 낙관적인 관점과 인간 이해의 문제를 혼동하는 경우입니다. 인간은 멀리서 보면 비슷비슷하지만 가까이서 관찰하면 저마다 다릅니다. 성향과 관점이 다르고 추구하는 가치도 다릅니다. 서로의 차이를 이해할수록 우리가 얼마나 다른 존재인지 절감합니다. 그러니 이런 의구심을 가질 필요가 있습니다. "당신을 잘 이해해요"라는 말은 사람들 개개인의 차이를 이해하지 못해서 하는 얘기가 아닐까? 누군가를 공감하는 일이 수월하게 느껴진다면, 스스로 회의해 보자는 말입니다. 공감에 대한 회의는 중요합니다. 공감의 가능성에 성급하게 손을 드는 처사는 공감의 계발에도 도움 되지 않고, 누군가에게 상처를 주기도 하니까요. 공감을 바라보는 또 하나의 시선을 살펴봐야 하는 이유입니다.

　다른 하나의 시선은 공감을 획득 불가능한 경지로 보는 겁니다. 감정이 섬세하고 표현의 작은 차이도 구분하는 이들은 종종 이렇게 말합니다. "다른 사람을 공감하는 일은 불가능해요." 누군가로부터 숱하게 오해받아 왔고 자신 또한 누군가를 오해하며 살아가고 있음을 인식하는 사람들이 이 말에 고개를 끄덕입니다. 크고 작은 오해로 상처를 받거나 쓸쓸함을 느껴온 이들은 "우리는 서로를 완전히 이해할 수 없어"라는 말에서 위로를 얻기도 합니다. 누군가의 불찰 없이도 상처를 받기도 합니다. 섬세한 감수성을 지닌 사람은 정확하게 이해받지 못해도 아픔을 느끼니까요. 둔감한 이들과 마찬가지로 섬세한 이들도 한 번쯤 자문하면 좋겠지요. 이해하지 못한 아픔으로 절망하느라 서로의 차이를 이해하려는 노력을 서둘러 포기한 것은 아닐까? "공감은 불가능해요"라는 말이 공감의 힘겨움에 대한 고찰이 아니라(실제로 우리는 서로 다르니까 공감하기가 어렵긴 하잖아요) 지금까지 받아온 상처나 갈등에서 나온 것인지도 모르니까요.

　공감하는 힘을 키우려면 서로 다른 두 시선을 직시해야 합니다. 공감을 획득 불가능한 이상으로 못 박지도 않고, 누구나 손쉽게 공감한다고 여기지도 말아야겠지요. 너무 높은 목표는 사람을 절망시키고 너무 낮은 목표는 흥미를 잃게 만듭니다. 자신이 섬세하다고 해서 공감의 척도를 하늘 높이 끌어올려 누구도 이르지 못할 수준으로 만들면 곤란하겠지요. 자신이 둔감하다고 해서 서로를 쉽게 공감할 수 있다고 여기지도 말고요. 불가능하다는 믿음이든 손쉽다는 믿음이든 극단적이긴 매한가지입니다.

가능성과 불가능성을 모두 인식하고, 지혜로운 중간 지대를 발견해야 합니다.

"누군가를 온전히 공감할 수 있을까요? 그런 일은 불가능해요."

"우린 서로를 완전히 공감할 수 있어요. 충분히 가능한 일이죠."

위의 두 문장에서 '온전히'와 '완전히'라는 말을 걷어낸 후에 공감 이야기를 시작해 보죠. 간단한 일은 아니지만, 인간은 상당한 수준까지 서로를 공감할 수 있는 존재니까요. 인간은 가장 뛰어난 공감력을 가진 '동물'이잖아요.

생물학의 연구 결과들은 이미 '인간의 공감 능력'을 증명했습니다. 인간의 본성이 전쟁을 즐기기보다는 공감과 유대감을 추구한다는 겁니다. 저는 제러미 리프킨의『공감의 시대』, 스티븐 핑커의『우리 본성의 선한 천사』, 프란스 드 발의『공감의 시대』를 읽으며 인간의 공감 능력에 대해 희망적인 생각을 갖게 되었습니다. 공감의 수준은 사람들마다 다르지만 모든 사람들의 내면에 '공감 가능성'이 자리 잡고 있다고 믿는 겁니다. 프란스 드 발의 주장 하나를 요약하면 이렇습니다. 홉스가『리바이어던』에서 제창했던 '만인의 만인에 대한 투쟁' 사상은 더 이상 믿을 만한 철학이 아니다!

"어느 사회에서든 나부터(me-first!) 챙기는 태도와 맞닥뜨리게 된다. 나는 이런 모습을 매일같이 본다. 사람들을 두고 하는 말이 아니다. 내가 일하는 국립영장류연구센터의 침팬지들을 두고 하는 말이다. 우리 연구소는 커다란 야외 울타리 안에 침팬지들을 수용하고 있는데, 가끔 다 함께 나눠 먹을 수 있는 수박 같은 먹이를 준다. 대부분의 침팬지들은 서로 먼저 먹이에 손을 대려고 하는데, 이는 일단 자신이 가지게 되면 다른 이에게 뺏기는 일이 거의 없기 때문이다. 실제로 소유권은 철저하게 존중되어 서열이 가장 낮은 암컷이라 할지라도 최고 서열의 수컷에게 먹이를 주지 않아도 된다. 먹이의 임자에게는 다른 녀석들이 손을 내밀면서(인간이 달라고 할 때 보이는 보편적인 제스처) 다가온다. 침팬지들은 구걸하고 낑낑거리며 그야말로 상대의 면전에서 칭얼거린다. 만약 먹이 임자가 떼어주지 않으면, 구걸하던 녀석들은 발작을 일으키며 소리를 지르고 굴러다니면서 마치 세상이 다 끝난 듯 행동한다. 내 요점은 소유와 공유 두 가지가 모두 있다는 것이다. 결국에는 20분 내로 집단의 모든 침팬지가 조금씩 먹이를 나눠 갖게 된다. 먹이 주인은 자기의 단짝 친구들과 가족들, 즉 다음번에 똑같이 자신에게 먹이를 공유해줄 잠재적인 먹이 주인들과 먹이를 공유한다. 좋은 자리를 놓고 서로 상당히 밀치락달치락하기는 하지만 꽤나 평화로운 장면이 연출된다. 아직도 기억이 나는데, 공유하는 장면을 녹화하던 카메라맨이 나를 돌아보면서 말했다. '이거 우리 집 애들한테 보여줘야겠어요. 보고 배울 수 있을 거예요.'"[131]

프란스 드 발의 『공감의 시대』에 나오는 일화입니다. 동물도 공감 본능을 가졌다는 말입니다. 이 책을 두고 동물학자 로버트 새폴스키는 "공감이 인간에게 한정된 능력이며 우리 안에서도 지켜내기 어려운 현상이라는 관점이 틀렸음을 명쾌하게 보여주는 책"이라 평했습니다. 공감을 실현하기 어려운 가치로 내

---

131 프란스 드 발, 『공감의 시대』, 김영사, 2017, p.23.

몰아선 안 됩니다. 인간의 공감 능력을 낙관해도 좋을 것 같습니다. 생물학의 연구 결과들은 인간이 투쟁적인 동물이 아니라 공감 본능을 지닌 존재임을 보여주고 있습니다. 게다가 우리는 '언어'라는 도구를 지닌 존재입니다. 인간만이 가진 도구를 십분 활용하여 공감 본능을 더욱 계발해야 합니다. 음식을 나눠 먹는 정도의 공감 능력으로 친구의 슬픔을 이해할 수는 없으니까요. 언어의 효용을 극대화하려면 언어의 한계와 가능성을 모두 인식해야 합니다. 언어는 우리 감정과 생각을 오롯이 표현하기엔 한계가 있습니다만 우리를 가장 잘 표현해내는 수단 중 하나라는 사실을 간과하지 말아야겠죠. 누군가와 대화할 때 가슴이 답답해질 때가 있을 겁니다. 답답함은 대화를 단절해야 함을 알리는 신호가 아닙니다. 소통을 위해 좀 더 노력해야 한다는 신호입니다. 서로 공감하기 위해 자신을 좀 더 지혜롭고 진솔하게 드러내면서 갈등을 넘어서려는 의지를 다져야 한다는 표지입니다.

공감은 나와 다른 존재를 이해하는 능력입니다. 그들의 감정, 의견, 주장을 그렇다고 느끼는 정신적 소양입니다. 2,500년 전에 헤라클레이토스가 말했듯이 "많은 것을 배운다고 해서 이해할 수 있는 것은 아닙니다."[132] 지식을 쌓는 것과는 다른 방식의 노력이 필요합니다. 다른 사람을 잘 이해할수록 그의 행동을 조금씩 추측할 수 있습니다. 이것은 단정이나 독단과는 다릅니다.(달라야 합니다.) 관찰하지 않고 섣불리 단정 짓는 일, 상대의 관점이 아닌 나의 관점으로 예단하는 일은 공감을 어렵게 만듭니

---

132 마사 누스바움, 『인간성 수업』, 문학동네, 2018, p.137.

다. 공감은 단정이나 예단이 아니라 '추측'에 가깝습니다. '불확실한 판단을 표현하는 일'이 추측이니까요. 공감은 상대방을 지적으로 읽어내어 합리적인 추측을 쌓아가는 여정입니다. 공감할수록 상대방에 대한 순간적이고 단편적인 이해가 조금씩 종합적인 이해로 바뀌어갑니다. 마사 누스바움은 공감을 '서사적 상상력(narrative imagination)'이라 불렀습니다. 다른 사람들의 삶에 대한 단편적이고 순간적인 상상이 아니라 '이야기처럼 이어지는 종합적인 상상'을 한다면 그것은 일급의 공감이겠지요.

공감력을 높이려면 어떡해야 할까요? 앞서 침팬지들이 먹이를 나누는 모습은 동물이 유대감을 나누는 존재임을 보여주지만 상대를 지적으로 읽어내는 능력을 타고났음을 증명하는 사례는 아닙니다. 서사적 상상력이 난공불락의 요새에 갇혀 아무나 얻을 수 없는 미덕이라는 말도 아닙니다. 문학작품을 읽으면 됩니다. 문학이 공감을 키워줍니다. 문학 읽기는 과학적 연구 결과와 사상가의 통찰 모두에서 검증된 방법입니다. 과학 저널 『사이언스』에 실린 논문에 따르면, 순수문학 작품을 읽을수록 타인에 대한 공감 능력이 높아집니다.[133] 법철학자 마사 누스바움은 문학이 전반적인 인간 이해를 높여주는 이유를 설명합니다. "문학

---

133 2013년 10월 6일자 『한겨레신문』에 실린 기사입니다. 2부 7장의 마지막 대목에서 언급한 기사이므로 각주에 적어둡니다. "과학 저널 『사이언스』 최신호에는 어떤 글을 읽을 것이니 공감과 사회적 지각 능력, 감성지능을 발달시키는 데 좋은지에 대한 흥미로운 연구 결과가 실렸다. 미국 뉴욕 뉴스쿨의 심리학자들인 에마누엘레 카스타노 박사와 데이비드 키드 연구원은 18~75살의 독자들을 세 그룹으로 나눠 각각 저명한 작가의 문학작품, 베스트셀러에 오른 대중소설, 그리고 진지한 논픽션의 일부를 읽게 했다. (중략) 등장인물의 삶에 대해 섬세하고 길게 탐구하는 순수문학 작품을 읽은 독자들은 해당 인물의 처지에 서서 생각하게 돼 타인에 대한 공감과 이해력이 높아진다고 연구진은 설명했다."

은 우리에게 '일어날 수 있는 일' 즉 가능성의 일반적 형태들과 그것이 인간의 삶에 미치는 영향을 알려주기 때문이다." 문학은 '가능성에 대한 지식'을 고양시킵니다. 그녀는 소포클레스의 『필록테테스』를 예로 들었습니다. 기원전 409년에 집필된 이 비극은 필록테테스라는 시민이 다리를 다친 채 추방되어 벌어진 일을 다뤘습니다. 필록테테스에 대한 처사가 정당한가를 두고 지휘관과 시민들의 의견이 갈렸습니다. 지휘관 오디세우스는 관심을 갖지 않는 반면, 일반 병사들은 공감하는 마음으로 한 번도 본적이 없는 필록테테스의 삶을 상상합니다.

"저 불쌍한 필록테테스를 어찌 할꼬."(169~176행, 천병희 역)

얼마 전 저와 함께 공부하는 이들을 만났을 때의 일입니다. K는 다른 사람을 공감하지 못해서 힘들다고 토로했습니다. 제가 봐도 그녀의 공감 능력은 보통의 사람보다 좋지 못했습니다. 여느 때와 달리 이번 만남에서는 제가 많은 말을 했습니다. 상실의 슬픔으로 한 달 넘게 불면의 날을 보냈던 고통을 토로했던 겁니다. 제 얘기를 듣던 K가 울음을 터트리고 말았습니다. 사람들이 K에게 괜찮냐는 눈빛을 보냈습니다. "선생님의 고통이 느껴져서요. 만약 제가 소중한 사람을 잃어버린다고 생각하니 눈물이 났어요. 제 아이와 사별한다고 상상하니 너무 슬펐어요." K는 이제 갓 돌이 지난 아이의 엄마였습니다. 소중한 존재를 열 달 간 품고 낳으면서 누군가의 아픔을 공감하는 능력이 키워진 게 아닐까 하고 생각했습니다. 경험이 공감의 폭을 넓히는 겁니다. 저는 예전엔 보지 못했던 K의 공감에 감동했습니다.

저는 공감을 능력이나 인격으로 여기지 않습니다. 공감이 곧 서사적 상상력이라면 경험이 쌓이고 새로운 인식을 얻을 때마다 상상력이 키워질 테니까요. 공감에 서툴다고 좌절하지 않기를 바랍니다. 공감은 능력이나 인격이 아니라 '경험과 인식 그리고 상상력의 축적'으로 형성되니까요. 사랑하고 이별하고 나면 사랑 노래와 시가 가슴을 치고 들어오는 이치입니다.(경험) 나와 다른 사람의 차이를 구별하고 나면 상대를 공감하게 됩니다.(차이에 대한 인식) 문학은 우리에게 다양한 간접 경험을 선사하는 방식으로 서사적 상상력을 키워줍니다.(상상력) 소설 읽기란 곧 상상하는 연습이고 이를 통해 우리는 나와 다른 삶을 추측하게 되는 거겠지요. 『한때 흑인이었던 남자의 자서전』을 읽은 사람들이 그렇지 않은 사람보다 인종차별 문제에 대해 더 관용적이며 공감을 보일 거라고, 저는 믿습니다. 다양한 사람들을 경험하고 사람들의 고유성을 인식하고 문학작품을 많이 읽음으로써 공감하는 존재가 될 수 있습니다. 문학은 청소년들의 전유물이 아닙니다. 법철학자이자 교양 교육 전문가인 마사 누스바움도 어린 시절이나 사춘기뿐만 아니라 대학 생활에서도 문학을 가까이 하라고 제언합니다. 물론 대학 졸업과 동시에 문학 읽기를 그만두라는 뜻은 아닙니다. 그녀의 주장을 담은 두 구절을 인용합니다.

"서사적 상상력은 어린 시절에 형성되어야 한다. 아이는 이야기, 동요, 노래를 익히면서, 특히 아이가 사랑하는 어른과 함께 있을 때 다른 생물의 고통에 눈을 뜬다. 이 시기부터 아이들은 이야기를 통해 삶의 운이 균일하게 나타나지 않음을 한층 분명하게 인식하고, 그 절박성과 중요성을 감정적으로 납득한다. '인간의 불행을 보게 하고 느끼게 하라.' 루소는 가상의 제자에게 이렇게 일렀다.(…)아이가 자라 사춘기에 들어서면 더 복잡한 문학작품을 추가해야 한다. 고대 아테네 문화가 비극에 엄청난 중요성을 부여했던 것은 청소년의 도덕교육과 관계가 있다."[134]

"대학 교육은 여러 다양한 방법으로 문학에 대한 학생들의 인식을 계발해야 한다. 타인에 대한 지식과 동정심에 바탕을 둔 비전을 키우려면 어떤 종류의 문학작품과 교수법을 선택해야 하는지를 고찰해야 한다."[135]

---

134 마사 누스바움, 『인간성 수업』, 문학동네, 2018, p.148.
135 같은 책, p.142.

누구에게 교양이 필요한가

집필을 마무리하기 위해 경기도 양평의 작고 한적한 호텔에 묵었을 때의 일입니다. 로비에서 글을 다듬고 있던 제게 호텔 주인이 말을 걸어왔습니다. 몇 마디를 나누다가 그가 물었습니다. "무슨 일 하세요?" 글쟁이라는 소개에 그가 흥분조로 말했습니다. "교육에도 관심이 있으신지 모르겠지만 깊이 파고들어 책 한 권 써 주세요." 책의 방향에 대한 설명도 덧붙였습니다. "대학에서 너무 많은 과목을 배우니까 자기 전공에 매진하지 못해요. 중고등 학생들도 마찬가지예요. 성인들도 못 푸는 수학 문제를 풀게 하는 건 강제적이고 획일적인 교육이죠. 학생들의 재능을 살려주어야 합니다. 불필요한 과목을 배우게 하지 말고 재능에 따라 기술대학이나 예술대학으로 가도록 교육 시스템을 바꾸어야 합니다. 외국을 보세요. 대학에 가는 대신 빨리 직업을 갖는 젊은이들이 많잖아요. 실질적으로 써먹지도 못하는 학문을 배우느라 시간을 낭비하는 학생들을 구해주어야 합니다."

학생들의 재능을 살려주어야 한다는 말에는 동의하지만 많은 과목을 배우는 것이 불필요하다는 발언과는 생각이 다릅니다. 교육을 전문성 강화의 수단으로만 접근하면 교양의 가치와 즐거움을 놓치고 맙니다. 직업교육이 교육의 전부라고 생각하게 되고요. 직업교육이 생존을 돕는다면 교양 교육은 자기를 알아가고 삶을 이해하도록 이끕니다. 우리는 직업뿐만 아니라 즐거움과 품격이 필요한 존재입니다. 어떤 기계의 기술적 결함을 교양으로 해결할 수 없듯이 비판적 사고력이나 공감 능력을 직업교육으로 고양시킬 수도 없습니다. 우리에겐 서로 다른 두 교육이 모두 필요합니다.

21세기는 교양이 절실한 시대입니다. 정보가 폭증하는 시대에는 많은 지식을 축적한 '박식'보다 유용한 지식을 구별하고 (빅)데이터를 해석할 줄 아는 '교양'이 중요하니까요. 어디에나 교양이 필요합니다. 자기만 들여다보는 '나르시시즘'보다 주변을 살피는 '휴머니즘'이 살기 좋은 세상을 만드니까요. 사람과 사람 사이에도 교양이 절실합니다. 관계가 가까워질수록 요령 뛰어난 '재간꾼'보다 훌륭한 태도와 인간애를 갖춘 '교양인'의 우정이 빛날 테니까요. 교양은 요람에서 무덤까지 우리의 전 생애를 돕습니다. 어린아이에게 배움이 중요하듯이 나이 든 어른에겐 지혜가 필요하겠지요.

부끄러운 결과물을 선보이려니 성취의 기쁨과 공개의 두려움이 교차합니다. 교양은 오랫동안 일부 계층의 전유물이었습니다. 생존 문제가 시급한 이들에게 교양은 부차적인 사안이죠. 교양의 유익을 절감하면서 (거창하게 표현하자면) 교양의 민주화와 대중화에 일조하고 싶었습니다. 교양 가이드가 되고 싶다는 꿈이 책을 쓰게 만들었습니다. 이 책을 쓰면서 더 깊은 공부로 나아가자고 다짐했습니다. 글을 맺고 보니 학자의 논문도 작가의 산문도 아닌 어정쩡한 모양새가 되고 말았더군요. 리버럴 아츠와 교양의 가치를 담은 더 좋은 책들이 잇달아 출간되길 바랍니다. 제게도 교양이 절실하니까요. 삶을 그윽하게 만드는 공부에 매진하고 싶습니다. 수년이 지나 교양 공부의 흔적을 몸으로 느낄 무렵 더 나은 책을 써서 다시 인사드리겠습니다.

"웃음이든 깨우침이든 날마다 하나쯤은 만끽하며 살아야지!"

연지원

[부록]

개인적인 공부 이야기

"나의 공부는 교양인을 꿈꾸는 놀이였고, 리버럴 아츠는 나의 잡다한 독서에 의미를 부여했다. 고상하게 표현하자면 리버럴 아츠는 평생 공부의 지향이자 나를 위로하는 벗이다."

연지원

제 인생에 깃든 리버럴 아츠 이야기를 전합니다. 리버럴 아츠를 추구한 인생의 일면입니다. 때로는 후회했고 때로는 뿌듯했던 얘기들이네요. 한 개인의 주관적인 사례지만 실천의 힌트나 도전의 자극을 발견하시면 좋겠습니다.

1. 교양 교육을 간과하는 대학생들
대학 시절, 나의 공부 이야기

2. 자연과학을 외면해야 하는 이유
인생을 변화시킨 이별 이야기

3. 나는 왜 서평을 쓰는가
사례: 『어떻게 의욕을 끌어낼 것인가』를 읽고

1. 교양 교육을 간과하는 대학생들
– 대학 시절, 나의 공부 이야기

저는 1997년에 경북대학교에 입학했습니다. 전공은 응용생물자원공학이었죠. 저는 제 인생과 전공이 어울리지 않는다는 사실을 1학년 1학기 첫 수업 시간에 깨달았습니다. 정역학 수업의 첫 과제는 "타워크레인이 거대한 중량을 버티고 설 수 있는 까닭은 무엇인가?"였습니다. 과제를 제출했는지 아닌지 기억조차 나지 않지만 제가 타워크레인에게 아무런 관심이 없었음은 선연히 기억납니다. 수업을 들으면서 전공을 잘못 선택했다는 확신이 더해졌습니다. 전공 공부에 흥미를 잃은 저는 여러 교양과목과 영문학이나 경영학 등 다른 전공을 기웃거렸습니다. 그 무렵 독서 생활도 시작되었죠.

스무 살은 제 인생의 전환점입니다. 다른 이유도 있지만 '독서의 시작'도 변화와 성장의 중요한 배경이었습니다. '학창 시절엔 왜 책을 읽지 않았을까.' 하는 생각이 들 정도로 저는 독서에 빠져들었습니다. 나름의 맥락도 일관된 주제도 없는 난독亂讀이었습니다. 다른 사람들이 제가 읽은 책들의 목록을 보면 어지럽고 잡다하다 하겠지만 정작 제게는 문제되지 않았습니다. 나만의 관심을 좇았고 책이 소개하는 책들을 읽어나가면서 조금씩 성장했으니까요. 초보자의 수준이겠으나 지적인 희열도 맛보았습니다. 당시 저를 전율케 했던 책들은 지금도 기억납니다. 시내의 한 서점에서 피터 드러커의『자본주의 이후의 사회』를 뽑아 서문과 1장을 읽으며 '세상에 이렇게 박식한 사람도 있구나.' 하고 감탄했던 기억이 가장 또렷합니다. 연애소설과 역사소설을 읽으며 독서의 감동에 흠뻑 빠졌고 스티븐 코비의 책들을 읽으며 리더십과 성공 철학에 눈을 떴습니다. 한해 두해 독서 생활이 깊어지면서 읽는 책들도 달라졌습니다. 사르트르의『지식인을 위한 변명』, 파커 파머의『삶이 내게 말을 걸어올 때』, 달라스 윌라드의『하나님의 모략』은 20대 중반의 제게 커다란 감동을 안겼습니다. 국내 소설은 여럿 읽었지만 세계문학에는 눈뜨지 못했던 날들입니다. 그래서인지 지금도 학창 시절에 세계문학을 탐독했던 독서가들을 종종 부러워하곤 하죠.

전공 수업에서는 단 하나의 과목에서도 흥미를 붙이지 못했습니다. 정역학, 공업수학, 열역학, 유체역학, 재료역학 등 거의 모든 과목을 도중 포기하고 말았죠. 당시의 제 눈에는 인문학과 사회과학만이 공부의 대상으로 보였습니다. 저는 전공 공부를 대체할 방안을 찾았습니다. 경영학을 복수 전공으로, 사회학을 부전공으로 선택하여 공부를 이어갔습니다. 그 외에 다른 학문에 대한 호기심은 교양 수업을 통해 채웠습니다. 일부의 자연과학을 제외하고 꽤나 폭넓은 주제의 수업들을 들었죠. 자유롭고 호기롭게 교양 교육을 추구했습니다. 그때부터 리버럴 아츠 공부를 시작했던 겁니다.

이런 판단은 제 관점일 뿐이고 누구도 저의 시도를 기특하게 여기지 않았습니다. 오히려 쓸모없고 유별난 일을 한다며 빈축을 사곤 했습니다. 학과 동기생이 제게 건넨 말이 기억나네요. "전공과목을 들어야 졸업을 하지. 왜 시간을 낭비하고 있냐?"의아한 눈초리는 친구뿐만이 아니었습니다. 다른 학과의 전공 수업을 청강할 때에도 경험했습니다. 전공수업엔 10~30명 정도의 인원이 작은 강의실에서 수강했죠. 수강생이 적으니 타 전공자가 금방 눈에 띄었습니다. 저는 왠지 모르게 '객'이라는 느낌이 들었고 전공자들의 눈치를 보곤 했습니다. 공부하는 전공 학생들에게 좋은 자리를 양보하기 위해 강의실 뒤쪽 가장자리에 앉았습니다. 이것은 가벼운 고충이었죠. 일부 학생들은 '네가 왜 우리 영역을 침범하느냐.'는 눈빛으로 저를 쳐다봅니다. 저만의 착각인지도 모르겠습니다만 당시엔 민망한 느낌을 받았습니다. 이런 경험 탓인지 서른 살 무렵 도정일 교수와 최재천 교수의 대담을 엮은 『대담』을 읽으며 격하게 공감했지요.(『대담』은 제게 중요한 책입니다. 당시에는 '리버럴 아츠'나 '학제 간 연구'라는 말은 몰랐지만 교양인으로서의 융합적 공부가 중요함을 확인해준 책이었습니다. 20대 후반의 독서 생활에서 가장 인상 깊게 읽은 책 중 하나입니다.)

"학문 분과들 사이에 높은 울타리를 쌓는 것으로 말하면 한국 대학들이 단연 최고 수준입니다. 두 가지 설명이 가능합니다. 하나는 전공의 '순수성'과 '정통성'에 대한 강한 집착 때문이라는 설명입니다. 인접 학문끼리도 별 소통이 없습니다. 옆집은 뭐 하나 구경도 하고 기웃거려보는 것은 학문의 시야를 넓히는 데 아주 중요합니다. 그러나 우리나라에서 그렇게 기웃거리다간 손가락질당합니다." 도정일 교수의 말을 좀 더 들려드리겠습니다. "진리의 행보는 우리가 쳐놓은 학문의 울타리 따윈 거들떠보지 않죠. 학문의 경계란 자연에 실재하는 것이 아니라 우리 인간이 진리의 궤적을 추적하기 위해 인위적으로 그어놓은 거니까요. 진리는 학문의 국경을 비웃기라도 하듯 마음대로 넘나드는데 우리 대부분은 스스로 만들어놓은 학문의 골방에 쭈그리고 앉아 창틈으로 새어 들어오는 가는 빛줄기만 붙들고 평생 씨름하고 있지 않습니까?"

돌이켜보니 스무 살부터 시작된 제 독서 생활은 교양인을 향하는 여정이었습니다. 잡다한 주제로 읽어온 독서가 씨줄과 날줄이 되어 '교양'을 직조했습니다. 리버럴 아츠 공부를 하다보면 문득 학창 시절이나 대학 생활이 떠오를 때가 있습니다. '초·중·고등학교 다닐 때의 공부가 곧 리버럴 아츠였구나.' 학창 시절의 교실과 대학 캠퍼스는 교양인의 기초를 닦는 공간이었음을 뒤늦게 깨닫습니다. 대학생 때에는 원하는 공부를 마음껏 했습니다만 학창 시절부터 시작하지 못한 게 아쉽기도 합니다. 그래서인지 대학생들을 만나면 "사랑하기에도, 공부하기에도 좋은 시절을 보내고 있네요."라고 말하고 싶어집니다.(다행인지 불행인지 그런 말을 건넨 경우는 한 번도 없습니다.)

제가 말하고 싶은 것은 캠퍼스의 교육제도가 리버럴 아츠 공부에 적합하도록 마련되어 있다는 사실입니다. 문제는 교양 교육의 이념을 이해하는 대학생들이 거의 없다는 점이죠. 많은 대학생들이 교양 수업을 건성으로 듣고 맙니다. 교양 교육이 캠퍼스 제도에 스며들어 있지만 교양의 가치를 몰라 교양 공부로부터 멀어지는 겁니다. 훌륭한 시스템은 그에 걸맞은 마인드가 뒤따라야 효과를 발휘합니다. 학부생을 위한 교양 수업은 리버럴 아츠의 이념을 좇아 설계됐지만(시스템), 캠퍼스에는 리버럴 아츠 이념과는 무관한 학풍, 심지어 교양 교육을 폄하하는 분위기 (마인드)가 만연합니다. "전공 공부도 힘든데 왜 교양 수업까지 들어야 하는지 모르겠어." 캠퍼스를 거닐던 시절에 제 친구 K가 했던 말입니다. 교양 교육에 대한 가치와 이념이 널리 공유된다면 K의 하소연이 조금은 줄지 않을까요?

제가 대학을 다녔던 1990년대 말은 지금보다는 공부하기가 수월했던 것 같습니다. 저희 또래도 1970년대에 대학을 다닌 선배들보다는 취업하기가 힘들었지만 지금의 현실은 더욱 힘겨워 보입니다. 은사님으로부터 종종 요즘 대학생들의 벅찬 현실을 전해 듣습니다. 최근에는 캠퍼스 앞의 술집이 사라져간다는 말을 들었네요. 이유는 간단했습니다. 취업 준비, 학점 따기, 대외 활동 등으로 바빠 술을 마실 시간이 없다는 겁니다. 그네들에겐 또 다른 즐거움이 있는지는 모르겠지만 제 눈에는 캠퍼스의 낭만이 사라지는 느낌이라 가슴이 먹먹해지더군요. 이러한 사정을 듣고서도 교양 수업의 가치를 운운하는 게 시대착오적인 견해인가 싶기도 하고, 20대를 이미 건너간 자의 한가로운 조언은 아닌지 염려도 됩니다. 그럼에도 불구하고 20대를 응원하고 싶은 마음은 커서 이상적인 부탁을 건넵니다. 어제까지의 삶이 어 떠했든 오늘을 다르게 살면 인생이 달라질 거라고, 인생을 멀리 내다보고 조바심을 내려놓으라고, 원대한 꿈을 갖고 일상을 재 편하라고, 실천에 집중하고 하루를 너의 편으로 만들라고…. 그 리고 지성인을 꿈꾼다면 전공 공부와 함께 교양 수업도 즐겨보 라고 권하고 싶습니다. 학점과 스펙을 쌓지 않으면 취업하기 힘 든 현실이지만 이 땅의 대학생들이 꿈을 잃지 않기를 바랍니다. 만만치는 않지만 멋진 20대를 살았으면 좋겠습니다. 학점, 사랑, 우정, 여행과 함께 교양 공부까지 손에 잡으면서.(구체적인 조언 없 이 당부만 드려 죄송합니다.)

2. 자연과학을 외면해야 하는 이유
– 인생을 변화시킨 이별 이야기

　　　　　　　　　찰스 퍼시 스노우가 '두 문화' 가 분열되었다고 조언했던 때가 1956년입니다. 스노우 교수의 강연은 50년도 더 지났지만 두 문화의 간격이 아직은 넓어 보입 니다. 우리나라의 사정은 어떨까요? 시대 상황을 모색하지는 않 겠습니다. 리버럴 아츠를 개인 차원에서 돌아보는 중이니까요. 여러분의 지적 세계는 무엇으로 구성되어 있나요? 인문학, 사회 과학, 자연과학의 지식이 균형을 갖추고 있는가요? 자연과학에 관한 공부를 간과해온 분들에게 개인적인 일화를 들려드립니다. 누구나 일생 중 한 번은 겪을 법한 얘기입니다.

2013년 10월 6일, 운전을 하던 중이었습니다. 스마트폰 벨이 울렸고, 저는 반갑게 전화를 받았습니다. 친구의 전화였거든요. 초등학생 때 만나, 고등학교와 대학교 내내 붙어 다녔던 절친한 녀석입니다. 어른이 되어서도 둘도 없는 단짝이었습니다. 이 통화를 평생 잊을 수가 없을 겁니다. 친구가 자신의 병명을 처음 알린 전화니까요. "놀라지 말고 들어라. 지난달부터 배가 아프다고 했잖아. 병원에 갔더니 췌장암이라더라. 2기인지 4기인지는 정밀 검사를 해봐야 안대. 난 꼭 이겨낼 테니 너무 걱정하지 마라." 나는 친구에게 무슨 소리냐고 욕을 했고 전화를 끊고서는 참았던 울음을 터트리고 말았습니다. 검사가 오류이기를 간절히 바랐던 며칠이 흘렀습니다. 결과는 최악이었습니다. 췌장암 4기! 친구는 악성 종양을 떼어내는 수술을 받았고, 힘겨운 투병 생활을 시작했습니다. 항암 치료를 위해 정기적으로 서울 송파구에 소재한 병원으로 가야 했습니다. 저는 한 번도 빠짐없이 동행했습니다. 함께 많은 시간을 보냈지만 실제적인 도움을 주지는 못했습니다. 저는 친구의 고통 앞에서는 철저한 타자였고 암세포에 관해서는 완전한 무지렁이였죠. 책을 많이 읽은 축에 속했지만 항암 치료에 대해서는 아는 바가 없었습니다.

　항암 치료라는 게 이중 삼중의 고통이더군요. 형언하지 못할 신체적 고통은 기본이고 전문 지식이 없는 상태에서 항암 치료를 선택해야 하는 정신적 고통이 더해졌습니다.(경제적 어려움이 더해질 수도 있고 투병이 길어져서 겪는 가족들의 힘겨움은 생략하겠습니다.) 어떤 하나의 항암제가 효과를 발휘할 확률은 15~20퍼센트에 불과합니다. 항암제가 유도장치 미사일처럼 종양만을 찾아가

효력을 발휘하는 것도 아니죠. 효과를 볼 확률도 낮고 신체의 다른 기관에 미치는 부작용도 심합니다. 종양을 억제하는 효과가 있으면 그나마 다행입니다. 2~3주가 지나 효과가 없다고 판단되면 새로운 항암 치료를 시작해야 합니다. 물론 의사들이 항암제 각각을 설명해주지만 항암제를 선택하는 주체는 환자입니다. 때때로 나는 확률 낮은 도박 게임을 한다는 생각이 들었습니다. 생명을 걸고 하는 도박이라니요! 친구 곁에서 가장 많이 느낀 감정은 암이라는 존재의 무서움과 인간으로서 느낄 수밖에 없는 절망적인 무력감이었습니다. 고통과 두려움의 날들이었습니다.

생사의 기로에 선 이에게 '삶이란 무엇인가.', '어떻게 살아야 하는가.'와 같은 철학적 탐구나 삶의 경영을 위한 노하우는 부차적인 문제였습니다. 제가 아는 알량한 인문학적 지식은 병상의 친구에게는 쓸모가 없었죠. 그럴수록 마음의 안정을 찾고 명상을 해야 한다고들 말하지만 죽고 사는 문제 앞에서는 그 무엇도 말처럼 쉽지 않았습니다. 사람들은 이때야말로 삶의 의미와 철학이 필요한 때라고 하지만, 저는 췌장암 4기 환자의 상태를 모르고 하는 말임을 절감했습니다. 사유 자체가 사치였습니다. 그저 고통이 조금이라도 경감되기를 바랄 뿐이었습니다. 명상과 지혜로 마음의 안정을 얻는 일도 필요했지만, 현실은 그보다 훨씬 급박하게 흘러갔습니다. 하나의 항암제가 종양 제거에 아무런 힘을 발휘하지 못하고 부작용만 남긴 몇 주를 보내고 난 후, 다시 새로운 항암제를 결정해야 하는 친구의 두려워하는 눈빛을 보고 나면, 인문학적 지혜 따위는 한없이 초라하게 느껴집니다. 오직 생존, 이것만이 절실한 목표였습니다. 친구의 카톡 프로필

문구는 "Rebirth! 다시 일어나리라."였습니다.

어느 날 병원을 나와 집으로 가는 길에 교보문고에 들러 몇 권의 책을 샀습니다. 서울대학교 병원 교수진이 쓴 『췌장암』을 비롯한 자연과학서들을. 인생의 어떤 순간에는 과학적 지식만이 진정한 도움을 주더군요. 투병 생활을 하면서 달라진 것들 중 하나는 그의 식생활입니다. 어떤 음식을 먹어야 할지 말아야 할지를 결정할 때마다 자연과학(의학)의 조언을 따랐습니다. 에른스트 페터 피셔의 말을 절감했던 날들입니다. "중요한 문제들에 대해 확정적인 답변이 없는 한 우리는 그 문제와 씨름하기 위해 우리 자신을 고양시켜야 하며 특히 과학적 인식을 고양시켜야 한다. 우리가 과학을 고양시키며, 과학은 우리를 고양시킨다." 무엇을 먹어야 할지, 어떤 운동을 해야 할지, 어떤 항암제를 선택해야 할지 이 모든 것을 결정할 때마다 과학적 지식이 필요했습니다. 자연과학의 힘과 가치에 대해 재치 있게 설득하는 일화를 하나 소개하겠습니다. 비과학의 폐해를 보여주는 이야기입니다.

"과학의 진보가 인간에게 무엇을 뜻하는지 보여주는 예로, 17세기에 가장 강력한 군주였던 영국의 찰스 2세가 1685년 가볍게 뇌졸중을 일으킨 후 어떤 치료를 받았는지 간략하게 살펴보자. 당시 지상에서 최고의 명의로 손꼽혔던 열네 명의 의사가 찰스 2세의 몸에서 피를 뽑기 시작했고, 1파인트(0.568리터)의 피를 뽑았다. 왕의 주치의는 충분한 피를 뽑지 않았다고 판단하고는 왕의 어깨에 상처를 내고 8온스의 피를 추가로 뽑았다. 왕이 구역질을 하자 주치의는 설사약을 처방하고 관장을 실시했다. 찰스 2세는 의식을 다시 찾았지만, 그 후로도 닷새 동안 재치기를 유발하는 가루를 흡입하고 다양한 물약을 복용해야 했다. 왕의 두 발에는 비둘기 배설물이 발라졌다. 마침내 '왕국에 존재하는 온갖 약초와 동물의 농축물'(주치의의 일기에서 인용)로 만든 해독제를 억지로 목구멍에 넘긴 후 왕은 숨을 거두었다. 위에서 나열한 치료법은 당시 세계에서 최고의 치료법이었다."[136]

자연과학 덕분에 인류의 삶이 진보했음을 부정할 사람은 거의 없겠지요. 저 역시 친구의 투병 생활을 지켜보면서 과학의 힘을 절실히 경험했습니다. 친구는 5퍼센트의 생존율 안에 들기를 바라며 사력을 다해 애썼지만, 기적은 일어나지 않았습니다. 수술을 받은 지 8개월 만에 세상을 등지고 말았습니다. 친구는 떠났고 저는 남았습니다. 극한의 슬픔과 상실의 세월을 보내면서 당시에 느꼈던 자연과학의 중요성에 대한 인식이 옅어진 게 사실입니다. 이 글을 쓰면서 다시 곱씹습니다. 친구가 8개월 동안 노력했던 식생활을 건강할 때 실천한다면 좀 더 활력 있는 삶을 살 테니까요. 과학적 지식에 기반을 둔 노력이라면 효과가 커질 테고요. 건강한 삶을 영위하거나 특히 질병을 이겨내는 데에는 과학의 도움이 절대적으로 필요합니다.

제 친구는 처음 항암 치료를 시작할 때부터 결정의 어려움에 직면했습니다. 병원에서 치료 받을지, 민간요법을 시도할지, 집에서 지낼지, 요양원으로 들어갈지를 선택할 때에도, 그리고 항암 치료를 받기로 결정한 후 항암제를 선택할 때에도 과학적 앎이 절실했습니다. 철학적 지혜만으로 이러한 결정을 하긴 힘드니

---

136 자카리아, p.175.

까요. 과학이 투병 생활의 모든 문제를 해결해주거나 유일한 자문처라는 말은 아닙니다. 과학 없이는 합리적 결정을 하기 힘들다는 뜻입니다. 이매뉴얼 월러스틴의 말을 전하고 싶네요. "과학은 우리 모두에게 하나의 모험이자 기회이며, 우리에게는 거기에 참여하고 만들어가며 그 한계를 알아야 할 소명이 있다." 과학적 지식은 우리를 건강하고 분별 있는 사람으로 만듭니다. 과학이 이뤄낸 결과들을 참고할수록 좀 더 지혜롭게 결정할 확률이 높아집니다. 자연과학을 외면할 이유는 어디에도 없습니다.

3. 나는 왜 서평을 쓰는가
-사례: 『어떻게 의욕을 끌어낼 것인가』를 읽고

서평 쓰기는 고차원적인 공부입니다. 이것이 제가 서평을 쓰는 이유입니다. 명저를 요약하는 작업만으로도 훌륭한 공부가 됩니다. 자기 생각으로 재단하지 않고 책의 내용을 잘 이해하여 요약하는 것이 서평 쓰기의 기본입니다. 요약에 공을 들여야 합니다. 요약하기 위해 책의 한두 챕터를 다시 읽는 경우도 다반사죠. 요약이 끝나면 나의 감상(생각과 느낌)을 덧붙입니다. 이땐 팩트 체크가 중요합니다. '사실'과 '의견'을 구분하는 것이 서평 쓰기의 핵심 기술이니까요. 책의 내용은 사실이고 나의 감상은 의견입니다. 내용과 감상을 구분하여 글을 쓰면 서평의 기본 형식을 갖춘 셈입니다. 여력이 된다면 같은 주제의 다른 책들과 비교하여 책의 위상을 가늠한다면(평가) 더 좋은 서평이 되겠지요. 서평의 길이는 다양합니다. 실용서라면 A4 두 장에서 네 장 정도가 보통입니다. 학술서나 명저라면 열 장에서 스무 장이 되기도 하죠.(가장 길게 쓴 서평은 『그리스인 조르바』인데 A4 80장에 이르렀습니다.)

기실 서평 쓰기는 귀찮은 작업입니다. 읽은 책에 대해 뭔가를 '쓰기'보다 새로운 책을 '읽기'가 훨씬 쉽고 재밌죠. 무지 귀찮은 데도 서평을 쓰는 이유는 공부의 효과가 압도적으로 크다는 사실을 경험했기 때문입니다. 서평을 쓰면서 깊이 이해하고 새로운 지식으로 가공했던 경험이 없었더라면 얼른 다음 책을 읽기에 바빴을 겁니다. 아래에 가볍게 쓴 서평 하나를 덧붙입니다. 책장을 덮었던 당시의 느낌을 살려두기 위해 가필하거나 수정하지 않았습니다. 5부에서 말한 독서의 핵심, 다시 말해 개요와 위상을 파악하는 책 읽기의 사례로 읽어보시면 좋겠습니다.

칭찬은 사람을 당황스럽게 한다
-『어떻게 의욕을 끌어낼 것인가』를 읽고
하이디 그랜트 할버슨 / 토리 히긴스, 『한국경제신문』

칭찬은 고래도 춤추게 한다? 캔 블랜차드의 책 제목이다.(물론 본래의 의도대로라면 문장 끝에 물음표가 아닌 느낌표를 붙였으리라.) 고래는 차치하고, 칭찬은 정말 사람을 춤추게 할까? 대다수 사람들의 예상과는 달리, 칭찬이 모든 사람들을 들뜨게 하지는 못한다. 물론 사람의 내면에는 인정 욕구가 존재하고 많은 이들이 칭찬에 행복감과 에너지를 얻지만, 누구나 칭찬을 좋아하지는 않는다.

어떤 사람들은 칭찬을 받으면 자기 소유가 아닌 물건을 받은 마냥 어색해하고 당황해한다. 심지어 칭찬의 내용을 믿지 않으려는 경향을 보이기도 한다. 칭찬을 들으면 기분이 좋아지고 동기를 부여받는 이들은 이 말을 믿지 않으려 든다. 누구나 자신을 기준으로 판단하기 때문이다. 세상에는 자신과 다른 사람들이 실제로 존재한다. 성격심리학에서부터 시작된 인간 성향에 관한 연구들이 그것을 증명한다.

『어떻게 의욕을 끌어낼 것인가』는 성향에 관한 연구가 얼마나 구체적이고 실용적인지 보여주는 책이다. 이 책은 서로 다른 두 유형, 성취 지향과 안정 지향을 깊게 들여다본다. "안정 지향(prevention focus)형의 사람들은 실패할 수도 있다고 생각해야 의욕이 생기는 사람들"이다. 칭찬은 이들을 당황스럽게 할 뿐이다. 성취 지향은 긍정적인 피드백과 낙관론으로 움직이지만, 안정 지향형의 사람들은 칭찬과 낙관론보다는 실패할지도 모른다는 의식과 비관론으로 움직인다.

책의 두 저자(하이디 그랜트 할버슨, 토니 히긴스)는 사회심리학자다. 철학자가 이성과 직관 그리고 지혜로 '사유'한다면, 사회심리학자는 가설을 설정하고 '실험'한다. 궁극적으로는 과학적 탐구(실험과 통계)를 통과한 가설만을 '이론'으로 제시한다. 안정 지향과 성취 지향의 존재와 차이를 검증하기 위해 이들이 설계한 실험은 다음과 같다.(p.45~46) 두 그룹으로 나뉜 피실험자들에게 단어 만들기 문제를 냈다. 물론 그들의 동기를 조작했다.

"성취 지향형 사람들에게는 '기본적으로 4달러가 지급될 것이고 70퍼센트 이상의 수행도를 보이면 1달러를 더 딸 수 있다.'

고 설명했다. 안정 지향형 사람들에게는 '기본적으로 5달러가 지급될 것이고 70퍼센트 이하의 수행도를 보이면 1달러를 잃게 될 것'이라고 설명했다." 두 그룹의 수행 목표는 똑같이 70퍼센트다. 그리고 실제 수행의 결과와는 상관없이 무작위로 좋은 소식 또는 나쁜 소식을 알렸다. 실험자는 각기 다른 소식을 들을 때의 성공 기대치와 동기 수준을 측정했다."(pp.45~46)

두 학자는 실험의 결과를 다음과 같이 정리했다.

"성취 지향 그룹의 사람들은 긍정적인 피드백을 들은 후 성공에 대한 기대치와 동기 수준이 높아졌지만 안정 지향 그룹의 사람들은 좋은 소식을 듣고도 성공에 대한 기대치가 달라지지 않았다. 동기 수준은 오히려 감소했다. '내가 잘하고 있나 보군, 걱정할 건 없겠어. 조금 긴장을 풀어도 되겠다.' 그들은 이렇게 생각했다.

좋은 소식을 듣지 못한 경우, 다시 말해 부정적인 피드백은 들은 성취 지향 그룹의 사람들은 성공에 대한 기대와 동기 수준이 낮아졌다. '음… 실망스럽군. 어차피 4달러를 받게 될 텐데 힘들게 애쓸 필요가 있겠어?' 하고 생각했다.

반면 안정 지향 그룹은 자세를 가다듬었다. 이들의 기대치는 급격히 떨어졌다. 지금 더 열심히 노력하지 않으면 실패하리라는 걸 확신했다. 아이러니하게도 기대치가 떨어졌기 때문에 동기 수준은 급격히 상승했다! '안 돼! 이러다가 1달러를 잃겠어. 무슨 수를 써서라도 그런 일이 벌어지지 않게 해야 해!' 이것이 안정 지향형의 생각이었다."(pp.46~47)

연구 결과를 정리하자면, "성취 지향형의 사람들은 자신이 잘

하고 있다고 느낄 때 더욱 탄력을 받는다. 낙관론과 자신감이 열정을 높이고 동기와 수행 수준을 치솟게 한다. 안정 지향형의 사람들은 상황이 잘 풀리지 않을 때 정신을 바짝 차리고 방어 태세를 갖춘다. 실패할지도 모른다는 가능성이 동기와 수행 수준을 높여준다."(p.47) 이 주장에 적극 동의하거나 또는 이해되지 않거나 전혀 동의하지 않는다면, 당신에게 이 책은 무척 유용할 것이다.

우리의 모든 인간관계와 대화의 질은 상대방의 동기부여에 성공하느냐 실패하느냐에 달렸다. 부모는 자식의 공부 의욕이 더 높아지길 바라고, 사장은 직원의 성과 달성 의욕이 더욱 강해지길 바란다. 연인은 서로에게 건강한 자극을 선사하고 긍정적인 변화의 동력을 전하기를 원한다. 교육자는 좀 더 높은 의식으로의 동기부여가 들이고, 리더는 공유 비전으로 매혹하는 동기부여가다. 삶의 어디에서나 동기부여가 필요하고, 모든 일은 의욕을 요구한다.

책의 핵심 메시지는 명료하다. "최선을 다하라는 말은 아무런 동기나 열정을 만들어내지 못한다. 더 많은 열정과 에너지를 끌어내려면 변화를 위한 자극과 적절한 동기부여가 필요하다." 저자들은 안정 지향형을 대할 때에는 다음의 명제를 기억하라고 권한다. "그들의 비관론을 인정해주고, 격려의 말을 최소한으로 아껴두라."

그리고 덧붙인다. "격려의 말을 건네고 싶더라도 다시 한 번 생각하기 바란다. 그런 행동이 당신이 생각하는 만큼 그들에게 도움이 안 될 수도 있다." 안정 지향형을 위한 조언도 잊지 않았다. "당신이 안정 지향형이라면 이다음에 누군가가 '기운 내.'라든가 '너는 분명히 잘 할 거야.'라고 말하더라도 선한 의도만 가볍게 받아들여라. 당신은 스스로 뭘 해야 하는지 알고 있지 않은가."(p.54)

책은 성취 지향과 안정 지향의 구분에만 머물지 않는다. 훨씬 더 나아간다. 양육법, 사랑의 기술, 결정의 지혜, 정치적 견해 등 삶의 여러 영역에서 두 성향이 어떻게 다른지 고찰한 후 두 성향 모두에게 실용적인 조언도 건넨다. 역할 모델을 소개할 때에도 두 성향을 구분하여 다음과 같이 제안하는 식이다. "성취 지향적 성향을 높이고 싶다면 무하마드 알리를, 안정 지향적 성향을 높이고 싶다면 마가렛 대처가 적절할 것이다."(p.182)

책은 크게 두 챕터로 나뉜다. 1부는 두 성향의 구분에 초점을 맞췄다. 1부에서는 자기가 어떤 성향인지 파악하고, 삶의 여러 영역에서 자신이 왜 그렇게 행동하는지 이해하게 된다. 2부는 다른 사람들의 의욕을 어떻게 끌어낼 것인지를 다뤘다. 1부가 심리학이라면, 2부는 심리학을 활용한 리더십의 기술이다. 책의 구성을 달리 표현하자면, 1부는 '너 자신을 알라'가 되겠다. 2부는 '사람들을 개별적으로 대하라'의 실제적인 교훈들이다. 자기이해가 지혜의 시작이고, 공헌이야말로 배움의 완성임을 감안하면, 참으로 아름답고 지혜로운 구성이다.

인간의 성향 연구는 20세기 학문들의 주요한 관심사였다. 심리학뿐만 아니라, 철학도 인간이 서로 얼마나 다른 존재인지를 탐구했다. 보편성과 전체성은 20세기의 추구가 아니었다. 20세기의 대표 철학자인 푸코는 평생 보편적, 일반적이라는 말조차

지양했다. 20세기엔 특수성과 개별성이 중요했다. 아도르노는 벤야민 전집을 간행하고서 자신의 동료를 이렇게 평가했다.

"벤야민은 특별한 것을 일반적인 것에 종속시키지 않고, 특별한 것으로부터 일반적인 것을 끄집어내서 추상화시키지 않으려 했다. 이것이 벤야민 사유의 관건이었다." 사람을 사유 대상으로 삼으면, 이렇게 말할 수 있으리라. 사람들을 전체가 아닌 개인으로 대하라! 이것이 20세기의 시대정신이다. 조금 거창하게 말하면, 이 책을 읽는다는 것은 심리학과 리더십뿐만 아니라 20세기의 지적 유산에 접속하려는 노력이다.